DIETER KOSSLICK

IMMER AUF DEM TEPPICH BLEIBEN

Von magischen Momenten und der Zukunft des Kinos

Hoffmann und Campe

Sollte diese Publikation Links auf Webseiten Dritter enthalten, so übernehmen wir für deren Inhalte keine Haftung, da wir uns diese nicht zu eigen machen, sondern lediglich auf deren Stand zum Zeitpunkt der Erstveröffentlichung im Februar 2021 verweisen.

1. Auflage 2021
Copyright © 2021 Hoffmann und Campe Verlag, Hamburg
www.hoffmann-und-campe.de
Umschlaggestaltung: © Hoffmann und Campe
Umschlagfoto: © Alexander Janetzko
Satz: fuxbux, Berlin
Gesetzt aus der Sabon und der Trade Gothic
Druck und Bindung: GGP Media GmbH, Pößneck
Printed in Germany
ISBN 978-3-455-00360-4

Ein Unternehmen der
GANSKE VERLAGSGRUPPE

**MEINER FRAU WILMA UND
UNSEREM SOHN FRIDOLIN**

Inhalt

VORWORT
MAGISCHE MOMENTE 11

TEIL 1
DIE HAND AUF DER KLINKE 17
Pferdeflüsterer 19
Enemy at the Gates 26
Sind Sie einer von den Hollywood-Leuten? 31
11. September 2001 34
No more pans – Keine Pannen mehr 40
Der große Diktator 44
Mach's noch einmal, Dieter 47
La femme du boulanger 52
Schwäbische Camera obscura 55
Traumberuf Filmfestivaldirektor 62
»Sexy-Mini-Super-Flower-Pop-op-Cola – alles ist in Afri-Cola« 68
Crevettensoufflé auf Spinat 73
Hamburger Nächte sind lang 80
Nebenwidersprüche 87
Das Hamburger Filmbüro – Kino in Fluss 90

95 *If It's Tuesday, This Must Be Belgium*
104 *Landschaft im Nebel*
107 »Schauen Sie mal Rhein«
118 Et kütt, wie et kütt –
Kölsches Grundgesetz § 2

TEIL 2
119 **MIT ROTEM SCHAL UND SCHWARZEM BARBISIO – BERLINALE-GESCHICHTEN**
121 Ein Liebesbrief ans Kino
130 »Hi, I'm Dieter«
132 *Shine a Light* – Die Rolling Stones
136 Gastgeschenke
139 Gold nach Afrika
145 Das Kulinarische Kino
152 Homo sapiens –
der weise und schmeckende Mensch
155 *Om Shanti Om* –
Zu Hause beim größten Star der Welt
162 *The Big Lifts* – Berlin-Tempelhof
169 Reise nach Pjöngjang
176 Gesucht: Die perfekte Jurypräsidentin
196 Anouk & Fidel
205 Duett mit einer Solistin

TEIL 3
THURSDAYS FOR FUTURE 211
Systemsprenger 213
Krisen des Kinos – eine Überlebenschance 218
New Hollywood – Trouble in Wonderland 221
Kino per Post 227
Die Studios wehren sich 234
Ausflug in ein »altes« Kino 236
Treffpunkt Filmfestivals 241
Die Stille nach dem Schluss 247
Mit Greta ins Kino gehen 249
Effekthascherei – der Fördertourismus 257
Tatort »Klimakiller« 268
Game Changer 271
The Day After Tomorrow 276
Streaming – eine saubere Alternative? 278
Auf dem grünen Teppich 286

NACHWORT
DER VORHANG SCHLIESST SICH 289
Mein Dank gilt … 298

ANHANG
ANMERKUNGEN 303
Dokumentation 309
Bildnachweis 320

VORWORT
Magische Momente
―

Als ich anfing, dieses Buch zu schreiben, hatte ich keine Vorstellung von der Zeit, in der ich es beenden würde. Damals diskutierte die Filmbranche weltweit die Frage, wie das Kino sich im Zeitalter der Streaming-Dienste behaupten könne. Ob das Kino überleben werde, ob es zu einem musealen Ort werde, und aus welchen Gründen es für die Kultur einer Gesellschaft gerettet werden sollte. In diesem Zusammenhang verschärfte sich auch die Debatte in der deutschen Filmbranche über die Qualität des deutschen Films, über die Ursachen des mutmaßlichen Qualitätsmangels und die Wege, diesen Mangel zu beheben.

Heute sind alle diese Debatten vom Strudel der Auseinandersetzungen über den Kampf gegen die Pandemie mitgerissen worden. Die Ereignisse überschlagen sich zeitweise täglich, und ich weiß nicht, wie die Situation sein wird, wenn dieses Buch erscheint. Dennoch wage ich einen Blick in die Zukunft. Einige Aspekte, die aktuell die Diskussion beherrschen, waren schon in den vergangenen Jahrzehnten keine Unbekannten: die Frage nach dem Zusammenhang zwischen Filmförderung und Qualität der Kinofilme, nach Klima und Nachhaltigkeit in der Filmproduktion, nach der Funktion der Filmfestivals. Diese Themen – Kino, Klima, Kulinarik und Festivals – prägen mein berufliches Leben. Es zeigt sich, dass ihr Zusammenspiel bei allen politischen, gesellschaftlichen und technologischen Veränderungen in der internationalen Filmindustrie aktueller ist denn je.

Während meiner fast zwei Jahrzehnte dauernden Zeit als Festivaldirektor der Berlinale begann sich das Blatt zu wenden, die Streaming-Dienste und der damit verbundene Serienboom kamen auf. Die Berlinale hat diese Entwicklung aufgegriffen, Serien präsentiert, eine eigene Reihe für Fachveranstaltungen ins Leben gerufen, Netflix-Filme in den Wettbewerb eingeladen, auf den Panels und Podien darüber zum Teil heftig diskutiert. Daneben blieb das Festival dem Kino treu und verhalf ausgewählten Kinofilmen auf klassische Weise, das Licht der Leinwand zu erblicken. Für viele Regisseurinnen und Regisseure bedeutete ihr Auftritt bei der Berlinale den Eintritt in die Filmwelt, und sie kamen immer wieder oder zogen weiter zu den anderen Festivals nach Cannes, Venedig und Toronto.

Wer das Glück hatte, im Leben Filmfestivaldirektor zu sein, hatte einen der schönsten Jobs der Welt. Eine Welt, die öffentlich zu sein scheint, aber in weiten Teilen auch verschlossen ist. Dieses Buch blickt hinter den Vorhang und plaudert zuweilen aus dem Nähkästchen, natürlich immer mit schwäbischer Diskretion.

Es gab während meiner Zeit bei der Berlinale kleine und große Pannen, Fehlschläge, Katastrophen. Es war nicht immer einfach, manchmal war es auch geradezu zum Verzweifeln. Aber die glücklichen Momente überwogen alles. Momente wie die Auftritte von Shah Rukh Khan, Kim Ki-duk, George Michael, Julianne Moore, Charlize Theron, Julia Jentsch, Marianne Faithfull, Lars von Trier, Michael Winterbottom, George Clooney, Arthur Penn, Wim Wenders,

Gérard Depardieu, Tilda Swinton, Ildikó Enyedi, Helena Zengel, Willem Dafoe sowie Jafar Panahi.

Immer wieder gab es kontroverse Entscheidungen – ein Goldener Bär für einen Dokumentarfilm, ein Goldener Bär für einen Film aus Afrika, ein Goldener Bär für gleich zwei Filme – und auch Tränen, Wut und böse Kommentare für Gewinnerinnen und Gewinner, Verliererinnen und Verlierer. Einigkeit und Harmonie herrschten dagegen bei den Auszeichnungen für die iranischen Beiträge *Jodaeiye Nader az Simin* (deutscher Titel: *Nader und Simin – Eine Trennung*)* von Asghar Farhadi und *Taxi* (*Taxi Teheran*) von Jafar Panahi. Glückliche Momente waren die Präsentationen der deutschen Filmemacherinnen und Filmemacher wie Tom Tykwer, Andreas Dresen, Sebastian Schipper, Anne Zohra Berrached, Emily Atef, Nora Fingscheidt und Fatih Akin, der mit *Gegen die Wand* 2004 den ersten Goldenen Bären für einen deutschen Film nach fast 20 Jahren gewann. Ein weniger glücklicher Moment war der Anblick der tausend enttäuschten Fans am roten Teppich bei der Berlinale-Eröffnung 2004. Jude Law, Nicole Kidman und Renée Zellweger hatten mir wenige Stunden zuvor abgesagt. Der Job des Festivaldirektors kann manchmal sehr einsam sein.

Niemand wird aus dem Nichts Festivaldirektor, und auch bei mir gab es ein Leben vor der Berlinale, das mit dem Film zusammenhing, mit Kommunikation und Politik. Ein weiter Weg war es bis nach Berlin, zu Tausenden Kon-

---

* **Nachfolgend werden Filmtitel immer im Original und mit deutschem Titel in Klammer genannt. Sofern es keinen deutschen Titel gibt, dient zum besseren Verständnis der englische Titel.**

takten in der ganzen Welt, zu den Triumphen, zu den Niederlagen. Auch über diesen Weg berichte ich in diesem Buch.

Doch wie wird man überhaupt Festivaldirektor? In dieser Position, die ohnehin nicht per klassischer Ausbildung erreicht werden kann, benötigt man neben Professionalität und Netzwerk auch jede Menge Glück, Talent und Humor, um auf dem roten Teppich zu bleiben.

Entscheidungen im Filmgeschäft erscheinen Außenstehenden oft irrational und nicht nachvollziehbar. Es gibt unausgesprochene und ausgesprochene Regeln und Verhaltensweisen, die man kennen sollte, wenn man sich erfolgreich darin bewegen will. Auch die Provokation ist ein gängiges Mittel zur Herstellung von Öffentlichkeit.

Trotz allen kulturellen und wirtschaftlichen Kalküls, bei aller Eitelkeit, die so vieles verhindert, aber auch zustande bringt: Der persönliche Kontakt und die wechselseitige Sympathie sind die Garanten des Erfolgs, um gute und wichtige Filme auf die Festivalleinwand und den einen oder anderen Star auf den roten Teppich zu locken. Es gibt viele abenteuerliche Geschichten, wie es meinem Team und mir gelungen ist, Meryl Streep, Cate Blanchett, Madonna und die Rolling Stones, Wong Kar-Wai, Bill Murray, Frances McDormand, Catherine Deneuve, Juliette Binoche, George Clooney und die Coen-Brüder für das Festival zu gewinnen. Clint Eastwood konnte ich dank einer Verwechslung überzeugen, zum ersten Mal in seinem Leben zur Berlinale zu kommen. Ich habe alles dafür getan, dass während meiner Direktorenzeit nicht alle Weltpremieren großer Filme nach Cannes und Venedig gingen. Sind sie auch nicht.

Mehr als 1400 Stars, Filmteams und auch Studiobosse aus Hollywood hat unser Berlinale-Fotograf Gerhard Kassner in den 18 Jahren mit Hilfe neuester digitaler Technik in unvergessliche Porträts verwandelt.

Oft werden in diesem Buch die Stars und Filmkünstler*innen nur mit ihren Vornamen beschrieben. Das soll keine Angeberei sein, sondern die Art widerspiegeln, wie wir miteinander geredet haben. Angaben, die etwas ungenau erscheinen, sind dem Persönlichkeitsrecht geschuldet. Der Blick hinter die Kulissen will den Festivalalltag illustrieren, er soll nicht voyeuristisch sein. Wie gesagt: schwäbische Diskretion.

Es wird viel um Magie gehen, um die Magie des Kinos. Um den unvergleichlichen Moment, wenn der Film im Kino mit dem Publikum eins wird. Immer wieder wird zurzeit betont, wie wichtig diese Erfahrung ist, nicht nur im Kino, sondern auch im Theater, in der Oper und im Konzert. Das Buch handelt vom Lebenselixier der Illusionen, von der Bedeutung der Filme für unsere Gesellschaft und der Zukunft des Films.

Jetzt, in den zwanziger Jahren dieses Jahrhunderts, ist das Kino mal wieder in einer Krise. Vielleicht der größten Krise seiner Geschichte. Streaming und Coronavirus haben nicht nur die Welt verändert, sie verändern auch die Traumwelt des Films. Hunderte Kinos mussten bereits im Herbst 2020 weltweit geschlossen werden. Ein großes Kinosterben begann. Blockbuster wie der neue James-Bond-Film *No Time To Die (Keine Zeit zu sterben)* wurden immer wieder verschoben. Mit den bestehenden Pandemieregeln ist kaum genügend an den Kinokassen einzuspielen.

Haben die Filmpaläste und die kleinen Kinos eine Zukunft?

Ich denke, dass die Magie der Filmkunst, dieser jüngsten Kunst des 20. Jahrhunderts, auch diese Krise überwinden wird, obwohl sich manches ändern muss. Der Filmpremierentag am Donnerstag wird bleiben. Er kann dem Kino als »Thursday for Future« neue Perspektiven und Chancen eröffnen und die Kinokultur retten.

Nun lade ich Sie ein: Treten Sie näher ins gleißende Blitzlicht des roten Teppichs und kommen Sie herein in den dunklen Raum, der die Welt mit Licht und Lichtspiel erfüllt.

TEIL 1

DIE HAND AUF DER KLINKE

Pferdeflüsterer

Mein erster Kinofilm auf einer riesigen Leinwand in einem richtigen Kino war ein Pferdefilm. Vielleicht *der* Pferdefilm der Filmgeschichte: Die aufgebrachte Menge jubelt frenetisch, als die Kontrahenten in die überwältigende Weite der Arena einreiten. Fanfarenstöße erklingen, riesige, muskelbepackte Bronzestatuen stehen im Hintergrund. Adrenalin ist spürbar. Die Energie der Pferde, die Entschlossenheit in den Augen der Männer sind mitreißend. Brot und Spiele, es geht um Leben und Tod, darum, alles zu verlieren oder als strahlender Sieger mit einem Lorbeerkranz geschmückt zu werden.

Die Kontrahenten begeben sich in Position, die Pferde, je vier pro Wagen, scheuen, bäumen sich auf. Als das Startsignal erfolgt, bricht sich ihre unbändige Kraft endlich Bahn. Es folgen atemberaubende Minuten voller Dynamik, Geschwindigkeit, Bewegung. Man hört nur die donnernden Hufe, das hemmungslose Knallen der Peitschen, das geifernde, schimpfende Gebrüll der aufgebrachten Menge.

Am Ende der zweiten Runde liegt unser Held Judah Ben-Hur mit seinem erbittertsten Gegner und Todfeind Messala gleichauf. Aber Messala spielt falsch, schlägt mit seiner Peitsche auf Judah ein, drängt ihn ab. Sein Blick ist sadistisch. So kann man nur hassen, was man einst geliebt hat. Zwei Wagen prallen ineinander, Pferde stürzen zu Boden. Die Bilder werden unscharf, wackeln. Judah fährt über einen der zerstörten Wagen, sein Körper fliegt durch die Luft, nur mit äußerster Mühe kann er sich halten. In Technicolor-Rot tropft das Blut von seiner Schläfe.

Noch drei Runden zu fahren. Messala und Ben-Hur liegen wieder gleichauf. Messala hat metallen blitzende Fräsen an die Naben seiner Räder angebracht. Sie bohren sich in Judahs Rad, nur knapp kann er entkommen, indem er mutig den Wagen herumreißt.

Noch zwei Runden. Die Kamera ist jetzt ganz nah, fängt den erbitterten Zweikampf der Männer ein, das zähe Ringen, den Hass, die Wut. Die Einstellungen wechseln immer schneller, atemloser. Und plötzlich wird Messalas Wagen im Spiel der Kräfte zerrissen, verwickelt in die Zügel, wird der Gegner von seinen Pferden einfach weitergeschleift. Bis er unter die heranstürmenden Hufe eines Verfolgers gerät, der Aufprall, das Erschrecken gräbt sich tief unter die eigene Haut.

Ich riss die Augen weit auf, hielt mich an der Sessellehne fest.

Ben Hur, mit dem legendären Charlton Heston, ist seither einer meiner Lieblingsfilme. Ich war elf Jahre alt, als er im Rio in der westlichen Karl-Friedrich-Straße 104 in Pforzheim, das zu dieser Zeit über eine der größten Leinwände in Baden-Württemberg verfügte, gezeigt wurde. Der Monumentalfilm von Regisseur William Wyler, für mich der monumentalste aller Monumentalfilme. Einer der spektakulärsten Hollywood-Filme, mit dem berühmten elf Minuten langen, atemberaubenden Wagenrennen und 1960 ausgezeichnet mit zwölf Oscars. Unvergesslich das filmische

Wunderwerk von Schnitt, Kamera, Schauspielkunst und gigantischer Ausstattung. Mir kam damals das Wagenrennen zehnmal so lang vor.

Der Film war nichts für Elfjährige, er war ab zwölf, und ich musste mich am Eingang durchmogeln. Ich habe viele Filme im Laufe meines Lebens gesehen, es werden einige Tausend gewesen sein. Aber dieser Film, mein erster großer Hollywood-Film, hat meine Liebe zum Kino geweckt. Dieser unvergleichbar magische Moment, der schon beginnt, bevor der Vorhang aufgeht. So etwas kann es nur auf einer Kinoleinwand geben. Nur im Kino.

40 Jahre nach meinem Kinoabenteuer im Rio schaute ich in das kleine Büro von William Wyler im Haus seiner Tochter Catherine in Washington, DC. Sie erzählte mir von der detailversessenen Akribie, mit der ihr Vater diese Magie auf der Leinwand erzeugte. Ich besuchte sie mit Rainer Rother, damals Kurator beim Deutschen Historischen Museum, als wir in der Public Library in Washington nach Filmen für eine Retrospektive der »Marshall-Plan-Filme« recherchierten.

Ich bin mir sicher, dass solche Momente die Macht haben, das Leben eines Kinobesuchers zu verändern. In der Dunkelheit des Kinosaals blickt man fasziniert, weltvergessen und selbstversunken auf die Leinwand. 90 Minuten später (im Fall von *Ben Hur* 222 Minuten), nach den ersten noch tapsigen Schritten hinaus in die Realität, wirkt diese Kraft noch lange nach. Jedenfalls ist das bei mir so gewesen, schon bei den dörflichen Kinobesuchen als Kind und Jugendlicher im Bali. Die Bahnhofslichtspiele der wunderbaren Elsa Fischer in meinem baden-württembergischen

Heimatort sorgten für viele dieser Momente. Ich begann das Kino zu lieben und führte akribisch über alle dort gesehenen Filme Buch: den Titel, den Regisseur und den Hauptdarsteller. Dieser Schatz, ein kleines schwarzes DIN-A5-Brevier, ist leider irgendwann verloren gegangen. Die Filme aber blieben mir im Gedächtnis.

Das Bali befand sich im Saal der Bahnhofsgaststätte gegenüber der kleinen Bahnstation Ispringen auf der Strecke Pforzheim – Karlsruhe. Solche Bahnhofskinos erlebten in den 1950er Jahren eine wahre Blütezeit. Die Lust, sich aus der Kriegszeit wegzuträumen, war groß, und Fernsehgeräte standen noch nicht in jedem Haushalt. Das Kino war auch für mich die einzige Möglichkeit, Filme zu sehen. Ich musste nicht vom Fernseher weggelockt werden, denn wir hatten keinen. Zu erreichen war das Bali über eine Holztreppe am Hintereingang und dann über eine kleine Plattform und eine abweisende Holztür. Filme wurden am Sonntag gezeigt. Das Geld gab mir der neue Liebhaber meiner Mutter; er wollte mich für einige Stunden loswerden. Ich kam also der Liebe wegen zum Kino. Filmbeginn war um 15 Uhr, und ich war mittags der Erste an der Eingangstür. Die Türklinke hielt ich fest in der Hand und ließ sie bis zum Einlass zwei Stunden später nicht mehr los. Wer zuerst da war, hatte die Auswahl der besten Plätze. Die Eintrittskarte kostete 50 Pfennige, die Luxussessel waren 40 Pfennig teurer: acht dunkelrot gepolsterte Sessel auf der nur einen Meter breiten Empore direkt vor dem Projektionsraum. Beste Sicht, schlechtester Ton. Das Rattern des durchlaufenden Films machte den Kinobesuch zu einem sehr authentischen Erlebnis, doch den Filmgenuss konnte das nicht schmälern.

Es war die Zeit des deutschen Heimat- und Liebesfilms, Eskapismus pur im Kino der Nachkriegsjahre. Der jugendliche Anwalt mit dem roten Cabriolet bezirzt die hübsche Tochter des wohlhabenden Unternehmers aus Berlin. Sie alle machen Ferien in einem schönen Hotel am See. Papa will den jungen Schnösel nicht. Die Tochter keinen anderen und wird am Ende mit dem aufstrebenden Anwalt glücklich. So habe ich es in Erinnerung.

Schwarzwaldmädel war 1950 der erste westdeutsche Farbfilm und begründete eine wahre Flut an ähnlichen, enorm erfolgreichen Filmen. Das Traumpaar jener Zeit hieß Sonja Ziemann und Rudolf Prack, »Zieprack«, wie sie damals genannt wurden, sozusagen die »Brangelinas« der 1950er Jahre. Zahllose Filme folgten, viele mit »Schwarzwald« oder »Bodensee« im Titel. Sie prägten nachhaltig das Bild des Südwestens in den Köpfen von Millionen von Kinozuschauern. Eine unbezahlbare Werbung für die Region, lange bevor 1985 die Fernsehserie *Schwarzwaldklinik* die Nation bewegte und das Glottertal von Touristen überrannt wurde.

Heute sind es nicht mehr Gerhard Riedmann und Marianne Hold aus *Die Fischerin vom Bodensee*, mit denen die Region assoziiert wird, sondern die Schwaben Roland Emmerich und Volker Engel, die an der Ludwigsburger Filmakademie gemeinsam mit Studenten 1997 die Visual Effects für einen der erfolgreichsten, Oscar-prämierten Hollywood-Filme *Independence Day* kreierten. Oder der Dokumentarfilmer Thomas Schadt, die Freiburger Produzenten und Filmemacher Gebrüder Danquart. Pepe Danquart wurde ebenfalls mit einem Oscar für seinen Kurzfilm *Schwarzfahrer* ausgezeichnet. Auch Peter Rommel, der erfolgreiche

Produzent von Andreas Dresens *Halbe Treppe*, der auf der Berlinale 2002 den Silbernen Bären erhielt, kommt aus dem Ländle. Und einer der erfolgreichsten Film- und Fernsehproduzenten, Nico Hofmann, lehrt in Ludwigsburg. Nicht zu vergessen das Ulmer Filminstitut, das mit Filmemacher*innen wie Alexander Kluge, Ula Stöckl, Norbert Kückelmann, Edgar Reitz den gesamten deutschen Film beeinflusst hat. Das Biberacher Filmfest mit dem engagierten Adrian Kutter feiert seit über 40 Jahren den deutschen Film. Es ist ein Kult-Filmfest. Meine Heimatgegend: ein produktives Pflaster für große Regisseure, erfolgreiche Produzenten und kleines, feines Kino.

Doch damals, als kleiner Junge im Bali und im Rio, träumte ich mich in die Geschichten der Filme. Von der Filmindustrie wusste ich nichts. Auch nicht, dass nicht weit von Biberach ein gewisser Carl Laemmle aus Laupheim, Sohn einer jüdischen Familie, Ende des 19. Jahrhunderts nach Amerika auswanderte, um dort sein Glück zu suchen. Dieser Carl Laemmle war einer der großen Filmpioniere Hollywoods, er gründete dort 1912 die legendären Universal Studios. Spielfilme seien Kunst, und mit dieser Kunst könne man Massen begeistern, war seine Philosophie. Nach ihm ist heute der Produzentenpreis der Produzentenallianz benannt, der in Carl Laemmles Heimatort Laupheim verliehen wird.

Dass ich 40 Jahre später selbst vor den Toren der Universal Studios im Stadtteil Burbank in Los Angeles stehen würde, um Filme für die Internationalen Filmfestspiele Berlin, die Berlinale, zu akquirieren, dass »Filme schauen« einmal mein Beruf sein und ich viel Zeit in dieser Traumfabrik verbringen würde – für den Elfjährigen mit der Hand auf der Türklinke unvorstellbar.

Der erste Hollywood-Besuch im Auftrag der Berlinale lief jedoch anders ab als geplant, denn er fiel auf den 11. September 2001.

Enemy at the Gates

Im Sommer 2001 begann mein neuer Job als Festivaldirektor, dem vierten seit der Gründung des Festivals 1951 in Berlin. Die Amtszeit des langjährigen Direktors Moritz de Hadeln und seiner Frau Erika ging zu Ende, die Berlinale wartete auf ihren Neustart. Moritz de Hadeln war de facto noch immer der Festivaldirektor, befand sich die meiste Zeit aber nicht in Berlin, als ich bereits für seine Nachfolge berufen wurde. Leider wollte de Hadeln nicht, dass ich die Räume der Filmfestspiele in seiner Abwesenheit betrat. So hatte ich nach meinem Amtsantritt am 1. Juni 2001 nur sieben Monate Zeit, die nächste Berlinale im Februar 2002 zu stemmen.

Das Festival gehörte vormals dem Land Berlin, organisiert unter dem Dach der »Berliner Festspiele«. Mit dem Umzug der Bundesregierung von Bonn nach Berlin im Jahr 2000 wurden einige Berliner Institutionen vom Bund übernommen. Seither ist die Berlinale Teil der bundeseigenen KBB, den Kulturveranstaltungen des Bundes in Berlin.

Als erster Staatsminister für Kultur und Medien im Kabinett Gerhard Schröder schrieb mir Michael Naumann noch einen Brief, in dem er mich auf meinem neuen Posten begrüßte. Er zitierte Heinrich Heine: »Manchmal ist es gut, von Zeit zu Zeit den Schreibtisch zu wechseln.« Dem konnte ich nur zustimmen und schrieb zurück: »Manchmal ist es gut, von Zeit zu Zeit zur *Zeit* zu wechseln.« Denn als ich in Berlin antrat, war er als Herausgeber zur *Zeit* gewechselt. Sein Nachfolger als Kulturstaatsminister wurde der Philosoph Prof. Dr. Julian Nida-Rümelin, der sich erst in seinem Amt einfinden musste. Also legte ich auf unkonventionelle Weise los, da ein konventioneller, geregelter Übergang nicht möglich war.

Noch nie in meinem Leben saß ich derart schweigenden Mitarbeiter*innen gegenüber wie beim ersten Treffen im Grand Hotel Esplanade am Lützowufer in Berlin. Im Hamburger Filmbüro – meinem ersten Job als Geschäftsführer der kulturellen Filmförderung 1983 – war es immer laut, kontrovers und basisdemokratisch zugegangen. In Nordrhein-Westfalen hatten wir bei der Filmstiftung ein humor- und temperamentvolles Team rheinischer Art, und nun lernte ich die Macher*innen der Berlinale kennen – sie schwiegen. Dabei wollte ich doch nur herausfinden, wie sie organisiert waren, um Schlüsse daraus zu ziehen, wo und wie wir uns verbessern könnten. Irgendwann erhob sich eine Kollegin und sagte, ohne mich dabei anzusehen: »Wissen Sie, wir sind es nicht gewohnt, in Anwesenheit des Direktors zu sprechen.«

Ich rief den Kellner und bestellte Wein. Nach dem zweiten Glas bekam ich dann Einblicke in das sehr spezielle organisatorische System. Ich machte mir Notizen. Ich hatte keine große Wahl, es musste sich viel, sehr viel ändern, um die Berlinale zu erneuern, und ich wollte nicht auf die wertvolle Erfahrung dieser langjährigen Mitarbeiter*innen verzichten.

Auf Prof. Nida-Rümelin im Amt des Staatsministers folgte die Literaturwissenschaftlerin Dr. Christina Weiss. Wir kannten uns aus Hamburger Zeiten, wo sie sich sehr für den Film engagierte. Ihr folgte der politik- und filmerfahrene Bernd Neumann. Und zuletzt Prof. Monika Grütters, eine langjährige Berliner Kulturpolitikerin. Sie liebte den roten Teppich am meisten. Alle Staatsminister*innen hatten Wünsche, wie die Berlinale sein sollte. Ich auch. Bereits während der Berlinale 2000 wollte der *Tagesspiegel* wissen, wie ich mir eine neue Berlinale vorstellen würde:

> TAGESSPIEGEL: Wie sollte das Festival reformiert werden?
> MEINE ANTWORT: *Eigentlich ist die Berlinale ein schönes Filmfestival.*
> TAGESSPIEGEL: Wie wünschen Sie sich die zukünftige Festivalleitung?
> MEINE ANTWORT: *Groß, stark, mächtig, gläsern, kosmopolitisch, witzig, ein bisschen wie der Potsdamer Platz, Berlin-Mitte, der Hamburger Hafen, der Viktualienmarkt in München, die Thomaskirche in Leipzig, die Maultaschen in Stuttgart und der Karneval in Köln.*

Die Berlinale sollte, so die Erwartungshaltung des Kulturstaatsministers, publikumsfreundlicher werden, mehr internationale Stars präsentieren, den deutschen Film wieder ins Boot holen und gleichzeitig junge Talente fördern. Das war auch mein Plan. *Mission impossible* oder *possible mission*? Aus meiner Sicht brauchte es für so eine Herkulesaufgabe eine optimistische Organisation, in der jeder Ideen einbringen konnte. Es gab zweifellos viel zu tun, sieben Monate vor dem Festival 2002.

Dann wurde doch noch ein Termin beim noch amtierenden Festivaldirektor arrangiert. Mitte November 2000, morgens um 11 Uhr, durfte ich das erste Mal die heiligen

Hallen betreten. Der Umzug der Berlinale aus dem Westen in die neue Mitte der Stadt am Potsdamer Platz war gerade mit Bravour beendet und die letzte Großtat des scheidenden Direktors und des Ehepaars de Hadeln gewesen. Er begrüßte mich zünftig mit einem Glas Whisky. Mittlerweile setzten die Kritiker*innen murmeltiermäßig Moritz de Hadeln heftig zu. Ein kleiner Vorgeschmack. Das sollte später auch ich noch lernen – diese spezielle Art persönlicher und bösartiger Filmkritik als Begleitmusik des Festivals.

Bei de Hadelns letzter Berlinale im Frühjahr 2001 war ausgerechnet *Enemy at the Gates* (*Duell – Enemy at the Gates*) von Jean-Jacques Annaud der Eröffnungsfilm gewesen, die Geschichte des Duells zweier Scharfschützen während der Schlacht um Stalingrad. Sie basiert auf dem Roman von William Craig, hat den Scharfschützen Wassili Saizew als Vorbild, der 300 feindliche Soldaten und Offiziere getötet haben soll, die meisten von ihnen Deutsche. Ein Grund für die Wahl des Films war, dass er mit deutschen Fördermitteln im Filmstudio Babelsberg gedreht wurde.

Dass die Kritiker*innen sich an der Machart des Films stören würden, war absehbar, und genauso kam es. Aber schlimmer noch war, dass das Publikum den Film ebenfalls nicht mochte. Jean-Jacques Annaud kündigte daraufhin an, künftig auf der Berlinale keinen seiner Filme mehr zu zeigen. Das blieb auch so bis zu meinem Abschied 18 Jahre später.

Für Moritz de Hadeln war es ein bitterer Abgang.

Ich hatte an jenem Abend im Berlinale Palast versucht nicht aufzufallen und mich in die letzte Reihe gesetzt. Schon während des Abspanns verließ ich das Kino, um als einer der Ersten zur Eröffnungsparty ins InterContinental zu gehen. Einen Platz in einer unauffälligen Ecke wollte ich mir suchen, um nicht das Medieninteresse auf mich zu ziehen.

Doch so leicht war das nicht, denn vor dem Eingang zur Premierenfeier hielten mich die Ordner auf. »Sie haben keine Einladung«, hieß es, »Sie dürfen nicht rein!«

In der Reihe hinter mir begannen Leute zu rufen: »Ja, spinnt ihr? Das ist der neue Direktor!«

Im Foyer gab es einen grauhaarigen Produzenten mit Berliner Humor, der nichts Besseres zu tun hatte, als die Ordner zu unterstützen: »Nee, den lassen Sie auf keinen Fall rein«, rief er laut. »Der probiert das immer wieder, das ist seine Masche.« Berliner Humor.

Ich habe den Abend dann mit Freunden in der Bar des InterConti und nicht beim Empfang verbracht. *Enemy at the Gates* eben.

Sind Sie einer von den Hollywood-Leuten?

Im Film *Hail, Caesar!* der Coen-Brüder, dem Eröffnungsfilm der Berlinale 2016, antwortet George Clooney auf diese Frage lakonisch: »Schon möglich.« Der kurze Dialog beschreibt treffend, wie es mir damals erging, als ich mich auf mein erstes Festival vorbereitete. Ich kannte zwar alle europäischen Filmemacher*innen, die aus Asien und Südamerika zum größten Teil. Auch das amerikanische Independent-Kino war mir vertraut. Doch wer waren all die Hollywood-Größen? Oder besser, die Größen hinter den Größen, die man kennen muss, um an Hollywood-Filme zu kommen?

Ich begann meine erste Filmauswahl-Reise im Herbst 2001 mit einem Besuch in Mexico City. Beim mexikanischen Filminstitut IMCINE hatte ich Freunde, und so wurde Mexiko in den kommenden Jahren ein wichtiges Land, um mit der vitalen zentralamerikanischen Filmszene in Kontakt zu bleiben. Der Journalist und Filmkritiker Alexis Grivas, mit griechischer und mexikanischer Staatsbürgerschaft, war mir dabei eine große Hilfe. Als international tätiger Kameramann lebte der Grieche schon viele Jahre in Mexiko und kannte die dortige Filmszene. Erst einmal musste ich aber Chicharrones essen, frittierte Schweineschwarten. Mittlerweile halte ich mich als Gemüsefreund eher an vegetarische Chile Relleno und an Guacamole. Damals wurde jedenfalls beim ersten offiziellen Essen die Schweineschwarte serviert.

Eine gute Grundlage für Tequila und Mezcal, echte Freundschaftsgetränke, für lang andauernde Freundschaften, wie sich später herausstellte.

Vor der Abreise in Berlin hatte ich noch ein langes Gespräch mit dem österreichischen Filmexperten Alexander Horwath. Der war damals Direktor der Viennale, einem Filmfestival in Wien, und gerade dabei, seinen neuen Job als Direktor des Österreichischen Filmmuseums anzutreten. In vielen Büchern hatte er sich mit dem US-amerikanischen Film auseinandergesetzt und galt als ausgemachter Kenner der Szene.

»Dieter«, meinte er, »du brauchst nur den neuen Film von Wes Anderson, *The Royal Tenenbaums* (*Die Royal Tenenbaums*). Kriegst du den, bist du auf der sicheren Seite.«

Das war nicht nur ein kollegialer Tipp, sondern sollte sich als zutreffend erweisen. Der Regisseur Wes Anderson hatte 1998 mit *Rushmore* für viel Aufsehen gesorgt. Seine Geschichte über einen halbwüchsigen Sonderling, der sich in eine verwitwete Lehrerin verliebt und gleichzeitig eine Freundschaft zu einem deprimierten Geschäftsmann pflegt, war genau die richtige Mischung aus Independent-Film und Hollywood-Streifen, welche Zuschauer*innen und Kritiker*innen gefiel. Außerdem begründete sie die wunderbare Zusammenarbeit des Regisseurs mit dem Schauspieler Bill Murray, der 17 Jahre später den Silbernen Bären für die beste Regie für den Animationsfilm *Isle of Dogs* (*Isle of Dogs – Ataris Reise*) im Namen von Wes Anderson mit dem Satz entgegennahm: »Ich bin ein Berliner ... Bär.« Er war auch in der Tragikomödie *Die Royal Tenenbaums* mit an Bord, zusammen mit Gene Hackman, Anjelica Huston,

Gwyneth Paltrow, Ben Stiller, Luke Wilson, Owen Wilson und Danny Glover. Eine beeindruckende Riege von Stars, von denen ich den einen oder anderen auf jeden Fall auf meinen ersten roten Teppich nach Berlin locken wollte. Aber wie sollte ich das angehen? Ich konnte doch nicht monatelang in Los Angeles darauf warten, dass ich bei Partys einem von ihnen über den Weg laufen würde.

11. September 2001
—

Die Vorbereitungszeit auf die 52. Berlinale war kurz, aber gerade jetzt musste ich natürlich möglichst viele gute Filme akquirieren, um für einen guten Start zu sorgen. Es war meine erste Reise als Berlinale-Direktor, und ich nahm mir vor, mich nicht zu schonen und mit allen wichtigen Menschen zu sprechen. So verabredete ich mich mit der Hollywood-Expertin Frances Schoenberger in Kalifornien. Sie hatte die Kontakte. Als Mitglied der Foreign Press, der Organisation internationaler Filmjournalisten in Los Angeles, die jährlich die begehrten Golden Globes verleiht, hatte sie auch den Respekt der Filmszene und der Filmstudios. Die gebürtige Niederbayerin wurde meine Türöffnerin in die wundersame Gesellschaft von Hollywood.

Das Hollywood-Studio Disney sollte *Die Royal Tenenbaums* weltweit in die Kinos bringen. Für ein A-Filmfestival wie der Berlinale, das in einem offiziellen Wettbewerb internationale Premieren zu präsentieren hatte, ging es jetzt darum, diese Weltpremiere zu sichern und damit auch das Interesse bei der internationalen Presse zu wecken. Zu Disneys Weltvertrieb Buena Vista und dessen Chefin Terri Meyer pflegte Frances beste Kontakte. Ich verabredete, dass ich nach meiner Mexikoreise direkt von dort nach Hollywood fliegen würde. Das heißt, das war der Plan bis zum 10. September 2001. Am Tag danach wurde ich in meinem

Hotel in Mexico City durch einen Anruf vom Berlinale-Festivalmanager Johannes Wachs geweckt. An diesem Morgen veränderte sich alles, die ganze Welt und damit auch meine Reiseroute.

»Schalt den Fernseher ein!«, bat er mich. Es war der 11. September 2001, und das Flugzeug der Terroristen bohrte sich in das World Trade Center.

Millionen Menschen starrten wahrscheinlich wie ich betäubt vor Entsetzen auf die Bildschirme. Irgendwann riss ich mich von den furchtbaren Bildern der brennenden Zwillingstürme in New York los, griff zum Telefon und rief Frances an.

»Alle Flüge sind gestrichen«, sagte sie kurz. »Es gibt nur eine Möglichkeit: Du fliegst zur mexikanischen Grenzstadt Tijuana, und ich hol dich dort ab. Dann versuchen wir, über die Grenze nach San Diego zu kommen, sofern das noch möglich ist, und ab nach Los Angeles.«

In Windeseile packte ich den Koffer. Ein Mitarbeiter des Filminstituts fuhr mich zum Flughafen und wünschte mir *¡Mucha suerte!* Mein Reisekarma hatte ein Einsehen, und ich bekam einen Platz in der nächsten Maschine nach Tijuana. Als ich kurz nach Mittag landete, wartete Frances bereits am Gate.

»Herzufinden ist leicht«, sagte sie zur Begrüßung, »da folgt man den Schildern ›Aeropuerto‹. Zurück ist es schwieriger, denn die Grenze ist nicht ausgeschildert.« Wir waren bereits auf dem Weg dahin. »Also kurble das Fenster runter und frage jeden: *¿Donde esta la frontera?* Wo ist die Grenze?«, sagte Frances. Ich mochte diesen frischen Optimismus an diesem Tag. An der Grenze wurden wir zur großen Verblüffung durchgewunken, und von da an ignorierte Frances jede Geschwindigkeitsbeschränkung. Um 15:50 Uhr fuhren wir durchs Tor der Disney-Studios in Burbank. Zehn Minuten später war unsere Verabredung mit Terri Meyer.

Das Studio war gespenstisch leer, man hatte alle Mitarbeiter*innen nach Hause geschickt. Nur die Vertriebschefin für den weltweiten Start des neuen Wes-Anderson-Films wartete auf uns. Als wir um 16 Uhr ihr Büro im vierten Stock betraten, rief sie laut und anerkennend: »What the fuck! You Germans are always on time.«

Das waren die ersten Sätze, die ich in einem Hollywood-Studio zu hören bekam. »Ich möchte die *Royal Tenenbaums* haben …« Etwas anderes fiel mir nicht ein. Dann begrüßten wir uns erst einmal und sprachen über das, was wichtiger war als alle Filme dieser Welt: das zerstörte World Trade Center und den Angriff auf die Weltordnung. Es dauerte, bis wir zu den Tenenbaums zurückkehrten. Terri Meyer kam in Hollywood-Manier direkt zum Punkt: »Du bekommst den Film, aber nur unter einer Bedingung.«

Damit hatte ich gerechnet. Man bekommt einen Film immer nur unter einer Bedingung, hatte man mich gewarnt. Meistens werden es dann sehr viele. Also aufgepasst.

Doch Terri Meyer hatte nur einen besonderen Wunsch: »Der Film muss am Donnerstag um 19:30 Uhr gezeigt werden.«

Donnerstag ist der traditionelle Eröffnungstag der Berlinale.

»Warum nicht?«, antwortete ich zögernd. Ich hatte den Film ja nicht gesehen. Aber zu unentschieden wollte ich auch nicht wirken. Bloß keinen Fehler machen. »Ja, klar, das ist bestimmt ein phantastischer Eröffnungsfilm.«

»Nein, nicht am ersten, sondern am zweiten Donnerstag des Festivals.«

Nun war ich völlig verwirrt. Der zweite Donnerstag gilt als wenig attraktiv. Das Festival läuft schon eine Woche, alle sind müde, die erste Welle der Journalist*innen reist gerade ab, die zweite Welle kommt erst am Wochenende wieder an. – Doch Terri Meyer beharrte auf diesem Termin.

»Going against the grain«, erläuterte sie ihre Strategie. Sie schwimme lieber gegen den Strom. Wir einigten uns auf ihren Wunschtermin, bei dem es all die Jahre geblieben ist: Wann immer ich von ihr einen Film bekam, lief er am zweiten Donnerstag des Festivals. Und immer mit großem Erfolg.

Nun ging es noch um die Stars. Wes Anderson hatte bei unserem Treffen dabei sein wollen, war aber bereits nach Hause gefahren, und von Bill Murray, Hauptdarsteller und Kultfigur, hatte ich keine Telefonnummer. Ich wusste, dass man ihn nur über eine 800er-Nummer erreichen und seine Wünsche auf Band sprechen konnte. Ob er zur Berlinale käme oder nicht, sollte in den folgenden Monaten zu einem dramatischen Telefonmarathon und Wettlauf mit der Zeit werden. Gefühlte hundert Mal rief ich später die 800er-Nummer an, immer bedrängt von Journalistenfragen. »Kommt er? Kommt er nicht?« Bill Murray nach Berlin zu bekommen, wurde für mich zum frühen Lehrstück, dass mein neuer Job mit keinem vorhergehenden vergleichbar war: extrem kompliziert, voller Fallen und Fallenstellern und immer gute Miene zum bösen Spiel machen. So druckte kurz vor dem Festival das Berliner Stadtmagazin *TIP* ein Interview mit Bill Murray ab. »Warum soll ich im kalten Winter nach Berlin zu einem Filmfestival gehen?«, kauzte er. Trotzdem warb das Magazin auf seinem Titel mit dem Star und suggerierte so, dass er nach Berlin käme.

Doch noch war ich in Los Angeles und nutzte die Zeit, um bei den wichtigsten Filmstudios die Klinken zu putzen. Bei der 20th Century Fox lernte ich den sympathischen Chef Jim Gianopulos kennen, heute Chief Executive Officer bei Paramount Pictures. Von ihm und durch seine Fürsprache bekam ich später viele wichtige Filme für die Berlinale. Vor allem von der engagierten Arthouse-Tochterfirma Fox Searchlight Pictures. Dort arbeiteten alte Bekannte aus meinen früheren Jobs: Rebecca Kearey und der Sundance-Filmfestival-Mitbegründer Tony Safford. Sie sollten mich dann über Jahre mit Weltpremieren wie Wes Andersons *Grand Hotel Budapest* oder *Isle of Dogs – Ataris Reise* versorgen. Aus der Zusammenarbeit mit dem Fox-Team und seinem deutschen Chef Vincent de La Tour entstand sogar eine Freundschaft – selten in diesem nur am Erfolg orientierten Geschäft.

Denke ich heute an diese Monate vor meiner ersten Berlinale zurück, scheint es mir, als hätte ich mich in einem Zeittunnel befunden. 400 Filme in 700 Vorführungen galt es zu organisieren. Ich zermarterte mir das Gehirn, um jede Kleinigkeit und nichts, aber auch gar nichts zu vergessen: Wie sollten die neuen Plakate aussehen, die neue Eröffnungsmusik klingen und der wichtige Trailer, der vor jedem Film das Festival repräsentiert und die neue Zeit symbolisieren sollte? Das Konzept dieses Trailers war seit Jahrzehnten nicht geändert worden, damit fingen wir an. Berlinale-Organisatorin Dagmar Forelle engagierte den Regisseur Uli M. Schueppel, der die bekannte Bären-Goldkugel animierte, basierend auf einer Idee und auf dem Storyboard der Berliner Künstlerin Angelika Margull. Mir ging es aber nicht nur um ein neues Design, sondern auch um eine Botschaft: »Accept Diversity« sollte als Motto auf das Plakat. Wir hatten insgesamt also nicht weniger vor, als das Festival runderneuert zu präsentieren.

No more pans –
Keine Pannen mehr
___

Donnerstag, der 7. Februar, die feierliche Eröffnung der Berlinale 2002. Die Filmwelt blickte auf »the new guy«, wie es die internationale Filmzeitschrift *Variety* formulierte, und der war nervös. Es ging dann auch schief, was nur schiefgehen konnte. Am Eröffnungsfilm lag es nicht, denn dafür hatten wir einen deutschen Film ausgesucht, Tom Tykwers *Heaven*, mit Cate Blanchett und Giovanni Ribisi in den Hauptrollen. Der Film kam bei der Premiere sehr gut an. Weniger gut gelang mein erster »Show«-Auftritt. Ich hatte die berühmte »Ost-Schauspielerin« Corinna Harfouch und den berühmten »West-Kameramann« Michael Ballhaus darum gebeten, die Moderation zu übernehmen. Dies sollte meine Verbundenheit zu den Cinematographien von Ost und West symbolisieren. Mein Freund Michael arbeitete zu der Zeit gerade in New York, und zwar mit Martin Scorsese an dessen neuem Film *Gangs of New York*. Er musste dann kurzfristig absagen. Dafür sprang mutig der Schauspieler und Schriftsteller Hanns Zischler ein. Wolfgang Niedecken mit seiner Kultband BAP hatten wir gebeten, den Eröffnungsabend zu rocken. Wim Wenders' Film *Viel Passiert – der BAP-Film* lief im offiziellen Programm

Corinna trug ein atemberaubendes Kleid. Nur hatte niemand einen Gedanken daran verschwendet, dass es aus vergoldeten Metallplättchen bestand, die für schrille Rückkopplungen mit ihrem Mikrofon sorgten. Sobald sie das Wort ergriff, pfiff es ohrenbetäubend durch den Saal. Entsetzt sah ich, wie sich Gäste die Ohren zuhielten. Was gibt das für ein Bild in der Welt ab, dachte ich, leicht zitternd in der 20. Reihe. Wie einst Roberto Benigni bei der Oscar-Verleihung seines Films *La vita è bella* (*Das Leben ist schön*) kletterte ich über sämtliche Stuhlreihen und rannte nach vorne. Auf der Bühne angekommen, schnappte ich mir das Mikrofon. Da ich metallfrei angezogen war, funktionierte es. Ich begann einen Rede-Marathon. Eine Rede auf Deutsch und Englisch zu halten, vor den Stars und der Prominenz im Saal und dem Publikum an den Bildschirmen zu Hause und das völlig unvorbereitet? Nach all diesen Pannen und gefühlt zwei Stunden später, wie der damalige Kanzler und Premierengast Gerhard Schröder spottete, versprach ich dem Publikum: »I promise you, no more pans«, »ich versichere Ihnen, es gibt keine weiteren Pfannen.« Einige hatten *pants*, sprich: Hosen verstanden. Der Saal tobte.

Irgendwie habe ich das als meine Rettung im Kopf. Später sagte man mir, dass mein schwäbisches Englisch, Panne wortwörtlich als *pan* zu übersetzen, weil im Englischen *going down the pan* so viel bedeutet wie »den Bach runtergehen«, ein toller Wortwitz im doppelten Sinn gewesen sei. Das war zwar tröstend, aber alle wussten nun, dass mein Englisch an diesem Abend nicht ganz auf Weltniveau war.

Eigentlich wollte ich einfach nur BAP befreien, die im Orchestergraben auf ihren Einsatz warteten und schwitzten. Später meinte Bandchef Niedecken: »Wir mussten fast 'ne Stunde auf den Hintern vom Kollegen Kosslick starren.« Als ich endlich bei den Sponsoren angelangt war, nannte ich noch völlig benommen die falsche Mineralwasserfirma. Die Repräsentanten dankten mir diese *pans* auf ihre Weise, und schon waren wir den ersten Sponsor los.

Als dann noch der georgisch-französische Meisterregisseur Otar Iosseliani Cognac-gestärkt bei der Preisverleihung des Silbernen Bären für die beste Regie seines Films *Lundi Matin* (*Montag Morgen*) mit dem französischen Bonmot brillierte, er freue sich, dass Deutsche zu so einem *petit bordel* fähig seien, bedurfte es natürlich von mir keiner Übersetzung mehr. Die 2000 Gäste wussten, dass Iosseliani auf die turbulente Eröffnungszeremonie anspielte, und übersetzten *petit bordel* sofort richtig mit »kleines Durcheinander«. Nun ja. Alle wollten schließlich den Neuanfang, und der gelang auf allen Ebenen.

Am 13. Februar traf ich die BAP-Truppe nach ihrer Premiere. Ich ließ es mir nicht nehmen, zu später Stunde noch ins Kant Kino zu gehen, wo sie auftraten. Niedecken bat mich auf die Bühne, um in den frühen Morgenstunden mit ihnen zu jammen. Wim Wenders an den Bongos und Niedecken und ich an der Gitarre. Als drei Stunden später um acht Uhr morgens der Wecker klingelte, erwachte ich starr und steif. Nichts ging mehr. Ich hatte überall Krämpfe, mein Körper wollte mir nicht länger gehorchen. Mehr Wasser und weniger Alkohol, das wäre gut gewesen. Dann wurde ich vom Notarzt wieder fit gespritzt, und weiter ging es.

Von nun an lief es besser. Ich wollte den deutschen Film wieder zurück auf die Berlinale holen, und das war gelungen. Das Verhältnis der deutschen Filmszene und der Berlinale war tief gestört, dem Festivaldirektor de Hadeln hatte man vorgeworfen, den deutschen Film nicht zu mögen und ihn viel zu selten im Wettbewerb zu präsentieren. Von mir erwartete man, dass ich das änderte. Das tat ich auch, und es fiel mir nicht schwer. Durch meine jahrelange Tätigkeit bei verschiedenen Filmförderungen in Hamburg und Nordrhein-Westfalen hatte ich nicht nur gute Beziehungen zur deutschen Filmbranche und – viel wichtiger – eine gute Meinung vom deutschen Film. Mit neuen Initiativen wollte ich dem einheimischen Kino eine internationale Plattform bieten. So wurde der Filmjournalist und Verleiher Alfred Holighaus zum Leiter der neuen Reihe »Perspektive Deutsches Kino«, die er neun Jahre lang erfolgreich leitete. Seine Handschrift war schon im ersten Jahr 2002 deutlich sichtbar.

Neben dem Eröffnungsfilm *Heaven* von Tom Tykwer präsentierten wir weitere drei deutsche Filme im offiziellen Wettbewerb – eine Sensation: *Halbe Treppe* von Andreas Dresen, *Baader* von Christopher Roth, *Der Felsen* von Dominik Graf und dazu Wim Wenders' BAP-Film im offiziellen Programm. Und die Regisseur*innen Mark Schlichter, Frieder Schlaich, Peter Lohmeyer, Esther Gronenborn und andere hatten für je 99 Euro eine Geschichte gedreht. Daraus war ein wilder, witziger, politischer Film entstanden, der unter dem Titel *99euro-films* gezeigt wurde. Der deutsche Film war wieder sichtbar für das Publikum und die internationalen Filmeinkäufer*innen.

Der große Diktator
___

Budd Schulberg, Schriftsteller und Drehbuchautor von *On the Waterfront* (*Die Faust im Nacken*) erzählte mir mal, dass Hitler den Film *The Great Dictator* (*Der große Diktator*) von 1940 zweimal für eine höchst private Sichtung angefordert hatte. Ob er ihn jemals angeschaut hat, wusste er nicht. Allerdings, so Schulberg, hatten ein paar Naziobere Charlie Chaplins Tragikomödie schon gesehen, und ihnen sei das Lachen schnell vergangen.

Budd Schulberg besuchte uns, seine Nichte Sandra Schulberg – meine damalige Lebensgefährtin – und mich, in der Familienvilla »La Terre de Sienne« in Cagnes-sur-Mer zwischen Cannes und Nizza. Die Schulbergs sind in der dritten Generation mit dem Kino verbunden, seit der Großvater eines der ersten Hollywood-Studios mitbegründete. Sandra organisiert heute das Restaurierungsprogramm alter Independent-Filme in New York und L.A., und sie rief die große amerikanische Initiative IFP – Independent Feature Project in New York ins Leben. Stuart Schulberg, ihr Vater, zog in den 1950er Jahren von Berlin an die Côte d'Azur, nachdem er den unfassbaren Dokumentarfilm *Nuremberg: Its Lesson for Today* (*Nürnberg und seine Lehre*) über die jahrelangen Gerichtsverhandlungen über die Kriegsverbrechen der mächtigsten Nazis und Holocaust-Verantwortlichen gedreht hatte.

Bei unserem langen Gespräch über die Zeit nach 1945 und den Aufbau der Filmindustrie in Deutschland erzählte Sandra, wie Stuart damals im zerstörten Berlin den Film wieder zum Laufen gebracht hatte. Er war nach dem Zweiten Weltkrieg in Berlin verantwortlich für die Lizenzvergabe zum Filmemachen. Die ersten Lizenzen erhielten die Produzenten und Filmemacher Gyula Trebitsch, Walter Koppel und Wolfgang Kiepenheuer. Und die 200 »Marshall-Plan-Filme«, sogenannte Reeducation-Filme. Am 3. April 1948 wurde der Marshall-Plan verabschiedet und unterzeichnet, darin standen Mittel in Höhe von 5 Milliarden Dollar für den demokratischen und wirtschaftlichen Wiederaufbau Deutschlands und Europas zur Verfügung. »Zur Propagierung des European Recovery Programs stellten US- und europäische Regisseure für die einzelnen Marshall-Plan-Veranstaltungen der einzelnen Länder Kurzfilme her, die die Grundsätze der freien Marktwirtschaft und demokratischen Prinzipien vermitteln sollten«, hieß es im Begleittext unserer damals veröffentlichten Marshall-Plan-Filmbroschüre.

Von den 200 Filmen, die bis zum Ende des Programms 1952 entstanden, wählten mein Kollege Rainer Rother und ich auf Vorschlag der Schulberg-Nichte 33 aus und zeigten sie ab 2004 in einer dreijährigen Retrospektive mit dem Titel »Selling Democracy«.

Zurück zu *Der große Diktator*: Diesen großartigen Chaplin-Film restaurierte die französische Filmgesellschaft MK2 und gab ihn uns als Abschlussfilm für die Berlinale 2002. Die weltberühmte Schauspielerin Geraldine Chaplin, aus *Doktor Schiwago*, stellte die restaurierte Fassung des Films ihres Vaters persönlich vor. Der Applaus im Berlinale Palast wollte nicht enden.

Chaplins grandioses Meisterwerk schien wie eine Vorschau für die ein Jahr spätere »Invasion« der US-Armee in den Irak zu sein – Präsident Bush junior bereitete bereits die Vergeltung für 9/11 vor. Fake News als semantisches Differenzial gab es noch nicht, diese Wortschöpfung blieb einem späteren Präsidenten vorbehalten, aber schon immer wurde mit falschen Informationen der eigene Angriffskrieg vor der Welt gerechtfertigt. Die meisten kennen die Lügengeschichten der Nazis: »Seit 5:45 Uhr wird zurückgeschossen.« Hitler legitimierte damit den Einmarsch in Polen im September 1939. Dieser Vorgang wird von Chaplin in dem Film persifliert mit dem Einmarsch in »Osterlitsch«.

Und Präsident Bush, demokratisch gewählt, erfand die Massenvernichtungswaffen des zum Angriff bereiten Diktators Saddam Hussein in Verbindung zum Terrornetz des Sohnes der Bush-Geschäftspartner Bin Laden und Al-Qaida.

Und wie in den vorherigen Angriffskriegen wurden für diese Fake-Argumente nie Beweise gefunden. Alle Argumente von Bush für die Invasion haben später unabhängige Kommissionen widerlegt. Er wurde nie zur Verantwortung gezogen, und Chaplins Film wirkte im Nachhinein wie ein Dokumentarfilm.

Mach's noch einmal, Dieter

Umarmung, Wangenküsschen und der gelüpfte Hut auf dem roten Teppich, roter Schal und schwarzer Barbisio vom letzten Hutmacher im italienischen Piemont, ein Geschenk meines Freundes, des Stoffunternehmers und Modeschöpfers Nino Cerruti. Das neue Begrüßungszeremoniell hatte ebenfalls Premiere. Den sündhaft teuren Direktorenmantel leistete ich mir im Schlussverkauf des Designerladens Quartier 71. Es passierten zwar noch ein paar weitere Pannen – Jurymitglied Renata Litwinowa verlor bei der Bärenübergabe ihren Stöckelschuh und zeichnete dafür einen Regisseur aus, der gar nicht anwesend war. Die Italienerin Nicoletta Braschi verlor ebenfalls einen Schuh auf dem Weg zur Bühne. Doch allen Stolperfallen zum Trotz wurde die Bärenverleihung zu einem Höhepunkt meiner ersten Berlinale.

Es gab jede Menge Glanz und Glamour: In Tempelhof, traditionell der Ankunftsflughafen großer Stars, landete Weltstar Claudia Cardinale im Privatjet und wurde von mir mit einem Blumenstrauß empfangen – sie bekam einen Goldenen Ehrenbären für ihr Lebenswerk. Ihr zu Ehren zeigten wir Fellinis Meisterwerk *Otto e Mezzo*, 8 ½.

Halle Berry wurde mit einem Silbernen Bären für ihr großartiges Schauspiel in *Monster's Ball*, Marc Forsters erstem Film, ausgezeichnet. Sie unterbrach sogar zweimal innerhalb einer Woche den Filmdreh ihres aktuellen James-

Bond-Films *Die Another Day* (*Stirb an einem anderen Tag*) in London, um nach Berlin zu kommen. Eine teure Unterbrechung und nur dank der Großzügigkeit von meiner guten Bekannten, der James-Bond-Produzentin Barbara Broccoli, möglich. Und nur einen Monat später erhielt Halle Berry in Los Angeles einen Oscar für diesen Film.

Robert Altman bekam in diesem Jahr einen Goldenen Ehrenbären und präsentierte *Gosford Park*.

Russell Crowe, Donald Sutherland, Cate Blanchett, Will Smith, Faye Dunaway, Catherine Deneuve, Isabelle Huppert: Sie alle machten diese Berlinale zu einem Filmereignis.

Die großen Regisseure Terry Gilliam, Carlos Saura, Robert Altman und die Regisseurin Catherine Breillart begeisterten das Berlinale-Publikum bei einem »Vision Day« über die Zukunft des Filmemachens im Otto-Braun-Saal der Staatsbibliothek. Sie beschworen die Magie des Films und des Kinos und die faszinierenden Momente, wenn der Vorhang sich im Saal öffnet und zum ersten Mal bei einer Premiere das Publikum mit der erzählten Filmgeschichte eine Einheit werden kann, wenn das Geheimnis im dunklen Saal und auf der hellen Leinwand den Film und das Kino zum Kunstwerk werden lassen.

Wir verkauften bei dieser Berlinale fast 200 000 Karten und begrüßten über 14 000 Fachbesucher aus 80 Ländern. Das war neuer Rekord. Neben der starken deutschen Präsenz setzte meine Berlinale auch noch einige weitere Schwerpunkte: den späteren international erfolgreichen Talent Campus, heute Talent, der auf dem »Vision Day« angekündigt wurde und junge Filmemacher*innen aus der ganzen Welt zum Festival bringen sollte. Mit den völlig ungewohnt politischen Statements der Hollywood-Stars auf dem roten Teppich erinnerte man sich an eine politische Dimension, die das Festival seit seiner Gründung hatte.

Wilde zehn Tage lagen hinter mir, und alle waren extrem erschöpft. Die Festspielbürokratie wollte uns nach besten Kräften unterstützen, aber die gesamte Organisation war in den vergangenen 23 Jahren hierarchisch auf das Ehepaar de Hadeln konzentriert und von außen nicht leicht zu durchschauen – zumal der Festivalchef auch das Computerprogramm Linux adaptierte und mit Argusaugen darüber wachte. Ohne die Kolleginnen und Kollegen, die ich alle übernommen habe, wäre ich an diesem System gescheitert.

Nach solch einem erfolgreichen Start und den grandiosen Bären-Gewinner*innen gingen die mehr oder weniger witzigen Pannen in die Festivalgeschichte ein – schöne Partythemen, nicht vergessen, aber verziehen.

Und es gab noch eine Neuerung auf dieser Berlinale, die die nächsten 18 Berlinalen prägen sollte: Das traditionell schlechte Veranstaltungsessen wurde durch ein Konzept mit qualitativ guten Weinen und gutem Essen ersetzt.

Ich wollte aber nicht nur ein neues Catering-Konzept, sondern auch einen neuen Ort für diese von Emotionen und Erschöpfung geprägten zehn Tage Festival-Marathon. Es sollte ein Ort sein, der das neue Berlin zeigt, etwas ganz Besonderes, um vor allem die ausländischen Gäste mit der Party am Eröffnungstag zu beeindrucken. Nach zähen Verhandlungen konnten wir das spektakuläre Paul-Löbe-Haus des Architekten Stephan Braunfels mieten, das zukünftige Heim für die nach Berlin umgezogenen Bundestagsabgeordneten. Der Bau zwischen dem neuen Kanzleramt und dem zum Parlament umgebauten Reichstag war noch nicht in Betrieb und wurde von meiner unermüdlichen Kollegin Dagmar Forelle in eine coole Party-Location verwandelt, und außerdem besorgte sie die guten Weine: Sie konnte einen Sponsor aus Piemont gewinnen.

Diese italienische Region mit großartiger Küche und wunderbaren Weinen aus der Langhe ist auch eine filmbegeisterte Provinz mit einer großartigen Kinemathek in ihrer Hauptstadt Turin und einer berühmten Kinemathek in Bologna. Die Letztere ist für ihre brillanten Restaurierungen international bekannt und beherbergt einen großen Schatz historischer kulinarischer Filme. In Turin fand das erste Festival dieses Genres statt, gemeinsam mit Slow Food, einer Organisation, die Mitte der 1980er Jahre aus Protest gegen die erste McDonald's-Fast-Food-Filiale in Italien gegründet wurde und im 100 Kilometer entfernten Bra beheimatet ist. In der Nähe des Trüffel-Städtchens Alba gelegen, ist das mittelalterliche Bra das Herz der inzwischen weltweit fast 150 000 Mitglieder starken Bewegung. Slow Food mit ihrem charismatischen Gründer Carlo Petrini kämpft auch heute gegen die Auswüchse der Agrarindustrie und industrielle Lebensmittelkonzerne mit ihren Zuckerprodukten und dick machenden Zusatzstoffen und engagiert sich für eine regionale, faire Landwirtschaft und Agrarkultur. Schon viele Jahre vor der Berlinale-Zeit war ich Mitglied in diesem Verein geworden, und ich hatte vor, Slow Food einen Platz bei den zukünftigen Berlinalen einzuräumen.

Trotz dieser großartigen Partner wurde die Abschlussparty kulinarisch kein rauschendes Fest. Das neue, kahle und noch nicht eingerichtete Paul-Löbe-Haus wirkte zu kalt, zu dunkel, und die gewohnten kalorien- und fettreichen Speisen wurden vermisst.

Das gute Essen war zu gut, zu vegetarisch, und meine Reminiszenz an Berlin mit kleinen Buletten und Currywürsten zahlte sich nicht aus. Ausgerechnet mein langjähriger Freund, der Restaurantkritiker Wolfram Siebeck, mit dem ich in München in den Restaurants der Nouvelle Cuisine bei Eckart Witzigmanns Tantris, Roland Kochs Messestübchen und in Hans-Peter Wodarz' Ente im Lehel die feinsten Speisen testen durfte, schrieb in der *Zeit* über die Party und das schlechteste Essen bei einer Berlinale. Er vernichtete das kulinarische Angebot mit seiner ironisch ätzenden Art. Darauf angesprochen, stellte sich heraus, dass er vorher noch nie auf einer Berlinale-Party war. Es dauerte einige Festivaljahre, bis Essen auf der Berlinale eine große und internationale Rolle spielte. Der vormalige Spree-Athen-Geschmack – Currywurst und Pommes – wurde die ganzen Jahre von einigen schmerzlich vermisst.

Doch es sollte noch eine Weile dauern, bis auch das cinephile französische Magazin *Positif* von einer guten Stimmung auf der Berlinale berichtete, eigenhändig geschrieben vom französischen Filmkritiker Michel Ciment. So empfanden es auch die Deutschen. Mein erster Festivaltag war vorbei. Nachts, nach der Party, schaute ich noch das Kinomagazin *Kino* im Bayerischen Fernsehen an. Dort lief im »Breaking News«-Stil der Satz »Mach's noch einmal, Dieter!« als Endlosschleife. Glücklich fiel ich in einen tiefen Schlaf.

La femme du boulanger
___

Diese großartige französische Tragikomödie von Marcel Pagnol, mit dem deutschen Titel *Die Frau des Bäckers*, könnte heute wieder gedreht werden. Ähnlich wie im deutschen Film *Das Brot des Bäckers* von Erwin Keusch schließen täglich kleine Bäckereien. Sie haben keine Chance gegen die großen Backketten, die stündlich in ihren Filialen oder Supermärkten frische Brötchen aufbacken. Dass die Billigbrötchen in fernen asiatischen Ländern als tiefgefrorene Teiglinge in die Cargo-Flugzeuge verladen werden, weiß ja keiner.

In Pagnols Film von 1938 wird in einem kleinen Bergdorf in der Provence vom neuen Bäcker Aimable, dem Liebenswerten, wieder frisch gebacken. Seine viel jüngere, hübsche Ehefrau verkauft die knusprigen Brötchen und verliebt sich in den gut aussehenden Schafhirten Dominique. Beide brennen durch ...

Diesen Film habe ich oft gesehen, denn die Dorfbäckerei Auber in meinem Elternhaus sah ähnlich wie Pagnols Boulangerie aus. Und dieser Film hat mir viele Freundschaften in der internationalen Filmwelt beschert.

Auf der Suche nach einem Kontakt mit der berühmten amerikanischen Köchin und Food-Aktivistin Alice Waters traf ich in Los Angeles den Festivaldirektor des exklusiven Filmfestivals Telluride in Colorado, Tom Luddy. Tom ist ein lebendes Filmlexikon, kennt die Telefonnummern vieler

Filmleute auswendig und stiftet gerne Freundschaften in der Filmszene. Und Tom erzählte mir, dass er mit Alice Waters verheiratet war, und Minuten später sprach ich bereits am Handy mit ihr.

Bei meiner nächsten Filmreise besuchte ich ihr legendäres Restaurant Chez Panisse in Berkeley bei San Francisco in der Shattuck Ave Nr. 1517. Marcel Pagnols wunderschöne Filmplakate hingen im gesamten Restaurant, benannt ist es nach dem lebensfreudigen Pagnol-Darsteller Honoré Panisse – und Waters' Tochter Fanny nach seinem Film *La Trilogie Marseillaise Marius Fanny Cesar* von 1931.

An diesem Abend, mit großartigem Essen, fanden nicht nur Pagnol-Fans zusammen, sondern ich lernte bei meinen vielen weiteren Besuchen prominente amerikanische Filmleute kennen, viele, die später zur Berlinale reisten, wie den mehrfach Oscar-prämierten Sound- und Filmeditor Walter Murch sowie Errol Morris, dessen schockierender Dokumentarfilm *Standard Operating Procedure* über die Folterszenen im amerikanischen Gefängnis Abu Ghraib im Irak mit einem Silbernen Bären ausgezeichnet wurde. Der erste für einen Dokumentarfilm. Dort traf ich auch Bestsellerautor Michael Pollan, der später mit *Food, Inc.* wieder zum Festival kam. Alle genossen das großartige regionale und saisonale »Farm to Table«-Essen.

Und in diesem Restaurant wurde eines Abends die verwegene Idee geboren, zum 60. Geburtstag der Berlinale einen riesigen Kinovorhang vor das Brandenburger Tor zu hängen, zur Weltpremiere der restaurierten und verlängerten Fassung von *Metropolis*, die dort aufgeführt werden sollte.

Die koreanische Stoffkünstlerin Christina Kim, Designerin des Modelabels Dosa, speiste an diesem Abend ein paar Tische weiter. Ich fragte sie, ob sie einen solchen Vorhang nähen könne. »Sure«, antwortete sie, und wir tranken ein Glas provenzalischen Bandol, der auch bei Pagnol immer getrunken wurde, auf das geplante Abenteuer.

Als Christina Monate später vor dem Brandenburger Tor stand, stellte sich heraus, dass sie noch nie in Berlin gewesen war. Erst jetzt realisierte sie die gigantischen Maße des klassizistischen Stadttors: 20,3 Meter hoch und 62,5 Meter breit, einen größeren Kinovorhang hatte es noch nie gegeben. Sie ließ sich nicht abschrecken. Der Vorhang hing rechtzeitig zum 60. Jubiläum des Festivals, am 12. Februar 2010, recycelt aus alten Berlinale-Plakaten, genäht von versierten Näherinnen aus dem Berliner Stadtteil Marzahn.

Schwäbische Camera obscura

Das Örtchen Ispringen, in dem ich aufwuchs, liegt ziemlich genau auf der Grenze zwischen Württemberg und Baden. Selbstverständlich ist es heute eine grüne Grenze, und doch ist sie in den Köpfen vieler Menschen im Dorf noch immer fest verankert. Um das zu verstehen, muss man hier geboren sein und darüber hinaus wissen, was 1849 geschah.

In Baden breitete sich der Wunsch nach der Demokratie mit derartiger Wucht aus, dass die Preußen Pickelhauben schickten, um dieser ersten demokratischen Revolution auf deutschem Boden ein Ende zu bereiten.

Und wer half ihnen dabei? Truppen aus Württemberg. Das hat man im Land, wo die Sonne auf der Vulkanerde des Kaiserstuhls Spätburgunder gedeihen lässt, während drüben in Württemberg Trollinger und Lemberger sprießen, nie vergessen.

So wie bei uns in der Kelterstraße 2 darf man sich getrost ein kleines Dorf in Nachkriegsdeutschland vorstellen: im Erdgeschoss die Bäckerei mit Kolonialwarenhandlung, darüber eine ungarische Flüchtlingsfamilie. Dann kamen wir, unterm Dach in einer winzigen Wohnung. Meine Mutter arbeitete in einer Pforzheimer Draht- und Röhrenziehereifabrik. Da hieß es morgens früh raus aus den Federn und mit dem Zug oder zu Fuß ab nach Pforzheim. Dort wurden nach dem Krieg als Erstes die Fabriken wiederaufgebaut.

Meine Mutter gab mich morgens auf dem Weg zur Arbeit bei den Bäckersleuten im Parterre ab. Ich lernte fürs Leben: dass Teige langsam gehen müssen, dass man viele verschiedene kleine Brötchen backen muss, um eine Bäckerei zu einem Gesamtkunstwerk zu machen. Geruch, Qualität der Zutaten und handwerkliches Können. Alles Dinge, die ich 50 Jahre später als Festivaldirektor noch gut gebrauchen konnte.

Gutes Essen war bei uns wichtig. Meine Mutter wusste, wo die Wurst herkam, im Garten gab es keine Chemie. Begriffe wie regional und saisonal, auf die heute beim Essen so großer Wert gelegt wird, waren damals eine Selbstverständlichkeit. Die schwäbischen Spezialitäten waren hausgemacht, und über die Qualität des Essens wurde viel geredet. Die Köche in den lokalen Wirtschaften, wie Restaurants im Schwäbischen heißen, waren stolz auf ihr Können und ihre Rezepte.

Und der berühmten Butterbrezel bin ich auch heute noch verfallen. Ihre Entstehungsgeschichte klingt so verrückt, dass sie wahrscheinlich wahr ist. Eine frühe Version von 3-D-Kino. Dreidimensional kann ja jeder sehen, aber dreimal sehen, das gelingt nur mit einer Brezel. Sie wurde von einem Bäckermeister erfunden, der wegen Betrugs am Brotgewicht im Kerker des badischen Markgrafen landete. Der ließ ihn unter der Bedingung frei, dass er ein Gebäck erfinde, durch das der Markgraf dreimal den Sonnenaufgang und Sonnenuntergang sehen konnte. Mit einer Brezel ist das möglich. Sie ist ein frühes Stück visuelles Backwerk, eine schwäbisch-badische Camera obscura.

Diese Geschichte hat mich seit meiner Kindheit fasziniert.

Es gibt viele Versionen über den Ursprung der Brezel. Diese hier wurde in der Bäckerei meiner Kindheit erzählt. Natürlich ist sie die einzig wahre.

Meinen Vater habe ich nie kennengelernt. Nur seinen Tornister mit einigen Morphiumspritzen aus seiner Zeit als Sanitätssoldat, der immer noch bei uns in der Kammer stand wie eine geheimnisvolle Fundsache, erinnerte mich an ihn. Er starb bereits drei Monate nach meiner Geburt, auf dem Werksgelände der Pforzheimer Fabrik, wo auch meine Mutter arbeitete. Dort explodierte ein Kessel und tötete ihn. Meine Mutter bekam von der Firma einen lapidaren Brief, in dem stand: »Sehr geehrte Frau Kosslick, um Sie mit den Sorgen wegen der Bezahlung dieses Grabsteins nicht zu belasten, sind wir bereit, die Kosten dafür zu übernehmen ... Damit dürfte diese Angelegenheit beendet sein.«

Danach arbeitete sie, bis zur Rente, Tag für Tag weiter in derselben Fabrik. Als 14-Jähriger bekam ich 1400 Mark von der Unternehmensleitung als »Schmerzensgeld« für den verlorenen Vater ausbezahlt. So war das damals.

Meine alleinerziehende Mutter hatte in der engen Dorfgemeinschaft immer Sorge, nicht alles richtig zu machen. Deshalb musste ich auch jeden Dorfbewohner höflich grüßen, sogar die Frau des Schuldirektors Morgelt züchtig mit Handschlag. Eine gute Übung für meinen späteren Job auf dem roten Teppich. Rief die Kirchenglocke zum Gottesdienst, durften meine Mutter und ich auf keinen Fall fehlen. Während sie inbrünstig im Chor sang, diente ich als Ministrant. Ansonsten war ich eher schweigsam. Die Schule kam mir vor wie ein Gefängnis. In den Pausen unserer kleinen backsteinroten Volksschule mussten wir im Kreis marschieren. Es gab ein paar Rabauken, vor denen ich als schmächtiger Junge eine Menge Angst hatte.

Mir war als Kind durchaus bewusst, dass ich aus sogenannten kleinen Verhältnissen komme. Ich erinnere mich noch gut an die Situation, als ich zum ersten Mal damit konfrontiert wurde. Es war die Zeit, als die Mütter ihre Kinder mit der Milchkanne zur Molkerei schickten. Dort traf ich am frühen Abend ein Mädchen namens Sigrid. Wir plauderten miteinander, während uns frische Milch in die Kanne gezapft wurde, und ich hatte das Gefühl, dass wir uns mochten. Es war eine erste, unschuldige Liebe. Doch eines Tages sagte sie: »Mein Vater möchte nicht, dass wir befreundet sind.«

Ich war verwirrt. »Warum denn nicht?«

»Weil ihr arm seid.«

Unsere Milchkannen ähnelten sich, und das Geld, mit dem wir dafür bezahlten, auch. Dass über unsere Armut im Dorf getratscht wurde, davor hat sich meine Mutter immer gefürchtet. Die Schwaben haben dafür ein passendes Sprichwort: »An leera Beidl druggd mehr als an vollr« sagen sie – ein leerer Geldbeutel drückt mehr als ein voller.

Wer weiß, was geworden wäre, hätte nicht die Brezel Schicksal gespielt. Eines Tages kam die Bäckersfrau mit drei warmen Butterbrezeln in unsere Wohnung unterm Dach. Meine Mutter öffnete eine Flasche Piccolo und schenkte der Bäckersfrau und sich ein Gläschen ein.

»Martha«, hob die Bäckerin an, »du musst Dieter unbedingt aufs Gymnasium schicken. Da kommt er mit bessergestellten Leuten zusammen. Das ist wichtig.«

Meine Mutter hörte sich das an und sagte nichts. Brauchte sie auch nicht, denn die Würfel waren schon gefallen. Sie wusste, wie gut die Bäckersfrau mich kannte, und vertraute deren Urteil.

Als Bundeskanzler Konrad Adenauer 1953 die zerstörte Stadt zum ersten Mal besuchte, war ich zufällig mit meiner Mutter auch dort. Sein Besuch war eine Sensation. Ich wusste nichts von Moskaureisen, von Zehntausenden deutschen Kriegsgefangenen, die noch immer nicht nach Deutschland zurückgekehrt waren, vom Kalten Krieg, von Gewerkschaften, welche für die Einführung der Fünf-Tage-Woche mit dem Slogan »Samstags gehört Vati mir« kämpften. Bei uns gab es keinen Vati, es gab keinen Fernseher und keine Zeitung. Bei uns gab es meine Mutter und mich, und dazu eine Reihe von Onkel und Tanten und Cousinen, die sich regelmäßig besuchten. Dann saßen alle um den Nierentisch, tranken Wein und schlürften Likör. Die Luft war rauchgeschwängert, schließlich war man zu dieser Zeit noch Kettenraucher, vor allem Reval ohne Filter, Eckstein oder Zuban.

Das große Wort führte Onkel Karl, der Mann der Schwester meiner Mutter. Er war ein sogenannter Teilacher, was die jiddische Bezeichnung für einen Einzelhandelsvertreter ist. Oder sagen wir besser Hausierer, er war ja nicht jüdisch. In jedem zweiten Hausflur hing groß das Schild: »Betteln und Hausieren verboten!« Onkel Karl handelte mit Weißwäsche, und das tat er mit viel Charme und Chuzpe. Seine eigentliche Liebe gehörte aber dem Viertele, einem Trollinger, dem schwäbischen Vesperwein, randvoll im typischen Henkelglas ausgeschenkt. Regelmäßig schickte mich meine Tante ins Wirtshaus Rössle. Ich baute mich am Stammtisch auf: »Onkel Karl! Tante Gretel sagt, du musst heimkommen!«

Der Tisch grölte, die Spielkarten knallten, Dampfschwaden stiegen über erhitzten Köpfen auf, und Onkel Karl erwiderte: »Sag der Gretel, ich hab grad mal 32 Achtel getrunken, dös sen ja nicht mal acht Viertel!«

Ob ich aufgrund dieser schwäbischen Grundrechenarten auf dem Gymnasium so meine Schwierigkeiten hatte, weiß ich nicht. Ich war nicht auf den Kopf gefallen, aber wie man lernt, war mir fremd. Sobald ich zu Hause meine Nase in ein Buch steckte, nahm es mir meine Mutter ohnehin weg: »Bücherlesen ist nicht arbeiten«, sagte sie. Woher sollte sie es als hart arbeitende Frau auch besser wissen?

Ispringen wurde mir eng, die Stadt Pforzheim hingegen zum Tor zur Welt. Dort lernte ich im Gymnasium Holger Steinle kennen, der bald mein bester Freund wurde. Er stammte aus der Pforzheimer Oberschicht. Also ging der Wunsch der Bäckersfrau in Erfüllung.

In dieser Zeit sorgte mein Deutschlehrer Schuh für eine entscheidende Wende in meinem Leben. Deutschlehrer Schuh – so heißen Lehrer eigentlich nur in Erzählungen von Wilhelm Busch.

Als wir einen Phantasieaufsatz schreiben mussten und er uns eine Woche später mit gewichtiger Miene die korrigierten Texte zurückgab, blieb er an meinem Tisch stehen.

»Kosslick«, sagte er, »das ist ein sehr guter Aufsatz. Aber den kannst du niemals geschrieben haben. So etwas kriegst du doch gar nicht hin.«

Bis dahin war ich ein schweigsames, gehorsames Kind.

Jetzt war ich so deprimiert, dass sich in mir erstmals

ernsthaft ein Widerspruch, ein Aufbegehren gegen diese Ungerechtigkeit regte. Ich begann, alles zu hinterfragen und nicht mehr stumm zu ertragen, mich zu wehren, selbstbewusst und stolz auf mich zu sein.

Traumberuf
Filmfestivaldirektor
—

Es gibt Unterschiede zwischen einem Bäckermeister und einem Filmfestivaldirektor. Bäcker ist ein Lehrberuf, und es muss lange Teig geknetet werden, bis aus dem Lehrling ein Geselle und aus dem wiederum ein Meister wird. Das dauert beim Bäcker normalerweise sieben oder acht Jahre. Bei mir hat es erheblich länger gedauert, bis ich den roten Teppich betreten durfte. Aber das ist relativ:

Im Film *Jiro Dreams of Sushi* der Netflix-Serie *Chef's Table* von David Gelb prüft der beste Sushimeister der Welt, Niki Nakayama, den Eierstich Tamago-Nigiri seines Lehrlings. Seit zehn Jahren versucht dieser, den Ansprüchen des Meisters gerecht zu werden. Erst im elften Ausbildungsjahr hat er Erfolg. Als der Film im Kulinarischen Kino der Berlinale am Valentinstag 2011 gezeigt wurde, fragte die damalige Chefredakteurin des Gourmet-Magazins *Der Feinschmecker*, Madeleine Jakits, den Sohn des Meisters, ob das nicht ein wenig zu lange sei für einen Eierstich, und erntete ein trockenes japanisches Nein.

Wie beim Journalistenberuf gibt es auch für Festivaldirektoren keine formale Ausbildung – was nicht heißt, dass keine vielfältigen Fähigkeiten erwartet werden.

Der erste Direktor der Berlinale kam noch aus der Zeit des »Dritten Reiches«, ein »kleiner Jurist« der Reichsfilmkammer, der 1951 als kenntnisreicher Filmspezialist der deutschen Filmbranche seinen Traumjob als Gründungsdirektor erhielt. 69 Jahre später veröffentlichte die *Zeit*-Journalistin Katja Nicodemus im Januar 2020 die Recherche des Amateurwissenschaftlers Ulrich Hähnel, in der stand, dass jener erste Festivaldirektor Dr. Alfred Bauer mitnichten ein kleines Licht der Nazifilmkammer war, sondern ein aktives Parteimitglied und überzeugter Hitler-Anhänger. Er wurde 1942 in einem Schreiben der Gauleitung Mainfranken als »eifriger SA-Mann« gelobt, so fand es Ulrich Hähnel heraus. Dr. Bauer leitete unentdeckt 25 Jahre das Festival, bis 1976 Wolf Donner, promovierter Filmjournalist und Filmkritiker des *Spiegels*, für drei Jahre den Direktorposten übernahm. Ihm folgten für weitere 21 Jahre Moritz de Hadeln und seine Frau Erika. Sie hatten schon vorher andere Festivals in der Schweiz organisiert und kamen vom Filmfestival Locarno im Tessin. Als Bauer 1986 starb, wurde nach ihm ein Silberner Bär benannt und bis 2020 als Alfred-Bauer-Preis vergeben – ausgerechnet für »Neue Perspektiven der Filmkunst«. Nora Fingscheidts Erstlingserfolg *Systemsprenger* erhielt diesen Preis in meinem letzten Berlinale-Jahr. Die Recherchen wurden im September 2020 durch eine Untersuchung des Münchner Instituts für Zeitgeschichte bestätigt.

1970 kam es wegen des Protests des amerikanischen Jurypräsidenten, dem Regisseur George Stevens, gegen Michael Verhoevens Vietnamfilm *o.k.* zum Abbruch der Berlinale. Daraufhin gründete sich als Alternative die Festivalreihe Forum des Jungen internationalen Films, die als Bestandteil der Berlinale bis 2001 von »den Gregors« geleitet wurde: Ulrich Gregor war Filmhistoriker und seine Frau Erika

Kinobetreiberin. Ihnen folgte der Filmkritiker Christoph Terhechte.

Es scheint, dass beste Filmkenntnisse die Voraussetzung für den zulassungsfreien Job des Festivaldirektors sind – diese kann man mitbringen als Journalist, Historiker oder Filmemacher und Fotograf und Festivalmacher wie bei de Hadeln.

Auch ich hatte lange Erfahrung im deutschen und internationalen Filmgeschehen, bevor ich 2001 »berufen wurde«. Der Anruf aus dem gerade erst gegründeten Ministerium für Kultur und Medien erreichte mich am späten Nachmittag an einem Donnerstag in meiner schönen Dachwohnung in der Südstadt Kölns. Am anderen Ende Dr. Michael Naumann, genannt Mike.

»Willst du Berlinale-Chef werden?«, fragte Mike in seiner direkten Art. Wir hatten uns bei der Premiere von Ken Loachs großartigem Film *Land and Freedom* im Kölner Broadway-Kino gesehen. Der Verleih des Films in Anwesenheit des linken Meisterregisseurs war mit den Mitteln der Filmstiftung Nordrhein-Westfalen gefördert worden, deren Geschäftsführung ich seit 1991 innehatte. Mike Naumann war beeindruckt von der Beteiligung Nordrhein-Westfalens an so vielen internationalen Koproduktionen und wusste um meine sehr guten Kontakte in die europäische Filmszene. Ich hatte beste Beziehungen zu den Regisseur*innen, Produzent*innen und vor allem den Verleihfirmen. Sie brachten gemeinsam mit unserer in Hamburg 1988 gegründeten europäischen Verleihförderung EFDO (European Film Distribution Office), die neuen Filme aus ganz Europa erfolgreich in die Kinos. Gute Voraussetzungen für den Job, das A-Filmfestival Berlinale zu leiten, künstlerisch und als Geschäftsführer.

Ich besuchte die Berlinale seit 1983 und kannte das Festival mit seinem Wettbewerb im beeindruckenden Zoo Palast, seinem verqualmten Festivalzentrum im heruntergekommenen Bikini-Haus direkt daneben und den jährlichen heftig umstrittenen Jury-Entscheidungen – und der nicht enden wollenden bösen Kritik der Filmkritiker*innen am Festivaldirektor. Es schien kein begehrenswerter Job zu sein.

In meinen 18 Jahren als Festivaldirektor brauchte ich lange, um zu begreifen, dass diese zum Teil ehrverletzenden Beleidigungen einer Handvoll Fachjournalist*innen mehr zur persönlichen Profilierung dienten und weniger die Filme betrafen – Ehemalige bestätigen dies im milden Licht des Pensionsalters.

Ich wusste auch von der ewigen Konkurrenz mit dem Festival in Cannes an der mondänen Côte d'Azur und dem Festival in Venedig in einer der schönsten Städte der Welt.

Aber auch die Berlinale hatte Vorzüge, die die anderen beiden Festivals nicht hatten: Sie begeisterte bereits seit 1951 das Publikum, die ersten Jahre war sie sogar ein reines Publikumsfestival ohne Jury. Schon damals strömten die Fans in die Berlinale-Filme. Das Festival, auch das wusste ich, definierte sich selbst als eine politische, kulturelle Plattform für den internationalen Austausch und wollte der Völkerverständigung besonders zwischen Ost und West dienen.

Das könnte ein aufregender Job werden, dachte ich und sagte im Alter von 53 Jahren zu.

Rückblickend kamen mir bei meinem Direktorenjob einige Fähigkeiten und Kenntnisse zugute, die ich in meiner

Jugendzeit quasi nebenbei erworben hatte. Als 1964 die Beatles und Rolling Stones die junge Welt rockten, gründeten wir unsere eigene Band The Meters, um deren Songs zu covern. Wir waren eine klassische Schülerband für Schulpartys und Tanzabende, die in den »Häusern der Jugend« bei Betriebsfeiern und Band-Wettbewerben spielte. Die Blödelbarden Ingo Insterburg und Co. verblüfften uns mit den absurdesten Geschichten und Gedichten wie »Die Ampeln schalten Gelb, Rot, Grün – so ist das in Berlin«, und die US-amerikanische Pop-Rockband The Monkees, die in ihren Fernsehserien auch mal ein Pferd mit auf die Bühne brachten, erzielten einen Hitparadenerfolg nach dem anderen. Gerüchte, dass sie gar keine Instrumente beherrschten, spielten keine Rolle. Wir spielten auf besonderen Wunsch des Publikums bis zu zehnmal am Abend »I am a Believer«. Eine gute Vorbereitung für die späteren Auftritte der größten Pop- und Rockstars auf der Berlinale, wie Madonna, The Rolling Stones, The Beach Boys, Bonos U2, aber auch Harry Belafonte, George Michael und Patti Smith.

Auch das Thema kultureller Austausch zwischen Ost- und Westdeutschland kannte ich aus familiären Gründen gut. Die Familie meines Vaters lebte in Dresden, und meine Mutter kam aus einem kleinen Dorf in Baden-Württemberg. Meine Eltern hatten sich in der Nachkriegszeit kennengelernt, nachdem mein Vater vor General Harris' angeordnetem Flächenbombardement auf Dresden geflohen war. Doch kurz danach legten die britischen Bomber auch seine neue Heimat, Pforzheim, mit den mörderischen Brandbomben in Schutt und Asche.

Deutsch-deutsche Beziehungen zwischen BRD und DDR

gehörten zu unserem Familienalltag und meiner Kindheit, und zwar vor allem mit »Fresspaketen«, die ich zur Post bringen musste. »Den Abschnitt der Einlieferung nicht vergessen«, sagte meine Mutter, »fürs Finanzamt.« Später dann die Verwandtenbesuche, erst in Dresden und auch bei uns zu Hause in Süddeutschland. Oma, Onkel, Tanten und Cousins. Waren wir in Dresden zu Besuch, ging es mit dem Schiff nach Pillnitz, in die Sächsische Schweiz und ins Erzgebirge und zum Gänsebraten mit Klößen und Rotkohl in den Weißen Hirschen hoch über dem Elbufer mit Blick auf das Blaue Wunder und nach Moritzburg.

Als die DDR 1961 die Mauer baute, änderte sich nicht nur das tägliche Leben in Berlin, auch die deutsch-deutschen Filmbeziehungen blieben nicht verschont. Ein neues, nicht weniger politisch brisantes Kapitel begann. Und bei meinem ersten Wettbewerb als Festivaldirektor war es mir wichtig, Filme von Regisseuren aus der früheren DDR zu programmieren. Andreas Dresens *Halbe Treppe* war der ideale Film, um unsere beiden immer noch unsichtbar geeinten deutschen Teile zu thematisieren. Der Film begeisterte das Publikum, die Kritiker, und als großen Preis der Jury konnten Dresen und sein Ensemble den Silbernen Bären mit nach Hause nehmen. Der Film – ein gesamtdeutscher – wurde anschließend weltweit auf Festivals ausgezeichnet, erhielt deutsche und internationale Preise vom Publikum und der Filmkritik.

»Sexy-Mini-Super-Flower-Pop-op-Cola – alles ist in Afri-Cola«

Es wurde Zeit, Pforzheim zu verlassen und in der Großstadt mein Glück zu versuchen. Kurz nach dem Abitur 1969 trampte ich mit einem Freund nach München, dort nahm er mich mit in eine »Jesuiten-Kommune«, ein Modellversuch des Ordens, bei dem Mönche mit Nichtordensmitgliedern eine neue Form des Zusammenlebens ausprobieren sollten. Diese Wohngemeinschaft experimentierte in der Blütenstraße gegenüber dem bereits legendären Programmkino Türkendolch in der Türkenstraße, einem unserer Lieblingskinos. Vier Jahre überdauerte das gewagte Glaubensmodell, dann trennten sich unsere Wege. Der Zölibat in unserer Wohngemeinschaft überstand die politischen, religiösen und sexuellen Gepflogenheiten der damaligen Zeit nicht.

Ich machte mich gleich nach meiner Ankunft in München auf die Suche nach einem Job in der Werbung. Überall kursierte die unglaubliche Anzeigenkampagne von Charles Wilp. Der Düsseldorfer Superstar, Künstler, Fotograf und Regisseur im weißen Overall, der von Afri-Cola beauftragt wurde, traf mit den Anzeigen berauschter Nonnen hinter abtauenden Glasfenstern die Stimmung der Zeit. So wie er wollte ich werden.

Tatsächlich bot mir die alteingesessene Werbeagentur Bayerische Bild GmbH in Schwabing sofort Arbeit an. Gefunden habe ich sie im Münchner Telefonbuch, das ich alphabetisch in einer öffentlichen Telefonzelle durchtelefoniert hatte. Ich wusste nicht, was mich erwartete, allerdings lag die Agentur um die Ecke unserer Wohnung in der Elisabethstraße. Ich bekam 200 Mark und war zufrieden. Sie ließen mich auch in dem Glauben, dass sie einen Werbetexter suchten, den Job, nach dem ich fragte. Später fand ich heraus, dass sie eine Aushilfskraft brauchten. Also half ich aus: im Büro, im kleinen Fotostudio mit eigener Dunkelkammer und bei den drei hauptberuflichen Retuscheurinnen. Retusche war damals der analoge Vorläufer des heutigen digitalen Photoshops. Dort wurde gerade der Bär der beliebten Kaffeesahne Bärenmarke, Slogan: »Bärenmarke zum Kaffee«, etwas modernisiert. Noch heute ziert er so das Logo der Marke. Es war das erste Mal, dass ich es beruflich mit einem Bären zu tun hatte.

Früher war die Bayerische Bild GmbH eine sogenannte Full-Service-Agentur, das heißt, die gesamten Werbemittel und Texte, die Fotografien und Anzeigenvorlagen wurden im eigenen Betrieb hergestellt, und verdient wurde an der sogenannten AE-Provision von 15 Prozent der Anzeigenschaltungen in den Zeitungen, Magazinen und im Radio. Außerdem gab es einen unglaublichen Schatz im verstaubten Archivmagazin: Der Chef hatte das berühmte Keystone Fotoarchiv gekauft, aber genutzt wurde es nicht mehr. Ich verbrachte viel Zeit damit, Ordnung in die Tausende von farbigen 6×6-Dia-Negativen aller berühmten Schauspielerinnen, Stars, Musiker und anderer Prominenter reinzubringen. Heute wäre das Archiv digitalisiert Millionen wert. Wäre. Das Werbegeschäft wurde zu dieser Zeit neu organisiert, die Agentur verlor viele Kunden. Diese Art von Betrieb konnte mit den großen Agenturen nicht konkurrieren. Aber wir hatten noch wichtige Kunden wie die Werbung für die neue Vespa Ciao, das Schädlingsbekämpfungsmittel Globol, die berühmten Hochland-Stiefel der traditionsreichen Schusterfamilie Wagner und vor allem für den König der Pelzmäntel Rieger-PELZE am Isartorplatz. Und für diese Firma durfte ich wöchentlich zwei Werbetexte fürs Radio schreiben, um neben den prominenten Kunden wie Heidelinde Weis und Roy Black auch die normalen Pelzliebhaber ins Pelzparadies zu locken. Die sogenannten Storyboards erzählten kleine, 15 bis 60 Sekunden lange Geschichten über »längst ausgelassene Nerzmäntel« und Stolas von Karakullämmern. Über 200 dieser Kurzgeschichten habe ich geschrieben, und sie endeten alle mit dem Ohrwurm »Rieger-PELZE nur am Isartorplatz. Mit 34 000 Quadratmeter Schaufensterfläche das größte Pelzhaus Europas«. Dann brüllte ein Löwe ins Radiomikrofon, als hätte man auch ihm das Fell über die Ohren gezogen.

Jahre später las ich in einem amüsanten Roman über Hollywood-Pioniere von Christine Wunnicke, wer wohl die Vorlage für diese jahrelang im Bayerischen Rundfunk brüllenden Löwen war: In *Selig & Boggs. Die Erfindung von Hollywood* beschreibt die Autorin die Reise des Löwen Jackie nach Hollywood zur Filmfirma Metro Goldwyn Mayer. Es handelt sich um den uns bis heute grüßenden MGM-Löwen mit dem Filmband »Ars Gratia Artis«, »Kunst um der Künste willen«, um den Hals.

Sein Besitzer, der Hollywood-Pionier William Selig, ging bankrott, und Jackie aus seinem Zoo trat eine besondere Reise an:

Im Juli 1928 stieg der Löwe Jackie in Lincoln Heights gemächlich in seinen Reisekäfig und machte sich auf den Weg nach Hollywood. In einem Studio von Metro Goldwyn Mayer hatte man alles schon aufgebaut: elektrische Scheinwerfer, Reflektoren, die modernste motorisierte Pathé-Kamera. Und ein Mikrofon. Und einen Phonographen für die sogenannte Tonspur, den allerletzten Schrei. Jackies Leibdompteur lockte ihn aus dem Käfig, durch den Gittergang, auf dem die Techniker bestanden hatten, und dann auf die Bühne. Jackie beeindruckte das alles nicht sehr. Er war ein alter, pomadiger Löwe geworden. Der Dompteur brachte ihn mit Mühe dazu, die Vordertatzen auf eine Kiste zu setzen. Da gähnte Jackie. Die Kamera lief. Der Phonograph surrte leise. Und Jackie gähnte. Der Dompteur fuchtelte eine Weile mit seiner Gerte, dann gab er es auf. »Jackie muss nachdenken«, sagte der Dompteur zu den Gentlemen von Metro Goldwyn Mayer. Und Jackie dachte. Und dachte. Er warf einen Blick auf die Kamera, einen langen Blick auf den Phonographen, und dann dachte er weiter seine schweren, pomadigen Löwengedanken, bis er endlich zu einem Ergebnis kam. Und da brüllte Jackie. Er brüllte zweimal kurz nach links, fast nur ein Schnappen, ohne Begeisterung. Und das war es auch schon. Er kniff die Augen zusammen und schlief im Stehen ein. »Mehr gibt's nicht, Pardon«, sagte der Dompteur und brachte Jackie nach Hause. Noch 1956 brüllte der Löwe Jackie tagaus, tagein, landauf, landab, jedes Mal, wenn ein Film von MGM begann. Aber da war er längst schon gestorben.

Obwohl der Löwe immer Leo hieß, gab es mehrere Löwen. 28 Jahre immerhin röhrte Jackie von 1928 bis 1956 vor den Schwarz-Weiß-Filmen von MGM, und 1932 schrieb er tierische Filmgeschichte: Zum ersten Mal brüllte er in Technicolor.

Doch für mich war irgendwann Schluss mit dem Spaß an den Pelzen. In dem riesigen Neubau des Rieger-Centers zog später das heute dienstälteste Münchner Multiplex im CinemaxX mit sieben Sälen ein.

Nach zwei Jahren Werbetexterei war dann auch Schluss mit meiner Texterkarriere. Übermütig schrieb ich noch einen subversiven Werbespot über das Fell der Rotfüchse und die Rote Revolution, der unkontrolliert im Bayerischen Radio gesendet wurde. Das war das Ende.

Crevettensoufflé auf Spinat

In meiner Wohngemeinschaft herrschte offensichtliche Freude, dass ich endlich aufhörte, als »Transmissionsriemen für das Kapital« zu arbeiten. Hier waren die Werbebotschaften des linken südamerikanischen Armenbischofs Dom Hélder Camara *Die Bombe sind wir*, Che Guevaras und des Psychoanalytikers Wilhelm Reich angesagt.

Wir befanden uns in der Post-68er-Zeit, einer Zeit politischer Repression und Einschränkungen unserer Grundrechte. Die *Frankfurter Rundschau* veröffentlichte damals eine Übersicht über mehr als 330 kleinere und größere Gesetzesänderungen im Zuge der Baader-Meinhof-Ära. Es gab Berufsverbote für Lehrer mit der nicht rechten beziehungsweise richtigen politischen Einstellung. Sie hatten keine Chance, und der Regisseur Michael Verhoeven konnte bereits Material für seinen späteren Film *Das schreckliche Mädchen* sammeln, für den er dann 1989 auf der Berlinale einen Silbernen Bären für die beste Regie erhielt, und die Hauptdarstellerin Lena Stolze bekam den Deutschen Filmpreis in Gold.

Damals ahnte ich noch nicht, dass ich 15 Jahre später diesen Film mit unserer neuen europäischen Vertriebsförderung, die auch für Polen galt, fördern konnte und ihn mit Michael Verhoeven beim Warschauer Filmfestival vorstellen durfte.

In München begannen gerade wieder die Studentenproteste und Demonstrationen gegen den gewählten Präsidenten Professor Dr. Lobkowicz der Ludwig-Maximilians-Universität, und genau da wollte ich hin. Nicht, weil diese Universität nur fünf Minuten von unserer Wohnung entfernt war, sondern weil es dort die Fächerkombination gab, die mir gefiel: Zeitungswissenschaft, Pädagogik und Politik. Eine Studienkombination, wie in langen marxistisch-leninistischen Diskussionsnächten zufrieden festgestellt wurde, die auf keinen Fall eine Karriere beim Klassenfeind der Gewinnmaximierer möglich machte.

Ich liebte die Universität, dieses Antiautoritäre und die Gemeinschaft der Kommilitonen. Die Zeitungswissenschaft hatte ihre Seminarräume ausgerechnet im Amerikahaus am Karolinenplatz. Damals ein Hort linker Agitation der Roten Zelle und mit Kommiliton*innen wie Helmut Pohl und Brigitte Mohnhaupt, die später jahrelang als Terroristen weltweit gesucht wurden.

Institutsbesetzungen und Boykottaufrufe gegen die falsche positivistische Wissenschaftstheorie von Professoren, wie beispielsweise Karl Popper, waren für mich trotz der Politisierung in der Blütenstraße neu und aufregend. Und sie machten Spaß.

In der »Blütenstraße Kommune« wurden dann auch Filme gedreht. Bernward Wember, Jesuit und späterer Professor für Informationsvermittlung an der Hochschule der Künste in Berlin, animierte und beschäftigte uns alle, bei seinen auf einer Arriflex-Kamera gedrehten 16-mm-Filmen mitzumachen. Berühmt wurden seine Filmarbeiten mit der von ihm erfundenen Bild-Text-Analyse für Dokumentarfilme und Nachrichtensendungen. Mit dem bahnbrechenden Film *Vergiftet oder arbeitslos* wurde er auch international bekannt und erhielt den Grimme-Preis und den Preis der Deutschen Filmkritik.

Bernward Wember war nicht nur mit der Düsseldorfer und Krefelder Kunstszene eng verbunden, sondern hatte auch freundschaftliche Beziehungen zu Filmemachern, wie Jean-Marie Straub und Danièle Huillet, prominente Vertreter des anderen Kinos. Das französische Ehepaar, das mit seinem kleinen schwarzen Hund öfters bei uns wohnte, hatte gerade nach zehnjährigem zähen Ringen seinen Film *Chronik der Anna Magdalena Bach* finanziert. Straub war berühmt für seine radikale Filmästhetik. Ich ahnte freilich noch nicht, dass ich den früheren Assistenten von so wichtigen französischen Regisseuren wie Abel Gance, Jean Renoir, Jacques Rivette und Robert Bresson 15 Jahre später in Hamburg wiedertreffen würde. Das Hamburger Filmbüro, dessen Geschäftsführer ich 1983 wurde, förderte damals Danièle Huillets und Jean-Marie Straubs Film *Klassenverhältnisse*, die Verfilmung von Kafkas unvollendetem Roman *Der Verschollene*.

Als ich zum ersten Mal Manfred Bissinger, dem berühmten *Stern*-Journalisten und stellvertretenden Chefredakteur des Magazins, in München begegnete, wusste ich noch nicht, wie stark dieser mein späteres Leben beeinflussen würde. Wir wurden nicht nur Freunde, sondern bald war er auch ein Förderer und Mentor von mir.

Bissinger legte sich journalistisch mit den Mächtigen der Welt an und lieferte sich auch eine Dauerfehde mit den Zeitungen des Springer Verlags seit 1967. Er bezeichnete die

Blattmacher als »professionelle Fälscher«. Springer wehrte sich und prozessierte gegen den *Stern*, woraufhin Bissinger 1972 wissenschaftlichen Beistand und Beweise suchte.

Zu dieser Zeit arbeitete ich neben meinem Studium an einem wissenschaftlichen Institut der »Arbeitsgemeinschaft für Kommunikationsforschung«. Es war von den zeitungswissenschaftlichen Professoren Wolfgang R. Langenbucher, Otto B. Roegele und Peter Glotz gegründet worden und beschäftigte sich mit der Erforschung des Journalistenberufs. Dazu gehörte auch die sogenannte Gatekeeper-Forschung, also auch die Auswahl und Bewertung der Nachrichten in den Tageszeitungen. Mit einem großen Team sollte ich untersuchen, ob die Springer-Zeitungen im Vergleich zu anderen Tageszeitungen Nachrichten fälschten. Eine Sisyphusarbeit, die mein spärliches BAföG-Stipendium von 122 Mark pro Monat ganze drei Jahre aufbessern konnte.

Als die Studie schließlich veröffentlicht wurde, war der ganze Fälscherstreit irgendwie vorbei.

Mein Studium beendete ich in der kürzest möglichen Zeit nach acht Semestern mit einem Magister Artium, und für meine Arbeit über Studienabbrecher in Zeitungswissenschaft erhielt ich anschließend für weiterführende Forschungen ein Promotionsstipendium. Ich sollte herausfinden, warum Akademiker ihre Promotion abbrechen. Die neue »Drop-out«-Forschung, wie der Studienabbruch amerikanisch genannt wurde, sollte Rückschlüsse auf die Organisation des Studiums zulassen. Nach einigen Jahren an Forschung wurde ich selbst zum Studienobjekt. Ich brach meine Promotion ab, denn ich bekam einen Job, und trotz bester Absichten, die Doktorarbeit während der neuen Arbeit noch zu vollenden, funktionierte das nicht mehr. Ich reihte mich ein in die 90 Prozent der untersuchten Probanden, die genau denselben Grund für den Abbruch ihrer Promotion angaben, und bestätigte meine eigene Untersuchung.

Durch ein Praktikum beim *Stern* in Hamburg hatte sich die Freundschaft mit Manfred Bissinger weiter vertieft. Doch dann verließ er das Magazin: Ein großer Artikel mit dem Titel »... und morgen die ganze Welt« vom Wirtschaftsredakteur Kurt Blauhorn über die Globalisierungsstrategien des Bertelsmann-Konzerns, dem auch große Anteile des *Sterns* gehörten, nutzte der Konzernchef Reinhard Mohn zum Rausschmiss des linken Blattmachers. Bissinger hatte als stellvertretender Chefredakteur die Verantwortung für diesen Artikel übernommen.

Hans-Ulrich Klose war 1978 mit der überwältigenden Mehrheit von 56 Prozent als Hamburgs Lieblingssozialdemokrat wiedergewählt worden. Nach seinem Wahlsieg überraschte er mit einer als sehr links empfundenen Politik die Presse und viele Hamburger. Er bot dem gefeuerten Bissinger den Job des Senatspressesprechers an, und in dessen Ressort schrieben Kloses Ghostwriter. Die neue Politik brauchte auch neue Reden und neue Redenschreiber.

Manfred Bissinger und mich verband eine Vorliebe für Antiquariatsbesuche, um die Ecke meiner Wohnung befanden sich einige der besten. Wenn Manfred in München war, besuchten wir auf jeden Fall immer Herrn Hammerstein in der Türkenstraße. Mein Freund suchte nach den wunderschönen Lithografien von Heinrich Vogeler mit den weißen Störchen über dem Barkenhoff in Worpswede. Und ich, mit erheblich kleinerem Budget, nach Erstausgaben der verbrannten Dichter wie Walter Mehring, Else Lasker-Schüler und Klabund.

An einem Nachmittag im Herbst 1978 hatten wir erfolgreich bei Hammerstein gestöbert. Anschließend lernte ich Hamburgs Ersten Bürgermeister kennen, der für die SPD im Wahlkampf in München war: Wir trafen uns mit Hans-Ulrich Klose in den neu eröffneten Torggelstuben am Münchner Platzl mit bayerischen Speisen. Es wurde ein feuchtfröhlicher Abend, wir feierten bis in die Morgenstunden.

Auf dem Nachhauseweg verlor Klose seine sehr teure Armbanduhr, aber ich hatte nicht nur einen neuen Freund gewonnen, sondern auch einen Job als Redenschreiber. Und für die Wohngemeinschaft sprang auch noch etwas heraus: Das neue Besteck des Restaurants gefiel mir sehr, und im Schutz der prominenten Gäste nahm ich einiges davon mit. »Nicht nur die Hamburger Nächte sind lang«, kommentierte Klose fröhlich, und ich rechtfertigte den Diebstahl mit einem letzten, halblinken Aufbäumen vor dem Staatsdienst in der Hansestadt.

Doch bevor es für mich in den Norden ging, nahm mich Manfred Bissinger in seiner loyalen großzügigen Art zu einer weiteren Essenseinladung an den Ammersee mit. Wolfram Siebeck, Deutschlands prominentester Esskritiker, und seine Frau, die Galeristin Barbara Siebeck, waren unsere Gastgeber. Ich war damals schon aufmerksamer Leser seiner kulinarischen Kolumnen in der *Zeit* und im *Stern* und hatte mitbekommen, dass bei solchen Soireen schon mal die besten Köche kochten.

Und tatsächlich war es kein Geringerer als Eckart Witzigmann, der an diesem Abend das Essen zubereitete. Ich war begeistert, Deutschlands ersten Superstar-Koch aus dem berühmten futuristischen orangefarbenen Tantris zu treffen, einem Sternerestaurant, das ich mir nie hätte leisten können. Es gab Crevettensoufflé auf Spinat. Das war eine neue Küche, eine phantastisch leichte Küche, die mein Leben völlig veränderte. Und Wolfram Siebeck servierte halbierte 6½-Minuten-Eier mit einem Tropfen feinstem Olivenöl und einem Blättchen Basilikum. Unfassbar. Und dazu noch eine erste Lektion im Weintrinken auf hohem Niveau. Ein würdiger Abschied von Süddeutschland.

Hamburger Nächte
sind lang

Als ich am 2. Januar 1979 im Hamburger Rathaus anfing, herrschten dort ein gedämpfter Ton und ein spezieller Dresscode. Die »Hamburger Uniform«: Maßschuhe, dezente Socken, scharfe Bügelfalte, einwandfrei gebügeltes und blau-weiß gestreiftes Hemd, Krawatte, ein Blazer und im Winter den obligatorischen Dufflecoat in Blau oder Beigebraun. Über den Stil-Code im Rathaus wachte der Protokollchef.

Als Hamburger kleidete man sich bei Ladage & Oelke am Neuen Wall ein, das lernte ich schnell. Konservativ englisch, gedeckte Farben, Burberry-Trenchcoat, Raglanärmel. Der Name des altehrwürdigen Geschäfts in den Alsterarkaden zierte die Innenseite der gedeckten Anzüge und Jacketts vieler Top-Beamter. Bei mir aber stand der Name meines Schneidermeister-Cousins aus Ispringen: »Feine Maßschneiderei Dieter Wüst«. Der Protokollchef war beeindruckt.

Gegen uniformierte Denkrichtungen wandte sich der Chef im Haus. Hans-Ulrich Klose war wie jeder im Amt des Ersten Bürgermeisters von Hamburg gleichzeitig auch Ministerpräsident des Stadtstaates. Seine Position galt als Sprungbrett für noch größere Aufgaben. Willy Brandt war vierter Bundeskanzler der Bundesrepublik Deutschland, und wenn alles gut ging, so dachten die Genossen, dann könnte Hans-Ulrich Klose ihn eines Tages beerben.

Meine erste Rede für ihn thematisierte den »Generationenkonflikt«. Bei den 400 Gästen des traditionellen Matthiae-Mahls, des »ältesten noch begangenen Festmahls der Welt«, wie der Hamburger Rathaus-Chronik zu entnehmen ist. Im großen Rathaussaal kam die Rede gut an.

Der Bürgermeister reiste mit einer Delegation in Amerika. Da läutete mein Telefon. Manfred Bissinger war dran.

»Pass auf«, sagte er ohne Umschweife. »Du hast eine Woche Zeit, darüber nachzudenken, ob du Büroleiter und erster Persönlicher Referent, P1, von Hans-Ulrich werden willst. Wir suchen einen Mann, der keinem der beiden Parteilager des linken oder rechten Flügels zuzuordnen ist. Keinen Stallgeruch. Du weißt, was ich meine?«

Hans-Ulrich Klose hatte ein Händchen für Menschen, und so machte er es mir trotz meiner administrativen Ahnungslosigkeit leicht, für ihn zu arbeiten. Wo immer er auftrat, traf er den richtigen Ton, und eine Zeit lang schien es, als gäbe es nur eine Richtung: steil bergauf.

In meinen Augen war Hamburg damals zwar grandios schön, aber auch etwas verschlafen. »Ich habe das Gefühl, dass man sich am Freitag an den Großen Bleichen mitten auf die Kreuzung legen kann, und dann ist man am Montag noch immer nicht überfahren«, sagte ich. Dabei sollte ich mich irren. Auch in Hamburg konnte man schnell überfahren werden.

Am 6. September 1979 ereignete sich im Keller eines Wohnhauses am Lüdersring, nahe der Chemischen Fabrik Dr. Hugo Stoltzenberg, kurz CFS, ein trauriges Unglück. Dort kam es zu einer Explosion, bei der ein Kind sein Leben verlor und zwei weitere verletzt wurden. Sie hatten mit Chemikalien gespielt, die von der CFS stammten. In die

Hamburger Geschichte ging dieses Unglück als zweiter Stoltzenberg-Skandal ein.

Wo ein zweiter ist, hat es einen ersten gegeben. Dazu muss man in der Geschichte zurückblicken. Die Firma Stoltzenberg war 1923 gegründet worden und widmete sich der Herstellung von »Ultragiften«, im wahrsten Sinne des Wortes. Ende der 1950er Jahre fand man auf einem Firmengrundstück 60 Tonnen Blaukreuz, ein besonders fieser verbotener chemischer Kampfstoff. Verschiedene Ämter monierten den maroden Zustand des Werksgeländes und die schlechte Absicherung. Günter Wallraff wies schon Jahre zuvor in der Hamburger Bürgerschaft auf diese Giftbude hin. Konsequenzen daraus gab es keine. Selbst dann nicht, als 1976 über tausend Nebeltöpfe in Brand gerieten. Als nach dem Unglück das gesamte Gelände überprüft wurde, entdeckte man Gift ohne Ende. Für Hans-Ulrich Klose brachen schwere Zeiten an.

Mit seiner liberalen Art und seinen frechen Wahrheiten war er schon mehr als einmal angeeckt. Als er bei einer Arbeitnehmerversammlung der SPD sagte: »Der Staat ist der Reparaturbetrieb des Kapitalismus«, mussten einige gewichtige Genossen schwer atmen. Heute kann man darüber nur nachdenklich schmunzeln: Wo wären nach der Bankenkrise und der Coronapandemie die deutschen Banken und die Wirtschaft ohne die Steuermittel, Kredite und Subventionen des Staates? Der freie Markt war nie frei und nie so unfrei wie heute. Der Staat ein einziger großer Reparaturbetrieb.

Noch schlimmer war, dass Klose aus der Atomenergie aussteigen wollte. Zankapfel war das Atomkraftwerk Brokdorf, das auch für Hamburg Strom produzieren sollte. Damals galt die Doktrin des baden-württembergischen Ministerpräsidenten und ehemaligen Nazi-Militärrichters Hans Filbinger, der orakelte, ohne Atomkraft gingen die Lichter aus. Das war auch das Mantra des damaligen schleswig-holsteinischen CDU-Ministerpräsidenten Gerhard Stoltenberg und der Atomlobby.

1975 war mit dem Bau von Brokdorf an der Elbe begonnen worden. Riesige Proteste und eine Klagewelle führten zu einem Baustopp. Als dieser dann gekippt wurde, kam es zur größten Demonstration gegen Kernkraft in der Geschichte der Bundesrepublik. 100 000 Menschen standen 10 000 bewaffneten Polizisten gegenüber. Brokdorf und dann auch Wackersdorf und der Protest gegen die Startbahn West: Das sah damals schon sehr nach Bürgerkrieg aus.

Hans-Ulrich Klose hatte Sympathien für die Kernkraftgegner, und viele SPD-Genossen, der politische Gegner und die Presse sahen rot, im wahrsten Sinne des Wortes. Alles wurde gegen Klose instrumentalisiert. Selbst die grauen Platten für den neuen Rathausmarkt wurden von CDU-Hinterbänklern in der Bürgerschaft als rote linke Klinker verspottet. Es war eine Zeit des politischen Umbruchs und der daraus resultierenden Angst der Etablierten um Posten und Pöstchen. 1980 entstanden in Karlsruhe aus der Antiatomkraftbewegung die Grünen, und im Hamburger Rathaus sollte man sie bald kennenlernen. Bei den Wahlen übersprangen sie die Fünf-Prozent-Hürde, und meine spätere Nachfolgerin bei der Hamburger Filmförderung, Eva Hubert, war damals Gründungsmitglied der Grünen. Wer sich in dieser Zeit mit Äußerungen an die Öffentlichkeit wandte, die »links« eingeordnet wurden, machte sich verdächtig. Genau das tat Hans-Ulrich Klose. Er war gegen Brokdorf, prangerte den Reparaturbetrieb des Staates an, und als wäre das nicht genug, fand er deutliche Worte zum Radikalenerlass.

Der Radikalenerlass war ein weiteres der ungeliebten Kinder der 1970er Jahre: Aus purer Angst vor den sogenannten Verfassungsfeinden im öffentlichen Dienst war eine Überprüfungslawine losgetreten worden. Abertausende Beamte, Lehrer, Bademeister, Friedhofsgärtner und Sekretärinnen in der Verwaltung mussten sich zu ihrer politischen Gesinnung äußern. Kurz: Es wurde mit Kanonen auf Spatzen geschossen, und weil das so war, meinte Klose: »Sie können mich prügeln, aber das Ergebnis meines Nachdenkens lautet: Ich stelle lieber 20 Kommunisten im öffentlichen Dienst ein, als 200 000 verunsicherte Menschen.« Das war tapfer gesprochen und auch in die Zukunft geblickt, denn von nun an wurde er tatsächlich geprügelt, und zwar von allen Seiten. Im *Spiegel* wurde Helmut Schmidt zitiert, mittlerweile Nachfolger von Willy Brandt als Bundeskanzler: »Den Klose muss man in den Dreck stoßen.«

Und Klose hatte noch weitere solche »Schreckthemen« zur Diskussion gestellt: Gleichberechtigung von Frauen im Alltag, nicht nur vor dem Gesetz; Ökologie ist gleich Ökonomie, schockierend damals. Die CDU-Ministerpräsidenten Albrecht aus der Keks-Dynastie Bahlsen (Niedersachsen) und Stoltenberg (Schleswig-Holstein) wollten den NDR zerschlagen, doch er wurde von Klose unter dem Motto »Drei Länder, ein Sender« als »Dreiländeranstalt« erhalten.

Viel Stoff für viele Reden, viel Arbeit für mich als Redenschreiber und Büroleiter.

Apropos Gleichstellung der Frau: Eine meiner ersten Amtshandlungen als späterer Pressesprecher der »Leitstelle Gleichstellung der Frau« war übrigens ein Brief, den ich an alle Behörden schickte: »Sehr geehrte Damen und Herren«, stand da. »Ich möchte Sie darauf hinweisen, dass die Anrede ›Sehr geehrter Herr‹ nicht mehr genügt.«

Das war bis dahin übliche Praxis bei Behördenschreiben, und damit sollte nun Schluss sein? Was uns jetzt vielleicht lächeln lässt, löste damals eine riesige Protestwelle aus, einen wahren Shitstorm würde man das heutzutage nennen. Kaum zu glauben, dass das erst 40 Jahre her ist.

Als Hans-Ulrich Klose am 25. Mai 1981 und später Manfred Bissinger die Brocken hinwarfen und Klose entnervt zurücktrat, klingelten bei Fraktionschef Herbert Wehner aus Sorge um die SPD-Hochburg die Alarmglocken. Ein Ersatz musste her, und die Wahl fiel auf Klaus von Dohnanyi. Der stand nicht nur mit dem Hamburger Dresscode auf Du und Du: Sein Spitzname war »Nadelstreifen-Genosse«. Als er im Rathaus sein Büro betrat, wehte ein anderer Wind. Er liebte den großen Auftritt.

Ich war inzwischen in den Rathausturm umgezogen – raus aus dem hanseatischen Epizentrum –, trank Bürokaffee und schaute auf die Binnenalster. Doch das friedliche Turmleben hatte bald ein Ende. Klaus von Dohnanyi ließ mich antanzen.

»Was machen wir jetzt mit Ihnen, Kosslick?« Da war er, der Pluralis Majestatis, der den Sprechenden so hübsch erhöht. »Ich brauche eine Rede. Sie kennen ja meine Position.«

Klar kannte ich die. Klaus von Dohnanyi war für Brokdorf beziehungsweise präziser für Atomkraft, für die sich die Sozialdemokraten schon früh im 20. Jahrhundert fortschrittsgläubig engagiert hatten. Ich hatte jedoch für seinen Vorgänger Dutzende Reden gegen Atomkraft geschrieben.

»Ich war und bin noch immer von Kloses Politik überzeugt«, sagte ich. »Ich kann nicht *contre cœur*, gegen meine Überzeugung schreiben.«

»Am Dienstag brauche ich die Rede, also machen Sie sich besser an die Arbeit«, meinte Dohnanyi.

Als ich am Montag lieferte, schüttelte von Dohnanyi bloß den Kopf. Ich ging ins Turmzimmer, schrieb alles neu und um und anders und hatte am Ende 32 Seiten mit Argumenten für die Atomkraft, von denen nicht eines stichhaltig war. Also fügte ich für den Bürgermeister den Satz an: »Nachdem ich Ihnen diese Gründe genannt habe, sage ich Ihnen: Wir steigen trotzdem aus Brokdorf aus!« Mal sehen, dachte ich, wie er damit umgehen wird. Dann gab ich in letzter Minute ab. Klaus von Dohnanyi eilte mit meinem Manuskript in den Saal und hielt die Rede. Ganz Profi. Man bemerkte nicht einmal ein kurzes Zögern, als er zur besagten Stelle kam. Mit Bravour kam er zum Ende. Damit war zweierlei klar: Brokdorf wird gebaut, und Kosslick konnte gehen.

Als die erste Chefin der »Leitstelle Gleichstellung der Frau«, Eva Rühmkorf, mich anschließend bat, den heiklen Job des Pressesprechers zu übernehmen, lernte ich die Varianten der Diskriminierung von Frauen kennen.

Nebenwidersprüche
—

Nach dem Rücktritt von Hans-Ulrich Klose 1981 wurde Manfred Bis-
singer Chefredakteur bei der Zeitschrift *konkret*. Als er anrief, um mir eine Stelle dort anzubieten, zögerte ich keine Sekunde.

Ich traf in diesem Jahr den Regisseur Hark Bohm wieder. Ich kannte ihn aus meiner Zeit als Büroleiter des Ersten Bürgermeisters, wir hatten uns einmal bei einer Party im Hause Klose kennengelernt. Er war damals eine der treibenden Kräfte der ersten selbstverwalteten Filmförderung, des Hamburger Filmbüros. 1979 war er von München nach Hamburg gekommen, zusammen mit den Filmemachern Reinhard Hauff, Alexander Kluge und Hans W. Geißendörfer. Sie alle wurden vom liberalen Klima Hamburgs unter Hans-Ulrich Klose angezogen und flohen vor dem damaligen Münchner Oberbürgermeister Erich Kiesl und seinem Modewochendirektor Alfred Wurm, der auserkoren war, ein Filmfestival wie Cannes in München zu etablieren. Bussi, Bussi, Schickimicki.

Bald darauf engagierten sich die Regisseure für das »Filmfest der Filmemacher«, das dann die Filmszene weit über Hamburg hinaus begeisterte und die etablierte Filmförderung revolutionierte. »Förderung in Selbstverwaltung«, die berühmte »Hamburger Erklärung«, unterzeichneten Hark Bohm, Reinhard Hauff, Wim Wenders und viele andere.

Filmförderung sollte nicht länger von Gremien, Anstalten und Interessengruppen fremdbestimmt sein, sondern von den Filmemacher*innen selbst. Die Deutsche Filmförderung war reformbedürftig. Schlöndorff war gerade mit Dreharbeiten an der *Blechtrommel* beschäftigt. Werner Herzog bereitete seinen Film *Fitzcarraldo* vor, Reinhard Hauff drehte *Endstation Freiheit*. Ihre Stimmen hatten Gewicht. Bei den renommierten Kurzfilmtagen in Oberhausen veröffentlichten sie dann das »Oberhausener Manifest«: »Papas Kino ist tot«, hieß es schlicht und treffend. Die Kinder wollten nun das Sagen haben.

Jetzt ging es um die Nachfolge der Geschäftsführung des Hamburger Filmbüros, der kulturellen Filmförderung.

»Du bist doch ein guter Manager«, meinte Hark Bohm. »Dich könnten wir gebrauchen.«

Damals schrieb die *Zeit*: »Ein Klose ist für das deutsche Kino mehr wert als hundert Kiesls«. Der Erste Bürgermeister hatte den Filmleuten einfach freie Hand gelassen. Das selbstverwaltete Filmfest 1979 wurde ein voller Erfolg. Noch im selben Jahr entstand das Hamburger Filmbüro e.V. und mauserte sich rasch zu der gewünschten selbstverwalteten Filmförderung. Als die Geschäftsführerin, erfolgreiche Filmorganisatorin und Filmproduzentin Helga Bähr dann ihren Job beendete, rief mich Hark Bohm an: »Was ist jetzt? Kommst du zu uns in die Friedensallee?«

Die Anfrage erwischte mich in einer guten und schlechten Phase. Ich schrieb gerade über Essen und Trinken ohne Gift und chemische Zusätze eine Artikelserie in *konkret*. Die monatliche Kolumne hieß »Ökotipps«. Ich recherchierte, was in der Wurst steckt oder weshalb Millionen Bienen sterben mussten. Ich erinnere mich noch gut daran, wie mich die Ergebnisse geschockt haben. Nicht zu fassen, wie fahrlässig die Lebensmittelindustrie mit unserer Gesundheit umging. Es war die Zeit, als das Scheibenwischermittel Glykol den Wein haltbarer machen sollte. Skandal. Zum Bienensterben hatte das Institut für Bienenkunde in Celle überraschende Erklärungen: Nach dem Bau der Mauer stellten russische Offiziere Bienenstöcke, die sie aus dem fernen Kaukasus mitbrachten, in den Todesstreifen hinter der Mauer. Deren Bienen scherten sich nicht um Ost oder West, und ihre Krankheit rottete ganze Bienenvölker in der Bundesrepublik aus.

Von meiner Kolumne »Ökotipps« waren meine Kollegen nicht so überzeugt. Für stramme Linke war das Thema Ökologie nicht entscheidend. So wichtig waren Mörderbienen nun auch nicht. Und vor allem keine russischen. Ich musste mir viel Spott anhören, wenn ich wieder über das Gift in unseren Lebensmitteln sprach und darüber, dass Kinder krank werden, wenn sie zu viel Zucker essen.

Mein Freund und Regisseur Rolf Schübel, dessen Film *Rote Fahnen sieht man besser* mit dem Grimme-Preis ausgezeichnet worden war, nahm mich eines Tages zur Seite.

»Sag mal«, wollte er an der Theke der Filmhauskneipe in Altona wissen, »was sollen denn die ökologischen Haarshampoos in der *konkret*? Das sind doch keine Themen für uns. Haarshampoos sind nicht mal ein Nebenwiderspruch von Arbeit und Kapital.«

Das wusste ich schon von der Frauenfrage im Marxismus. Ich bestellte noch ein Glas Kerner: Zeit für einen Wechsel.

Das Hamburger Filmbüro – Kino in Fluss

Seit dem neuen Filmfest 1979 waren im Hamburger Filmbüro über hundert Filmemacher*innen organisiert, aus Spielfilm, Dokumentarfilm und Animationsfilm, der damals noch schlicht und einfach Trickfilm hieß. Helmut Herbst war einer davon, der gerade *Eine deutsche Revolution* nach Kasimir Edschmids Roman über Georg Büchner inszenierte. Mir war klar, dass ich bei meiner Vorstellung als zukünftiger Geschäftsführer in der Findungskommission auf Leute stoßen würde, die alle einen eigenen Filmkanon hatten. Darüber hatte ich mit Hark Bohm gesprochen. Ihm waren aber meine guten Verbindungen ins Rathaus und mein Organisationstalent wichtig. Ich war sehr nervös, als ich dem Gremium im Filmbüro in der einstmals größten Schiffsschraubenfabrik Zeise in der Altonaer Friedensallee 7 gegenübertrat. Nicht Fragen zu Werdegang und Zielen würden entscheidend sein, sondern die nach meinem Lieblingsfilm. Einen Film aus der Riege der Anwesenden zu nennen, wäre kontraproduktiv gewesen. Also sagte ich: »*Ben Hur*.«

Da herrschte erst mal Schweigen. *Ben Hur*, dieser epochale Sandalenfilm, hatte nun gar nichts mit dem zu tun, was die meisten der anwesenden Regisseure umtrieb: die Erneuerung des Films mit Geschichten, die das Leben widerspiegeln – und keine Gladiatoren, die wild einander prügeln, sondern kleine Helden des Alltags. Am Ende klappte es aber trotzdem. Ein Fünf-Jahres-Vertrag machte klar, dass es sich nicht um eine kurzfristige Angelegenheit handelte. Es ging um nichts weniger als die Erneuerung der deutschen Filmförderung.

Vielleicht gibt es doch einen Grund, dass alle Anwesenden für mich stimmten. Meine schwäbisch-badische Art wirkte integrierend. Diese auch von einem gewissen Ordnungssinn geprägte Methode führte jedoch bald zu Konflikten. Am Schwarzen Brett las ich die Quittung: »Gestern die Freiheit, heute der Kosslick«. Aber die Mehrheit der Filmleute unterstützte mich. So auch der talentierte Filmemacher Thomas Struck, mit dem ich die neue »Filmschau im Metropolis« und den Preis »Hamburger Axt« gegen Zensur organisierte. Die Hamburger Axt erhielten Elfi Mikesch und Monika Treut für *Die grausame Frau*, Herbert Achternbusch für *Wanderkrebs* und Rüdiger Neumann für seine experimentelle Radiocollage. Alle wurden von der Zensur des damaligen CSU-»Filmministers« Zimmermann, besser bekannt als »Old Schwurhand«, massiv behindert und zensiert.

Anfang der 1960er Jahre gehörte Thomas zu einer der ersten Filmemacher-Gruppen in der Stadt. »Grüner Hase« nannten sich die Leute um Hellmuth Costard, Klaus Wyborny, Werner Grassmann und Helmut Herbst. In der Brüderstraße veranstalteten sie Film-ins, so wie es damals Sit-ins und Love-ins gab. Aus der Brüderstraßengemeinschaft entstand 1968 die Hamburger Filmemacher-Kooperative, diese wiederum setzte die »erste Hamburger Filmschau« in Szene. Hier gab es keine Auswahljury, alle Filme, die rechtzeitig vor Ort waren, wurden gezeigt. Die Anwesenden vergaben per Abstimmung den Preis, und so wurde Struck zum ersten Preisträger mit seinem Film *Der warme Punkt*. Ende der 1970er Jahre verschlug es ihn über New York nach Los Angeles. Er traf den großen Billy Wilder, der einen Rat für ihn übrighatte: »Geh zurück nach Hamburg und mach einen kleinen Laden auf der Reeperbahn auf, anstatt hier vor die Hunde zu gehen.« Billy wusste, wovon er sprach, schließlich hat er in seinem Film *Sunset Boulevard* (*Boulevard der Dämmerung*) die harschen Mechanismen der Traumfabrik offengelegt.

In der Friedensallee, wo sich unsere Wege kreuzten, arbeitete er gerade an seinem Animationsfilm *Herzen*, bei dem er 7000 farbige Einzelbilder auf 35-mm-Film malte.

Zur Basisdemokratie, die wir im Filmbüro demonstrativ zelebrierten, gehörte naturgemäß die in regelmäßigen Abständen stattfindende Palastrevolution. Stichwort: Freiheit ja, Schlüsseldienst für die Schneideräume nein.

Durch das Hamburger Filmbüro lernte ich die meisten deutschen Filmschaffenden kennen, und in den 1980er Jahren gab es sehr viele exzellente Filme. Regisseure wie Rolf Schübel mit *Nachruf auf eine Bestie: Analyse des Falles Jürgen Bartsch*, Tevfik Başer mit *40 qm Deutschland*, Reinhard Hauff mit *Stammheim* und Hans-Christoph Blumenberg mit *Tausend Augen*. Europa erlebte die Welle aufregender Regisseur*innen: Lars von Trier, Pedro Almodóvar, Stephen Frears, Derek Jarman, Marion Hänsel und Michael Winterbottom warteten darauf, vom deutschen Publikum entdeckt zu werden. Aber die meisten Filme verließen nur auf großen Filmfestivals ihre nationalen Grenzen. »Ein Europäisches Filmfestival«, das wäre schön. Die Besten Europas – so begeisterten wir uns nachts an der Theke der Filmhauskneipe. Keine aufgeblasene Selbstbeweihräucherung, sondern was für das Publikum. Und eine Konferenz für Kreative und Filmbürokraten.

Wir schrieben das Jahr 1985. Die Europäische Gemeinschaft organisierte zwölf Länder. Die Generaldirektion 10 für »Kultur und Medien« arbeitete gerade an einem Konzept für grenzüberschreitendes Fernsehen »Télévision sans Frontières« und paneuropäische Filmkultur.

Seit unserer »Hamburger Axt«-Aktion arbeiteten Thomas Struck und ich eng zusammen. Wir wandten uns an die Europäische Kommission in Brüssel. Vielleicht geben die was, meinte eine Hamburger Europaabgeordnete. Und sie gaben was! Das Unvorstellbare trat ein: Keine 14 Tage nach unserem Brief bekamen wir die Nachricht, dass wir nicht die 100 000 Mark bekommen würden, um die wir forsch gebeten hatten, dafür aber 25 000 ECU.

»ECU?« – wir wussten nichts vom ECU, dem damaligen Euro. Auch auf unserer Bank in Altona herrschte Verwirrung. Diese unbekannte Währung, die European Currency Unit, war ab 1978 der Vorläufer des Euro. Wenn ich mich recht erinnere, gab es nur ein paar Münzen als Sonderausgaben, ansonsten konnte man sich den ECU nicht als Banknote oder Münzgeld in die Tasche stecken. Selbst die Leute auf der Bank hatten mit dem ECU ihre liebe Not. Sie schafften es nicht, das Geld auf unser Konto zu überweisen. Bevor wir uns versahen, war es wieder dort, wo es hergekommen war, nämlich in Brüssel.

»Na, das macht ja einen tollen Eindruck«, sagte ich zu Thomas. »Die glauben noch, wir wollen ihre Kohle gar nicht.« Aber die Kohle kam. Eine Woche später waren die 25 000 ECU auf unserem Konto, verwandelt in 50 000 Mark. Bei diesem Wechselkurs begannen wir den ECU zu lieben.

If It's Tuesday,
This Must Be Belgium
―

Der amerikanische Regisseur Mel Stuart drehte 1969 die Komödie mit dem deutschen Titel *So reisen und so lieben wir*, bei der eine amerikanische Reisegruppe den Überblick über ihre verrückten Reisepläne quer durch neun europäische Länder verliert. Nur noch ihre Terminkalender lassen sie wissen, in welchem Land sie gerade sind: *If It's Tuesday, This Must Be Belgium*. Auch für uns im Hamburger Filmbüro ging es nach Europa. Beziehungsweise ging es darum, Europa nach Hamburg zu holen.

Walter Zuckerer, Referent der Hamburger Wirtschaftsbehörde und regelmäßiger Filmhausbesucher, genauer der Filmhauskneipe, war am Telefon: »Morgen, Dienstag, 12 Uhr, bis dahin brauche ich das schriftliche Konzept.«

Mir stockte der Atem, als ich ihn »Morgen, 12 Uhr« sagen hörte und »schriftliches Konzept«.

Ich nahm ein Blatt Papier, einen besonders dicken Filzstift und schrieb: »Europäisches Low Budget Filmforum«. Diesen Titel hatten wir gemeinsam mit Thomas Struck, Laurens Straub und unserer Kollegin Ute Schneider in nächtlichen Runden als Festivalname für gut befunden. Der Rest, dachte ich, folgt. Heute Abend oder heute Nacht oder morgen früh. Bis 12 Uhr hatten wir Zeit. Dieses überraschende Angebot kostete uns die ganze Nacht. Wir arbeiteten durch.

Eine deutsche Kinoproduktion lag damals im Durchschnitt bei bis zu 3 Millionen Mark Produktionskosten – nicht viel Geld gegenüber den umgerechnet 53 Millionen Dollar eines normalen Hollywood-Films. Doch – und das ist auch das Schöne an der Sache – nichts ist im Film berechenbar und bis ins letzte Detail planbar: 2002 kam der französische Low-Budget-Film *Être et avoir* (*Sein und Haben*) von Nicolas Philibert in die Kinos, der eine kleine Schule in einem abgelegenen Dorf in der Auvergne dokumentierte, in der Kinder unterschiedlichen Alters von einem Lehrer in einem Klassenzimmer unterrichtet werden. Welche Chance hat so ein Zwergenfilm gegenüber *The Lord of the Rings: The Two Towers* (*Der Herr der Ringe – Die zwei Türme*), *Harry Potter and the Chamber of Secrets* (*Harry Potter und die Kammer des Schreckens*), *Star Wars – Attack of the Clones* (*Star Wars – Angriff der Klonkrieger*), *Spider-Man*, *Men in Black II* und *James Bond 007 – Stirb an einem anderen Tag*, die alle im selben Jahr anliefen? Aber Lehrer Georges Lopez und seine Kinder rührten die Zuschauer in der Seele, und da geschah dieser magische Moment. Alle erzählten von dieser Magie, und die Menschen gingen scharenweise ins Kino und machten den Film zum Überraschungserfolg.

Low Budget bedeutet, weniger Geld zu haben, als Filme in der Regel kosten, und vor allem weniger Werbung, und selten überschritten diese Filme die nationalen Grenzen. Häufig finden wir in solchen Filmen besonders starke Geschichten. Das ist heute so, und das war 1985 nicht anders. Mit dem kleinen feinen Unterschied: Wer heute Low-Budget-Filme sehen möchte, kann das jederzeit tun. Damals war es sehr schwierig. Es gab die tollen Filme, aber kein einziges Filmfest, das ausschließlich diese Form der Filmproduktion präsentierte und die Produktions- und Finanzierungsprobleme diskutierte.

Und genau das war unsere Idee. Wir wollten über die Kreativen in den verschiedenen Ländern Europas, ihre Produktions- und Verleihbedingungen reden und ihre Filme zeigen. Thomas, Ute und ich trafen uns und schrieben auf, was wir uns schon immer in Sachen Low Budget Filmforum in den letzten Monaten ausgedacht hatten. Es war weit nach Mitternacht, als wir unter dieses dicke Bündel Papier einen dicken Punkt setzten. Wir gingen auf ein Glas in die Filmhauskneipe. Dieses Projektpapier war die Geburtsstunde des Europäischen Low Budget Filmforums.

Im Mittelpunkt sogenannter Low-Budget-Filme standen oft Außenseiter wie in Stephen Frears' *My Beautiful Laundrette* (*Mein wunderbarer Waschsalon*) oder Homosexualität wie bei Derek Jarmans *Caravaggio* und *Letter to Brezhnev* (*Brief an Breschnew*) von Chris Bernard. Für genau diese Art von Filmen wollten wir eine paneuropäische Filmvertriebsförderung gründen. Einige dieser Regisseure wie John Boorman zeigten dann 15 Jahre später bei der Berlinale ihre Filme oder Filmschaffende wie Carlos Saura, Catherine Breillat und Terry Gilliam redeten 2002 bei meinem ersten Festival in Berlin gemeinsam mit Robert Altman beim »Vision Day« über die Kunst des Kinos und des Low-Budget-Films.

Nach einer erfolgreichen ersten Festivaledition 1986 folgte 1988 die Gründung eines Europäischen Vereins mit zwölf Ländern und der Verleihinstitution, dem European Film Distribution Office, kurz EFDO. Unser Projekt wurde plötzlich und unerwartet zu einem Modell für einen groß angelegten Versuch der Europäischen Union, Fernsehen und Film europaweit ohne nationale Grenzen zu etablieren. Zum Schluss entstand daraus der Fördergigant MEDIA – Mesures pour Encourager le Développement de l'Industrie Audiovisuelle (Maßnahmen zur Förderung der Entwicklung der audiovisuellen Industrie). Heute – 35 Jahre später – steht dieses audiovisuelle Förderprogramm Creative Europe MEDIA mit einem Budget von rund einer Milliarde Euro in den nächsten sieben Jahren 39 Ländern zur Verfügung. Die Europäische Filmkultur würde heute ohne dieses Programm nicht mehr existieren.

Auch die Idee einer riesigen schwimmenden Leinwand auf der Binnenalster als sichtbares Symbol des geplanten Festivals wurde in dieser Nacht geboren. Doch eine gigantische Leinwand – mindestens 100 Quadratmeter schwebte uns vor – hatte zunächst einmal ein ebenso gigantisches Genehmigungsverfahren zur Folge, weil durch die Binnenalster die Traditionsdampfer der »Weißen Flotte« schippern. Hilfreich war, dass ich die Leute in den Behörden aus meiner Zeit im Rathaus noch gut kannte. Außerdem hatten wir mittlerweile Verstärkung erhalten: Mitarbeiterin Claire Doutriaux, französische Filmproduzentin und Repräsentantin des neuen europäischen Fernsehsenders ARTE, ergänzte unser kleines Team.

Unser Projekt war ein Glücksfall. Das »Kino auf der Alster« schwamm im Jahr 1986 tatsächlich. Die Vision einer Riesenleinwand auf der Binnenalster wurde Wirklichkeit. Das alleine macht natürlich noch keinen Erfolg aus. Aber zum ersten Europäischen Low Budget Filmfestival waren alle nach Hamburg gekommen. Derek Jarman stellte seine magischen Bilderwelten vor und zeigte, wie man mit Filmen Träume zum Leben erweckt. Pedro Almodóvar servierte seinem deutschen Publikum *Matador*. Lars von Trier, der wie viele Ausnahmeregisseure bereits als Grundschüler Super-8-Filme gedreht hatte, setzte sich mit der Geschichte Europas und deren archaischen Gesellschaftsformen auseinander. Auch Michael Winterbottom, Ken Loach und Mike Leigh, wichtigste Protagonisten des neuen britischen Films, drehten Low-Budget-Filme. Jahre später bei der Berlinale 2006 konnte ich Michael Winterbottom den Silbernen Bären für seinen Film *The Road to Guantanamo* überreichen, Ken Loach wurde für sein Lebenswerk geehrt, und Mike Leigh präsidierte die Berlinale-Jury 2012. Lars von Trier präsentierte 2014 seinen Skandalfilm *Nymphomaniac* auf dem Festival.

Doch bevor das Hamburger Publikum den ersten Film sehen konnte, gab es schwerwiegende Hindernisse zu beseitigen: Für die Nachtvorstellung waren die Straßenlaternen rund um die Alster viel zu hell.

Kurz vor dem Premierenfilm sorgten wir in einer Nacht-und-Nebel-Aktion mit selbst gebastelten Lampenmützen für die nötige Dunkelheit. Dann klingelte das Telefon. »Dieter, die Pontons treiben ab!«

Seefest muss man sein, wenn man in Hamburg sicheren Grund unter den Füßen will, oder zumindest seefeste Leute kennen. Volker Lange, damals Wirtschaftssenator, besorgte uns Duckdalben, diese massiven Pfähle, die man im Hafen in den Grund rammt, um Schiffe daran zu befestigen. Jetzt dienten sie der Sicherung unseres Pontons, auf dem unsere große Leinwand stand. Die Filme konnten laufen. Am frühen Morgen prüfte ich noch mal die Installation.

»Was habt ihr denn da hingebaut? Das ist ja monumental!«, sprach mich ein gut gekleideter Herr am Alsterpavillon an.

Ich sah in das Gesicht von Henning Voscherau, dem damaligen Vorsitzenden der SPD-Fraktion in der Hamburger Bürgerschaft und späteren Ersten Bürgermeister. Ich folgte seinem Blick. Wie ein stolzer Windjammer unter Segeln thronte unsere Leinwand in der Binnenalster vor dem Alsterpavillon, von den ersten Strahlen der Morgensonne in goldenes Licht getaucht.

»Großartig«, sagte er. »Genau das ist es, was Hamburg braucht.«

Und da sage noch mal einer was gegen hanseatische Beamte wie Walter Zuckerer. Er jedenfalls kann sich als Geburtshelfer des größten audiovisuellen Programms in Europa fühlen.

Als sich abends die Leinwand im glatten blauschwarzen Wasser der Binnenalster spiegelte, als die Magie des Films *Poté Tin Kyriakí* (*Sonntags ... nie!*) von Melina Mercouri und des Open-Air-Kinos das Publikum glücklich machte, stimmten 10 000 Hanseatinnen und Hanseaten ganz unhanseatisch, beinahe rheinländisch den Titelsong »Ta Paidia Tou Piraia« (»Ein Schiff wird kommen«) an. Jetzt wussten wir – ein neues Festival war geboren, und die Alster wurde zum ganz großen Kino.

Beim ersten Europäischen Low Budget Film Forum 1986 war das interessanteste Filmland Großbritannien. Wie im

Nachbarland Frankreich wurde das Fernsehen zum großen Filmkoproduzenten und Kinofilmproduzenten. Claire Doutriaux, die heute noch bei ARTE die deutsch-französische Verständigungssendung »Karambolage« verantwortet, stellte bei einer Podiumsdiskussion in unserem neuen Festivalzentrum in der imposanten Glaskuppel des Hanse-Viertels die vielversprechende Zukunft von ARTE-Cinema vor. Aus Großbritannien wurde berichtet, dass nach dem Niedergang der Filmindustrie der 1980er Jahre gerade ein aufregendes Kapitel Filmgeschichte als Teil der neuen Fernsehgeschichte stattfand, so der Filmwissenschaftler Lorenz Engell in seinem Buch *Sinn und Industrie*.

Channel 4, neu gegründet mit den Überschüssen des unabhängigen Fernsehens ITV, sollte zwar nicht selbst produzieren, aber Aufträge vergeben. Stephen Locke, Filmjournalist und damaliger Mitarbeiter unserer Festivalorganisation, war England-Spezialist und schrieb für uns »Special Reports«, und auch meine Reden und Artikel übersetzte er ins Englische. In einem Beitrag mit dem schönen Titel *The British Are Coming* in Lorenz Engells Buch schreibt er, mit welchem Ziel der Sender Channel 4 Spielfilme für sein Programm in Auftrag gab: »Kulturelle und ethnische Minderheiten sollten bedient werden und selbst zu Wort kommen, gesellschaftliche Gruppen, deren kommunikative Bedürfnisse kaum oder nicht ausreichend berücksichtigt waren.«

Der legendäre Chef der Spielfilmabteilung von Channel 4, David Rose, gab in Hamburg Auskunft über die Produktionsstrategie. Auch die Vertreter des British Film Institute, Colin MacCabe und Ben Gibson, erläuterten, warum Produktionen wie Peter Greenaways *The Draughtsman's*

Contract (*Der Kontrakt des Zeichners*) nach der Auswertung im Kino und anschließend im Fernsehen so erfolgreich waren.

Das Fernsehen war enger Partner der Filmproduzent*innen, zur Überraschung der bei dieser historischen Podiumsdiskussion anwesenden deutschen Filmszene. Trotz ähnlicher gemeinschaftlicher Finanzierung bei den meisten Filmproduktionen steht das Fernsehen in Deutschland bis heute beziehungsweise seine Redakteur*innen oft in der Kritik der Filmbranche, weil sie die Produktionen zu sehr »fernsehgerecht« umschreiben und ummodeln würden. Auch die Spielfilmabteilung der öffentlich-rechtlichen BBC trug zum Filmwunder mit seinen 500 000 Pfund Förderung pro Spielfilm bei.

Nach zweijähriger Reisezeit in den damals zwölf europäischen Ländern war es dann so weit: Beim dritten Low Budget Filmforum legten wir einen Vorschlag für eine paneuropäische Filmvertriebsförderung vor. Holde L'Hoest, als Vertreterin und treibende Kraft des audiovisuellen Europas und Chefin der Filmabteilung, unterzeichnete einen Vertrag, dass der Verein EFDO, European Film Distribution Office, die Förderung abwickeln sollte.

Bei diesem Festival wurden mein Kollege Ryclef Rienstra, Chef der niederländischen Filmförderung, zum Vizepräsidenten der Organisation gewählt und ich zum Präsidenten. Das EFDO-Modell – ein europäischer Film konnte diese neue Verleihförderung erhalten, wenn mindestens drei europäische Verleihfirmen diesen Film in ihre Kinos brachten – wurde zum Fundament des heutigen Hunderte von Millionen schweren audiovisuellen europäischen Förderungsprogramms. Seit dem Jahr 1991 hat die Europäische Gemeinschaft für das MEDIA Programm 2,4 Milliarden Euro ausgegeben. Von 2007 bis 2017 flossen 180 Millionen Euro in die deutsche Filmwirtschaft. Das konnten wir damals nicht ahnen.

Landschaft im Nebel

Bereits 1989 profitierten – mit 2 Millionen ECU – die europäischen Verleiher von dem neuen Programm. Filme wie der französische Spielfilm *La vie est un long fleuve tranquille* (*Das Leben ist ein langer ruhiger Fluss*) von Étienne Chatiliez, der englische Low-Budget-Film *Distant Voices, Still Lives* (*Entfernte Stimmen – Stilleben*) von Terence Davies und Joseph Vilsmaiers *Herbstmilch* wurden von uns gefördert.

Der große Erfolg eines Low-Budget-Films aus einem kleinen europäischen Land half unserem Fördersystem, sich in den zwölf europäischen Ländern auf einen Schlag zu etablieren. Im November 1988 vergaben wir in der ersten Fördersitzung 100 371,27 ECU für den dänischen Film *Babettes gæstebud* (*Babettes Fest*) von Gabriel Axel. Der damals 70-jährige Regisseur hatte zwar schon viele Filme und Theaterstücke inszeniert, war aber in den meisten Ländern unbekannt. Die europäischen ECUs für diesen Film gingen an drei Verleihfirmen in Griechenland, Portugal und Deutschland. Seine Premiere feierte er beim Filmfestival in Cannes. Gabriel Axel adaptierte eine Geschichte der dänischen Erfolgsautorin Tanja Blixen. In den Hauptrollen waren Stéphane Audran und Bibi Anderson zu sehen.

In den Kinos lief der Film sehr schleppend an, aber durch unsere zusätzliche Förderung für Werbung, Kopien und vor allem für Untertitel blieb der Film bis zum nächsten Frühjahr in den Kinos, erinnern sich die damaligen deutschen Verleiher des Films, Hans-Joachim Flebbe und Michael Eckelt von Impuls Film. Dann gewann dieser »kleine« Film 1988 einen Oscar als bester ausländischer Film, und viele internationale Preise folgten. Die Geschichte der französischen Sterneköchin Babette, die in ihrem Asyl, einem entlegenen norwegischen Dorf, mit ihrem mehrgängigen Menü, edlem Champagner und Bordeaux eine religiös verhärtete Gemeinde verzauberte, begeisterte sogar Papst Franziskus. Zum ersten Mal empfahl und lobte er in einem Lehrschreiben von 2016 den Film. Besonders gefiel ihm der Satz über Babettes Kochkünste: »Du wirst die Engel ergötzen.« Unsere Förderung EFDO hatte sich durch diesen Filmerfolg als neue, effektive europäische Verleihförderung etabliert. *Topio stin omichli* (*Landschaft im Nebel*), der Film des griechischen Regisseurs Theo Angelopoulos, wurde damals ebenfalls gefördert. Der dichte Nebel über der europäischen Filmkultur lichtete sich langsam.

Beinahe wäre die Gründung dieser bis heute arbeitenden Verleihorganisation in Hamburg schiefgegangen. Das Fördersystem basierte auf einer Studie, die wir 1987 und 1988 in zwölf europäischen Ländern über die Situation des europäischen Kinos und Filmvertriebs durchführten. Endlich hatten wir eine genaue Übersicht über die Budgets der europäischen Filme. 80 Prozent der europäischen Filmproduktionen in diesen zwölf europäischen Ländern hatten Budgets unter 4,5 Millionen Mark, also nach unserer Definition Low-Budget-Filme. Insgesamt wurden damals etwas über 500 Filme in zwölf europäischen Ländern pro Jahr produziert. Darauf basierte die Studie, die wir dem damaligen Kommissar für Bildung und Kultur Carlo Ripa de Meana in der Berliner Paris Bar feierlich überreichen wollten. Wir waren mächtig stolz auf unsere Studie und dass wir es geschafft hatten, zum ersten Mal solch umfangreiche Daten zu erheben. Bei dem gemeinsamen Abendessen waren die Autoren Ute Schneider, Laurens Straub, Stephen Locke, Thomas Struck und ich dabei. Für den Vorstand des Hamburger Filmbüros gesellte sich Hark Bohm zu uns.

Ripa de Meana und seine Frau Marina, die in einigen italienischen Erotikfilmen zu sehen war, wohnten im Kempinski am Kurfürstendamm, und ich hatte ihnen einen riesigen Blumenstrauß für 100 Mark aufs Zimmer bringen lassen. Das Bouquet bezahlte ich selbst, da Schnittblumen aus öffentlichen Geldern nicht absetzbar sind. Und eine Topfpflanze fanden wir zu grässlich. Marina bedankte sich am nächsten Morgen bei mir am Telefon. Wann wir denn mit einer Antwort des Kommissars zu unserer gestern überreichten Studie rechnen könnten, fragte ich. Studie? Mir wurde klar, dass Ripa unser exklusives Exemplar nicht mit ins Hotel genommen hatte. Schock. Die vertrauliche Studie zur Zukunft des Films war verschwunden. Panisch telefonierte ich mit meinen Kolleg*innen, aber niemand hatte sie. Dann endlich die Erlösung: Die Paris Bar rief mich an. Es war die Reinigungskraft, die meine Telefonnummer vom charmanten Maître Michel Würthle bekommen hatte. Sie habe ein Buch unter unserem Tisch gefunden. Europas Kino war gerettet. Vorerst.

»Schauen Sie mal Rhein«

Ein herrlicher Sommertag im Tessin. Hoch über dem blau glitzernden Lago Maggiore saß ich während des Filmfestivals Locarno 1990 auf der Terrasse des ein wenig in die Jahre gekommenen Grandhotels und wartete auf Frank Hübner, den frischgebackenen Gründungsgeschäftsführer der neuen großen Filmförderung Nordrhein-Westfalens – der Filmstiftung NRW. Er hatte um ein Gespräch gebeten und kam extra aus Köln zu unserem – wie Hübner es ausdrückte – »wichtigen Termin« angereist. Die neue Filmstiftung mit Sitz in einem alten Hörfunkstudio des Westdeutschen Rundfunks in der Florastraße in Düsseldorfs Stadtteil Bilk war seit Monaten kontroverses Diskussionsthema in Medien- und Filmkreisen. Zum ersten Mal wurde ein mächtiger Fernsehsender, der WDR, Gesellschafter einer Filmförderung, und es bestand die Sorge, dass die Produzenten nur Fördermittel erhalten, wenn sie die TV-Rechte an ihren Produktionen an die Fernsehanstalt abgeben.

Am 27. Februar 1991 hatten das Land NRW und der WDR die Stiftung mit dem unvorstellbaren Etat von 50 Millionen Mark mit Mitteln der Landesrundfunkanstalt und Steuermitteln gegründet. Der Strukturwandel in der schrumpfenden Stahl- und Kohleindustrie sollte vorangetrieben werden – das war das Ziel des ehrgeizigen Ministers Wolfgang Clement. Ministerpräsident Rau fasste es damals in einer

Rede beim Medienforum 1990 nach meiner Erinnerung folgendermaßen kurz zusammen: »Es kann nicht dabei bleiben, dass in Hamburg, München und Berlin allein Filmindustrie entsteht. Wir brauchen eine Infrastruktur, die hier nachhilft, damit NRW mithalten kann.« Und das konnte die Stiftung in kurzer Zeit.

Aber erst einmal sollte Frank Hübner mich als Geschäftsführer anheuern, da trotz großem Gehaltsversprechen einige bekannte Produzenten abgewunken hatten. Es gab zwar das rührige Filmbüro NW, aber die filmtechnische Infrastruktur war vom zweitgrößten Fernsehsender Europas, dem WDR, und dem aufkommenden Privatsender RTL geprägt.

Für so viel Geld Kinofilme zu fördern, war bei der vorhandenen Infrastruktur gewagt, und das Risiko des Scheiterns wurde von nicht wenigen vorausgesagt.

Wer immer die Idee hatte, mich aus Hamburg abzuwerben, war klug. In der Hansestadt managte ich inzwischen die neue wirtschaftliche Filmförderung, den Film Fonds Hamburg. Mein Büro blieb zwar in der Friedensallee, aber ich wurde Angestellter der Hamburgischen Landesbank. Sie vergab die mehr wirtschaftlich ausgerichtete Filmfinanzierung. Außerdem war ich immer noch »Präsident« von EFDO und verfügte so über beste Kontakte zur internationalen Filmbranche. Und von denen wollte man in Nordrhein-Westfalen profitieren.

Auf der Terrasse des Grandhotels in Locarno rauchte der joviale Frank Hübner eine selbst gedrehte filterlose Zigarette, das Anzugjackett über den Schultern, als er mir ein Angebot machte, das ich nicht ablehnen konnte.

Als neuer Geschäftsführer hatte ich die Möglichkeit, das Unternehmen so aufzubauen, wie ich es mir vorstellte, und ich hatte auch ein Personalvorschlagsrecht. Man hatte bereits mit der Berliner Produzentin Manuela Stehr und meinem Hamburger Kollegen und Kinoexperten Josef Wutz geredet, um das Team zu verstärken. Ich kannte beide und wusste um ihre Qualitäten. Neu war Sonja Heinen, Europasekretärin aus Schophoven bei Düren. Sie sollte mein Büro leiten, und ihr erster Job begründete ihre steile Karriere. Sie arbeitete später als Produzentin, etablierte den Koproduktionsmarkt bei der Berlinale, organisierte den neuen World Cinema Fund des Festivals, und als international anerkannte Produktionsexpertin leitet sie heute das paneuropäische Büro efp European Film Promotion in Hamburg – eine Nachfolgeorganisation unserer EFDO-Aktivitäten, die sie von unserer damaligen Kollegin Renate Rose übernahm, ein Programm für europäisches Filmmarketing.

Die Filmstiftung war von Beginn an erfolgreich: Filme wie *Manta Manta* mit Til Schweiger und Tina Ruland, der Kassenhit *Der bewegte Mann* wurden gefördert. Helmut Dietls Satire *Schtonk!* über die gefälschten »Hitler-Tagebücher« wurde für mich zu einem speziellen Fördererlebnis: Dieser Kinohit bekam noch zu meiner Zeit vom Hamburger Film Fonds eine Förderung und dann in Düsseldorf, gerade als ich dort meine Arbeit begann, noch einmal. Aber auch internationale Produktionen drehten plötzlich im Rheinland. Die Filmstiftung zog große Stars an: Als Erster drehte Peter Greenaway seinen blutigen Film *The Baby of Mâcon* (*Das Wunder von Mâcon*) in einer Eissporthalle bei Köln. Das sorgte für Aufsehen. Auch der später Oscar-nominierte

Film *Farinelli* über den berühmten Kastraten Carlo Broschi von Gérard Corbiau wurde mit dem großartigen Enrico Lo Verso im Ruhrgebiet gedreht.

Filmstudios gab es noch keine, aber es wurde heftig daran gearbeitet, in Hürth und Ossendorf eine Studiostruktur zu schaffen. Ein Großteil der Dreharbeiten des internationalen Erfolgs *Le fabuleux destin d'Amélie Poulain* (*Die fabelhafte Welt der Amélie*) des *Delicatessen*-Regisseurs Jean-Pierre Jeunet entstand in Ossendorf. Er spielte weltweit 140 Millionen Dollar ein.

Für mich war die Filmstiftung eine Förderinstitution, wie ich sie mir wünschte: Es wurden nicht nur Filme, sondern alle Bereiche der Filmkultur und Filmindustrie gefördert. Und vor allem das Kino. »Schauen Sie mal Rhein – Mit guten Filmen Arbeitsplätze schaffen« lautete unser Motto, wie es unsere erste Förderbroschüre kundtat, und wir wollten mit der Filmkultur und Filmwirtschaft zum Gelingen des politischen Ziels – den Übergang von der Kohleindustrie in ein Medienland – beitragen.

Die Zeit der kleinen, schlecht gelüfteten Schachtelkinos ging zu Ende, die ersten Multiplexe entstanden in Toronto, Busan und Köln.

Wir finanzierten die ersten Studien zur Situation des Kinos und die Auswirkungen der Multiplexe, unterstützten Produzenten bei der Ansiedlung in Nordrhein-Westfalen. Es wurde ein neues Kinoförderprogramm, die Jahresfilmprogrammprämie, für gute Filmprogramme gestartet und mit Workshops und Weiterbildungsprogrammen das fehlende Personal professionalisiert. Dazu kam die Gründung einer Schreib- und Filmschule. Mit viel Geld konnte man viel bewegen, und die Filmstiftung selbst zog in die ersten Hafenlofts in Düsseldorfs Kaistraße, wo auch der MEDIA DESK der Europäischen Union angesiedelt wurde.

Trotz aller medienpolitischen Dynamik mussten für einige unserer Initiativen schwere Hürden überwunden werden: Aber die NRW-Film- und Fernsehszene übte rheinische Kooperation, und die schwierigsten Projekte wurden begonnen. So arbeitete ich mit meiner Kollegin Stehr jahrelang daran, den ehemaligen Royal-Air-Force-Flugplatz in Wildenrath – ein Gelände von 600 Hektar mit einer drei Kilometer langen Landebahn – in Europas größtes Filmstudio zu verwandeln. Das Megaprojekt wurde erst gestoppt, als Warner Brothers seinen Themenpark in Bottrop eröffnete. Dort sollten auch Studiokapazitäten geschaffen werden.

In Oberhausen, Gelsenkirchen, Duisburg und Dortmund versuchten wir gemeinsam mit dem Städtebauministerium, die verödeten Innenstädte rund um die noch vorhandenen Kinos im Umkreis von zwei Kilometern so umzugestalten, dass sich kulturelle Zentren bilden konnten und durch städtebauliche Veränderungen die örtlichen Kinos wieder Mittelpunkt wurden.

Mit meiner Kollegin Anne Marburger haben wir mit den Städten einen Masterplan erarbeitet, der zum Teil – trotz riesiger Probleme – realisiert wurde: im Oberhausener Kino, am Dortmunder Filmforum-Kino Roxy und vor allem in den Festivalkinos des Duisburger Dokumentarfilmfestivals am Dellplatz und der Schauburg in Gelsenkirchen.

Leider sind diese ungewöhnlichen Ansätze, den Kinobesuch zu intensivieren und das Kino städtebaulich wieder zu einem kulturellen Zentrum zu machen, nach meinem Wechsel zur Berlinale nicht mehr weiterverfolgt worden.

Eine neue Schule zu gründen, erzeugt immer heftige Gegenwehr – und doch wurde die geplante Schreib- und Filmschule, die ifs Internationale Filmschule, entgegen allen Widerständen realisiert, um vor allem die assistierenden Berufe wie Ausstattung und Requisite weiterzubilden und Autoren zu fördern.

Als Kreißsaal wählten wir 1999 nach drei Jahren Vorbereitung das Medienforum NRW. Die Wehen schmerzten bereits sehr, doch nach den tagelangen Diskussionen und Panelmarathons, nach Empfängen und durchredeten Nächten rauften wir uns nach Ende des Forums im kleinsten Kreis in den Kölner Messehallen zusammen. Hinter einer spanischen Wand, eingekreist von lauten Abbaugeräuschen, trafen sich zur historischen Sitzung: Dr. Hans Gerd Prodoehl und Rainer Weiland von der Staatskanzlei, Michael Schmid-Ospach, Dr. Norbert Schneider, Direktor der Landesanstalt für Medien, Dr. Georg Feil, Geschäftsführer der Colonia Media, einer der Initiatoren der Schreib- und Filmschule.

Nach erfolgreicher Gründung der Schreibschule Köln 1994 sollte endlich durch Zusammenlegung mit der Filmschule NRW e.V. die ifs, Internationale Filmschule Köln, gegründet werden. Beide Initiativen zur Weiterbildung im Filmbereich hatte die Filmstiftung NRW Jahre zuvor initiiert. Nun war geplant, sie – nach jahrelangen Diskussionen – zu einem »großen Wurf« zu vereinigen.

Trotz aller administrativen, politischen, finanziellen und anderen üblichen Bedenken geschah das Wunder: Staatskanzlei und die Filmstiftung unter der Leitung des Aufsichtsratsvorsitzenden Michael Schmid-Ospach gaben grünes Licht für die finanzielle Trägerschaft: Die ifs war geboren.

In der St.-Apern-Straße werkelten die Gründungsfrauen Gabi Reil an der Organisation und Wilma Harzenetter am Curriculum: Sie engagierten beste Lehrer aus Europa und Hollywood für Seminare, Workshops und Weiterbildungsübungen. Der Abschluss eines Jahrgangs gipfelte in einem gemeinsamen Film: Die »United Filmschulen Artists«, die ifs-Studenten, schrieben, setzten Licht, nähten Kostüme und bauten Sets unter Anleitung berühmter Profis und lernten, Filme zu drehen, in einem Studio in Ossendorf. Ein neues Modell der Weiterbildung im Filmbereich hatte seinen erfolgreichen Stapellauf.

Doch am wichtigsten waren die Filmproduktionen in NRW. Durch sie baute sich die gewünschte Infrastruktur auf, Voraussetzung für eine florierende Medienlandschaft. Mein Kollege Josef Wutz und ich konnten einige filmpolitische Initiativen gemeinsam mit den anderen Länderförderungen starten. Vereint traten wir dann auch zum ersten Mal unter dem Motto »Focus Germany« im Ausland, vor allem aber in Cannes auf, um für den Produktionsstandort Deutschland zu werben.

Für einige Beobachter war das etwas zu viel der Aktivitäten: Als ich mit einer auffälligen Kampagne beim Filmfestival in Cannes »Let's spend the fund together« mit ganzseitigen Anzeigen für den Standort NRW geworben hatte, wurde ich von einem um unser Steuergeld besorgten Medienbürger angezeigt. Es kam nicht zur Verurteilung: Das Geld der Filmstiftung sollte in Filme investiert werden, das war das Unternehmensziel. Und der Focus Germany wurde eine kleine Sensation bei den ewigen Konkurrenzkämpfen der verschiedenen Regionalfilmförderungen.

Kultur brachte Wirtschaft, Ansehen und internationale Bekanntheit. Selbstverständlich wollte jeder Standort sich eine große Scheibe vom Produktionskuchen abschneiden. »Standortpolitik« nannte man das, und der inzwischen zum Ministerpräsidenten gewählte Wolfgang Clement war ein Meister darin. Dass die Produzenten mehr Geld in dem Bundesland ausgeben mussten, als sie Förderung erhielten, machte diese Art von Standortpolitik zu einem guten Geschäft, aber es gab auch schon erste Kritik am Fördertourismus, weil die Filmleute an verschiedenen Standorten drehen mussten und damit viel Zeit und Energie verloren gingen.

Viele geförderte Filme waren sehr erfolgreich im Kino und auf Festivals wie zum Beispiel der Berlinale. Gleich im ersten Jahr nach meinem Wechsel zur Berlinale konnten wir beim Kuratieren einige davon programmieren. Die Filmstiftung war mit stolzen 15 Produktionen vertreten und warb mit der Überschrift: »Aufwind und Rückenwind«. So zahlte sich für mich die langjährige Zusammenarbeit mit dem Berliner X-Filme-Team aus.

Und die Erinnerung an die Aufbauphase der Filmstiftung kam heftig zurück, als Wim Wenders den BAP-Film mit dem treffenden Titel *Viel passiert* im Berlinale Palast präsentierte.

Einer der erfolgreichsten Kinofilme, die zu meiner Zeit in NRW gefördert wurden, lief nicht auf der Berlinale, aber landesweit in allen Kinos. Damals verwechselte ein schon bekannter Schauspieler mich mit einem international erfolgreichen Produzenten und wurde so zu einem der erfolgreichsten deutschen Kinostars und Produzenten.

1996 verliehen wir mal wieder die jährlichen Preise für die besten Kinoprogramme in Deutschlands größtem Filmpalast, der Lichtburg in Essen. In elegantem Dekor der 1950er Jahre war der große Kinosaal mit seinen 1250 Plätzen für den Abend festlich dekoriert. Gekommen waren – gefühlt nur hundert Gäste. Ich moderierte den Abend, und der Saal sah ziemlich leer aus. Es war nicht mein Tag, schon gar nicht mein Abend. Til Schweiger, Thomas Heinze und Kai Wiesinger waren die von mir angekündigten Laudatoren. Ich verwechselte Heinze und Wiesinger nicht nur einmal an diesem Abend. Sie haben gequält gelacht, weil ihnen das offenbar nicht zum ersten Mal passierte. Aber sie trugen es mit Fassung. Filmstar Til verließ genervt vorzeitig die Veranstaltung, und am Ende auf dem Weg zum Empfang raunte mir eine »gute Freundin« zu: »Dieter, du musst auch nicht immer alles alleine machen.«

Meine Laune war sowieso auf dem Tiefpunkt, aber jetzt war ich zutiefst frustriert und suchte nach dem Ausgang. Nur weg hier, was für ein Desaster. Auf dem Weg nach draußen hakte sich eine junge Frau bei mir unter und fragte, ob ich zum Empfang gehe.

»Nein, ich will nur noch was essen«, antwortete ich missgelaunt.

»Dann gehen wir zum besten Italiener«, meinte sie, und schon waren wir unterwegs.

Bei diesem Edelitaliener saß Til Schweiger mit einer kleinen Entourage, der Star des Abends. Ich rutschte auf einen Platz ihm gegenüber.

Til redete mich freundlich mehrmals mit meinem Vornamen an und erzählte von einem phantastischen Drehbuch, das er unbedingt verfilmen wollte. Die Nacht dauerte lang, der Frust löste sich Glas für Glas auf.

»Schick mir dein Drehbuch morgen«, war meine letzte Bemerkung, und tatsächlich wurde das Buch am nächsten Tag in die Filmstiftung geliefert. Ich wollte es ganz schnell lesen, und das machte ich dann abends zu Hause im Bett.

Die Geschichte im Drehbuch begann mit einem dummen Witz, mit Pinocchio und einem »Holzhoden«. Ich fand es einfach nur blöd und legte es beiseite. Am nächsten Morgen gab ich unserer Produktionschefin Manuela Stehr das Drehbuch, die davon begeistert war. Ein Termin wurde vereinbart. Die Förderberatung im damaligen Kölner Weinrestaurant Vintage endete gut gelaunt. Wir trafen uns zum Mittagessen, und zwölf Stunden später waren Til und ich immer noch da.

Kollegin Stehr hatte sich tapfer gehalten, ging aber irgendwann – klug wie sie war. Til wollte 2 Millionen Mark bei Produktionskosten von 4 Millionen für den Film. Das war die absolute Höchstgrenze an Förderung, den Rest wollten die Buena-Vista-Chefs Wolfgang Braun und Christoph Ott übernehmen. Ganz großes Kino solle es werden, erzählte zwei Tage später Til in einer Fernsehtalkshow und auch, dass ich ihm 2 Millionen zugesagt hatte. Dies führte naturgemäß zu größeren Irritationen bei der offiziellen Vergabejury der Filmstiftung. Zwar hatte ich das Recht, Filme vorzuschlagen, aber nicht, Geld zu vergeben.

Die Jury las dann das Drehbuch und ließ mich nicht im Regen stehen. *Knockin' on Heaven's Door* mit Til, Jan

Josef Liefers, Moritz Bleibtreu, Christiane Paul, Hannes Jaenicke, Corinna Harfouch, Hark Bohm und Muriel Baumeister wurde zu einem der größten deutschen Filmerfolge. Mindestens 40 Millionen Mark spielte der Film mit der Regie von Koautor Thomas Jahn ein.

Die über drei Millionen Zuschauer*innen liebten den großartigen Film. Es gab einen Deutschen Filmpreis, eine Goldene Leinwand, den Ernst-Lubitsch-Preis und außerdem einen Silbernen Georg für den besten Darsteller beim Internationalen Filmfestival Moskau.

Leider waren wir nicht an der gesamten Einspielsumme mit 50 Prozent beteiligt. Aber es gab für die Filmstiftung eine »Scheck is back«-Aktion während der nächsten Berlinale im Restaurant Schwarzer Rabe. Für mich sprang auch etwas heraus: Der Kinobesitzer-Verband steckte mir 1997 eine Goldene Nadel an und ehrte meine unschlagbare Spürnase für Kinohits mit einer Goldenen Leinwand.

Das vertrauliche »Dieter« von Til, das so nach jahrelanger Freundschaft klang, galt gar nicht mir: Es galt dem Produzenten Dieter Geissler, der den Welterfolg *Die unendliche Geschichte* produziert hatte, und den wollte der Produzenten-Neuling Schweiger als Koproduzenten gewinnen. Nun, ob Dieter Geissler ihm so schnell 2 Millionen Mark gegeben hätte, werden wir nie erfahren.

Et kütt, wie et kütt – Kölsches Grundgesetz § 2

Beim Medienforum NRW 2000 in Köln saßen Wolfgang Clement und ich auf einem Podium und erläuterten den anwesenden Journalisten unsere Arbeit im erfolgreichen Medienland Nordrhein-Westfalen. Wir hatten ein gutes Jahr hinter uns, die Internationale Filmschule war etabliert, die Förderkasse gefüllt, und neue Gesellschafter erweiterten die Möglichkeiten des größten Bundeslandes im Medienbereich.

Da platzte die »Bombe«: Ein Journalist wollte wissen, ob es stimme, dass ich zur Berlinale ginge. Der verdutzte Wolfgang Clement fragte mich unhörbar, ob das wahr sei, und setzte dann ganz in seiner pragmatischen Art nach: »Kann ich irgendetwas für Sie tun?« Die Würfel waren gefallen, und ein erster Abschiedsschmerz engte mir die Brust ein. Es sollte nicht der letzte sein: Ich war selbst ein Teil dieses sympathischen Bundeslandes geworden. Wer einmal in Köln gewohnt hat, einmal in der Südstadt die Aufstellung des Karnevalszuges miterlebt hat, wer die Leichtigkeit der Stadt genossen hat, geht nicht ohne Wehmut.

Nach zehn Jahren Filmland NRW verließ ich mit meiner Frau Wilma Harzenetter die Domstadt Richtung Berlin in der tröstlichen Zukunftsgewissheit: »Et hätt noch immer jot jejange«, Kölsches Grundgesetz § 3.

TEIL 2

MIT ROTEM SCHAL UND SCHWARZEM BARBISIO – BERLINALE-GESCHICHTEN

Ein Liebesbrief ans Kino

In der Welt eines Filmemachers fließen Traum und Realität ineinander. Der Filmemacher nutzt die Wirklichkeit als Inspirationsquelle, er zeichnet sie in den Farben seiner Vorstellungskraft. Damit schafft er einen Film, der seine Hoffnungen und Träume in die sichtbare Welt trägt.

Die Wirklichkeit ist, dass mir ohne Prozess seit fünf Jahren das Filmemachen untersagt wird. Jetzt wurde ich offiziell verurteilt und darf auch in den nächsten 20 Jahren keine Filme realisieren. Trotzdem werde ich in meiner Vorstellung weiterhin meine Träume in Filme übersetzen. Als sozialkritischer Filmemacher muss ich mich damit abfinden, die alltäglichen Probleme und Sorgen meines Volkes nicht mehr zeigen zu können. Aber ich werde nicht aufhören, davon zu träumen, dass es in 20 Jahren keines dieser Probleme mehr geben wird und ich dann, wenn ich wieder die Möglichkeit dazu habe, Filme über den Frieden und den Wohlstand in meinem Land machen werde.

Die Wirklichkeit ist, dass mir für 20 Jahre das Denken und Schreiben untersagt wurden. Aber sie können mich nicht davon abhalten zu träumen, dass in 20 Jahren die Verfolgung und die Einschüchterung durch Freiheit und freies Denken ersetzt sein werden.

Mir wurde für 20 Jahre der Blick auf die Welt entzogen. Aber ich hoffe, nach meiner Freilassung eine Welt ohne geographische, ethnische und ideologische Grenzen zu bereisen. Eine Welt, in der die Menschen ungeachtet ihres Glaubens und ihrer Überzeugungen in Frieden miteinander leben.

Ich wurde zu 20 Jahren Stillschweigen verdammt. Aber in meinen Träumen schreie ich nach einer Zeit, in der wir uns gegenseitig tolerieren und unsere jeweiligen Meinungen respektieren, in der wir füreinander leben können.

Letztendlich bedeutet die Wirklichkeit meiner Verurteilung, dass ich sechs Jahre im Gefängnis verbringen muss. In den nächsten sechs Jahren werde ich in der Hoffnung leben, dass meine Träume Realität werden. Ich wünsche mir, dass meine Regiegefährten in jedem Winkel der Welt in dieser Zeit so großartige Filme schaffen, dass ich, wenn ich das Gefängnis verlasse, begeistert sein werde, in jener Welt weiterzuleben, die sie in ihren Werken erträumt haben.

Ab jetzt und für die nächsten 20 Jahre werde ich zum Schweigen gezwungen. Ich werde gezwungen, nicht sehen zu können, ich werde gezwungen, nicht denken zu können. Ich werde gezwungen, keine Filme machen zu können.

Ich stelle mich der Wirklichkeit der Gefangenschaft und der Häscher. Ich werde nach den Manifestationen meiner Träume in Euren Filmen Ausschau halten: In der Hoffnung, dort das zu finden, was mir genommen wurde.

Jafar Panahi

Kurz nach seinem Berufs- und Ausreiseverbot lud die Berlinale den iranischen Filmemacher Jafar Panahi als Zeichen der Solidarität in die Jury ein. Sein Stuhl auf der Bühne blieb jedoch leer. Er schickte diesen Brief, den die Jurypräsidentin Isabella Rossellini bei der Eröffnung der 61. Berlinale am 10. Februar 2011 mit belegter Stimme im totenstillen Berlinale Palast vorlas.

Dennoch sollte es Jahre später, 2015, noch zu einem filmreifen Happy End kommen. Es war eine der bewegendsten Preisverleihungen in meiner Berlinale-Zeit. Eben noch hatte die ansonsten eher beherrscht wirkende Charlotte Rampling völlig aufgelöst den Silbernen Bären als beste Darstellerin in *45 Years* entgegengenommen, die erste Auszeichnung in ihrer langen Karriere. Nun ging es um den Hauptpreis.

Ich stand mit dem Jurypräsidenten Darren Aronofsky auf der Bühne des Berlinale Palastes. Als er den Namen des Gewinners verlas, brach der Saal in Jubel aus, dabei war der Regisseur des Films *Taxi Teheran* auch an diesem Abend nicht anwesend.

Trotz aller Verbote und Repressalien war es Jafar Panahi gelungen, einen neuen Film zu drehen und bei der Berlinale einzureichen. In der Hauptrolle ist er selbst zu sehen. Ein Regisseur, der nicht arbeiten darf, arbeitet als Taxifahrer. Auf dem Armaturenbrett hat er eine Kamera installiert. Während der heiteren und dramatischen Fahrten durch die Stadt fängt er die Stimmung in der iranischen Gesellschaft ein.

An seiner Stelle führte ich ein junges Mädchen in einem rosa Kleid auf die Bühne. Als sie den Goldenen Bären in die Luft reckte, wurde es laut, sehr laut. Ich kann mich nicht erinnern, dass jemals ein Bär mit einer solchen Begeisterung gefeiert wurde. Die pure Freude. Als das Mädchen ans Pult trat, versagte ihr die Stimme unter Tränen der Freude und des Stolzes. Die damals zehn Jahre alte Hana Saeidi, die im Film sich selbst spielt, ist die Nichte des iranischen Regisseurs, der an diesem Abend geehrt wurde.

»Ein Liebesbrief an das Kino«, schrieb die Jury in ihrer Begründung über *Taxi Teheran* von Jafar Panahi. Ein Regisseur, mit dem mich und das Festival eine ganz besondere und lange Beziehung verbindet.

Zehn Jahre zuvor hatte alles begonnen. Ich unternahm mit der Berlinale-Delegierten Ross Iza eine ausgedehnte Auswahlreise in den Iran. Sie war gut vernetzt in die iranischen Künstlerkreise. So lud uns Jafar Panahi zu sich nach Hause zum Abendessen ein. Eine weitläufige Wohnung mit einem wunderbaren Panoramablick über Teheran. Die Atmosphäre war gediegen, gehoben, lebhaft. Abbas Kiarostami, einer der bedeutendsten iranischen Regisseure, war der unbestrittene Mittelpunkt des Abends. Er hatte schon 1997 für den Film *Le Goût de la cerise* (*Der Geschmack der Kirsche*) die Goldene Palme in Cannes gewonnen; Jafar Panahi hatte bei ihm als Regieassistent sein Handwerk gelernt.

Nach einem opulenten persischen Mahl nahm mich Panahi zur Seite und zeigte mir auf einem Fernseher Teile seines Films *Offside*, den wir dann tatsächlich 2006 im Wettbewerb präsentierten und mit dem er prompt einen Silbernen Bären gewann.

Schon in *Offside* sieht man die Stärken des Filmemachers, die uns später auch von *Taxi Teheran* überzeugten. Es sind die eher kleinen, unscheinbaren Geschichten, leicht zu übersehen, die dennoch – dank Panahis großer künstlerischer Meisterschaft – das Wesen und die Probleme eines ganzen Landes zu erzählen vermögen.

In *Offside* geht es um eine Mädchenclique, die unbedingt ins Fußballstadion will, um das Qualifikationsspiel der iranischen Mannschaft zur Fußballweltmeisterschaft 2006 zu sehen – was Frauen zu dieser Zeit im Iran generell verboten war. Sie verkleiden sich als Jungen, werden aber erwischt. In den folgenden auch stets sehr unterhaltsamen Streitgesprächen schafft der Film es, die Probleme des Landes auf den Punkt zu bringen und klar und prägnant die Situation der Frau zu skizzieren.

Zum ersten Mal hatte ich 1967 den Iran bereist, und nun, fast 40 Jahre später, war ich erschrocken über den Verfall, der sich im Land breitgemacht hatte. Von vielen Gebäuden waren die Kacheln abgeschlagen, die Parks waren vertrocknet, und ich erinnere mich an eine herzzerreißend weinende Frau, der die Schuhe geklaut worden waren, während sie die Moschee besucht hatte. Das waren einzelne Eindrücke, die sich über die Zeit meines Aufenthaltes zum Bild eines Landes summierten, das nicht nur mit einer schwierigen wirtschaftlichen Lage zu kämpfen hatte.

Am letzten Tag meines Aufenthaltes für die Filmauswahl kam es zu einer Begegnung, die eine weitere jahrelange Freundschaft begründete und das Bild des iranischen Films bei der Berlinale über Jahre prägen sollte. Im Frühstückssaal des Hotels steuerte eine eindrucksvoll im traditionell iranischen Stil gekleidete Frau auf meinen Tisch zu. Sie legte eine DVD auf den Tisch und sagte: »Das ist ein Film meines Sohnes, den sollten Sie sich mal ansehen.«

Es war Malek Jahan Khazai, die als Kostümbildnerin für die Filme ihres Sohnes arbeitete: Rafi Pitts. Der Film, den ich in meinen Händen hielt, trug den Titel *Zemestan* und war 2006 ebenfalls im Wettbewerb zu sehen. Der Film überzeugte uns auf Anhieb. Er zeigt mit ungeheurer Wucht die Kälte, die im Iran herrschte, die Ignoranz des Regimes gegenüber den Menschen, diese Brutalität, die den Alltag prägt. Rafi Pitts kehrte 2010 mit *Shekarchi* (*Zeit des Zorns*) und 2016 mit *Soy Nero* zum Festival zurück. Diesen erstmals außerhalb des Iran spielenden Films hatte er im Rahmen der Berlinale Residency, das wir mit dem Medienboard Berlin-Brandenburg 2012 starteten, entwickelt.

Mit Jafar Panahi und Rafi Pitts knüpften wir an die Tradition der 1980er und 1990er Jahre der Berlinale an und präsentierten das iranische Kino in all seinen Facetten und erzählerischem Reichtum. Es erlebte eine glanzvolle Renaissance bei uns. In den 1990er Jahren liefen viele iranische Filme im Berlinale-Programm, aber erst als wir begannen, sie im Wettbewerb zu zeigen, dem die meiste Aufmerksamkeit zukommt, erschien der Iran wieder auf der Weltkarte des Kinos und trug nicht nur den Namen Kiarostamis.

2009 war dann Asghar Farhadi zum ersten Mal Gast im Wettbewerb, mit *Darbareye Elly* (*Alles über Elly*), einer Familiengeschichte, die die Zerrissenheit seines Landes zeigt. Die Premiere des Films bleibt mir unvergesslich – und dies nicht nur im positiven Sinne. Denn sie belegt eindrücklich das Vabanquespiel, das wir mit den iranischen Behörden Jahr um Jahr eingehen mussten, um iranische Filme überhaupt zeigen zu können.

Natürlich wollten wir uns von dem iranischen Regime nicht vorschreiben lassen, welche Filme wir zu zeigen haben. Gleichzeitig hatten wir eine Verantwortung gegenüber den Filmemacher*innen – etwa gegenüber Jafar Panahi, der trotz seines Berufsverbotes weiterdrehte und sich damit immer auch dem Risiko einer Gefängnisstrafe aussetzte.

In diesem Fall war es jedoch nicht der Regisseur, der die Sittenwächter im Iran verärgerte, sondern die Schauspielerin: Golshifteh Farahani. Sie hatte in Ridley Scotts *Body of Lies* (*Der Mann, der niemals lebte*) an der Seite von Leonardo DiCaprio vor der Kamera gestanden, und während der Premiere lief sie unverschleiert über den roten Teppich. Damit sorgte sie für einen Skandal im Iran. Aus Angst vor einer Bestrafung – etwa der Entzug des Reisepasses – kehrte sie bis heute nicht mehr in ihre Heimat zurück.

Als sie sich spontan am Tag vor der Berlinale-Premiere entschied, anzureisen und *Alles über Elly* mit zu präsentieren, hatten wir plötzlich ein massives Problem. Für uns war es unvorstellbar, dass sie als Darstellerin nicht über den roten Teppich läuft, gleichzeitig war uns die prekäre Lage Asghar Farhadis, der weitere Filme in seinem Heimatland machen wollte, nur allzu bewusst. Es folgte eine endlose Nacht im Berlinale VIP-Club, in der wir die Lage mit dem Team ausführlich diskutierten. Selbst den Film aus dem Programm zu nehmen, war keine völlig abwegige Option. Die Luft stand vor Zigarettenrauch, aus schierer Verzweiflung tranken wir ein Glas nach dem anderen – was für mich mitten im Festival tödlich war, auf Alkohol musste ich eigentlich verzichten, um die Festivaltage durchstehen zu können.

Nach Stunden zeichnete sich dann eine Lösung ab: Wir schickten Golshifteh Farahani als Erste über den roten Teppich, vor dem Rest des Teams, sodass sie auf keinem Foto zusammen mit Asghar Farhadi zu sehen war. Auf der Pressekonferenz saß sie links vom Moderator, der Regisseur und die anderen Darsteller rechts. Die Sache ging glimpflich aus, und am Ende konnte Asghar Farhadi sogar den Silbernen Bären für die beste Regie mit in den Iran nehmen. Der Beginn einer erfolgreichen Tradition für das iranische Kino.

Das Abwägen zwischen dem Druck staatlicher Stellen und der Freiheit der Kunst hat mich durch die Berlinale-Jahre begleitet. Wir haben immer eine Lösung gefunden, die eindrucksvollste vielleicht 2011, als Jafar Panahi Mitglied der Internationalen Jury sein sollte. Wir hofften, ihm durch die Einladung die Ausreise zu ermöglichen. Was jedoch nicht gelang.

Dennoch wurde dieser Tag dank des offenen Briefes von Panahi zu einem Ereignis. Ein Filmemacher war von seinem Regime zum Schweigen verurteilt worden – aber die Botschaft, die von diesem Abend ausging, war, dass sich die Kraft der Worte und Bilder und der künstlerische Ausdruck nicht einsperren lassen.

In diesem Jahr zeigten wir noch einmal *Offside* und organisierten eine mit viel Prominenz bestückte Demonstration für Panahi auf dem roten Teppich. Isabella Rossellini kam, Wim Wenders, Bruno Ganz, Sibel Kekilli und viele andere. Wir luden zu einer Podiumsdiskussion mit iranischen Filmemachern, bei der wir über die Freiheit der Kunst und die Zensur diskutierten. Grün, die Farbe der niedergeschlagenen iranischen Revolution von 2009, wurde zum Leitmotiv der 61. Berlinale. Wir demonstrierten auf einem grünen Teppich statt auf einem roten.

In diesem Jahr kehrte auch Asghar Farhadi mit *Nader und Simin – Eine Trennung* in den Wettbewerb zurück, gewann den Goldenen Bären, und was danach folgte, ist legendär. Der Film räumte in der Folgezeit alle wichtigen Preise ab – bis hin zum Oscar für den besten fremdsprachigen Film. Schon bei der ersten Sichtung war uns klar, dass sich mit Asghar Farhadi das iranische Kino noch einmal neu erfindet. Wie er mit leisen Tönen, einer privaten Familiengeschichte das Bild seines Landes zeichnet, ist einfach überragend.

Der Tiefpunkt unseres Verhältnisses zum Iran folgte 2016, als unsere langjährige Berlinale-Delegierte für den Iran, Anke Leweke, beim Auspacken ihres Koffers bemerkte, dass dieser am Flughafen heimlich geöffnet worden war, denn alle für unsere Sichtungen vorgesehenen DVDs waren verschwunden. Das Regime hatte beschlossen, hart durchzugreifen. Die Berlinale wurde im Anschluss in den iranischen Medien gezielt diffamiert. »Antiiranische Umtriebe«, so könnte man die Vorwürfe zusammenfassen. Dass der Iran genau ein Jahr nach Jafar Panahis Triumph im Berlinale Palast so hart reagierte, war natürlich kein Zufall. In seinem Film *Taxi Teheran* hat er sein eigenes Berufsverbot und damit die Unterbindung der künstlerischen Freiheit von staatlicher Seite thematisiert. Das konnte den Behörden nicht gefallen. Die Waage neigte sich zur bitteren Seite. Hatte das Regime den Siegeszug des iranischen Films bei den Berlinalen bis 2015 noch toleriert, weil der Glanz des Weltkinos natürlich einem Land, aus dem fast nur negative Schlagzeilen zu hören waren, gut zu Gesicht stand, so folgte nun die Quittung. Nichtsdestotrotz gelang es uns auch in diesem Jahr, unsere Sichtungen fortzusetzen, innerhalb weniger Tage wurden uns von anderen Quellen die aus dem Koffer entwendeten Filme als Link via Internet zur Verfügung gestellt.

Mit den Filmen von Mani Haghighi – 2016 *Ejhdeha Vared Mishavad!* (*A Dragon Arrives!*) und 2018 *Khook* (*Pig*) – konnten wir noch eine neue Stimme aus dem Iran zeigen.

»Hi, I'm Dieter«

2006 sichtete ich mit meiner langjährigen Hollywood-Beraterin Pamela Pickering tagsüber Filme im Studiokino der Warner Brothers in Hollywoods Burbanks. Ich versuchte schon lange, irgendwie Kontakt zu Clint Eastwood zu bekommen. Er hatte gerade drei neue Filme gedreht. Einen davon wollte ich unbedingt für die Berlinale haben. Und natürlich den Superstar selbst. Trotz mehrmaliger Einladungen meinerseits war er noch nie bei der Berlinale gewesen. Wir konzentrierten uns gerade auf den Abspann des gewaltigen Films 300 von Zack Snyder, als das Licht anging. Noch halb benommen von der grellen Helligkeit und den gigantischen Schlachten des Films, glaubte ich, meinen alten Freund Chip Sullivan, Marketingchef von Steven Spielberg, in der Tür zu erkennen. Ich eilte auf ihn zu zum üblichen schulterklopfenden und umarmenden Männergruß und stoppte jäh: Das war nicht Chip, das war Clint Eastwood. Ich brachte gerade noch ein »Hi, I'm Dieter« raus, und darauf sagte Clint: »Dieter? The only Dieter I know works for the Berlin Film Festival.«

Kein Wunder, dass er meinen Namen kannte. Mein Freund, die Tuch- und Schneiderlegende Nino Cerruti, hatte die Filmgarderobe für Eastwood entworfen und hatte ihm öfter von meinem Wunsch erzählt. Es gab viele Leute, die versuchten, ihn zur Berlinale zu locken und ihn mit einem »Dieter is okay!« zu einem Treffen zu bewegen.

Eastwood wirkte entspannt und lud uns ein, seinen neuen Kurzfilm anzusehen. Was für ein glücklicher Zufall. Er gehe im Februar immer zum Golfturnier, erklärte er mir. Also keine Chance, ihn nach Berlin zu locken.

Aber er gab mir den Rat: »Don't stop pushing me.« Das habe ich dann auch getan. Einer seiner Executives gab mir seine Visitenkarte mit der Bemerkung, wir könnten ja mal zusammen essen gehen. Und ich begann zu »pushen«.

Ein Jahr später dann die kleine Sensation: Wir konnten Clint Eastwood mit seinem Film *Letters from Iwo Jima* in Berlin begrüßen und ihn mit einer Berlinale Kamera ehren.

»Hi, I'm Dieter«: Diese direkte Vorstellung mit meinem unkomplizierten Englisch schwäbischer Färbung half mir oft, delikate Situationen zu entspannen. Als ich in Athen erneut zum Präsidenten der Europäischen Filminitiative EFDO gewählt werden sollte, erhob sich das griechische Vorstandsmitglied Niko Perakis und erklärte: »Ich wähle Dieter auch aus dem Grund zum Präsidenten unserer paneuropäischen Organisation, weil er als Einziger ein Englisch spricht, das man in allen anderen Ländern versteht.«

Mit meinen *pans*, den Wortpannen, machte ich mir manches Mal in Hollywood eine Menge Freunde. Selbst die Engländer waren *amused*. Die Fehler hielten sie für deutschen Humor.

»I always thought, the book of 3000 years of German humour has only half a page«, sagte Richard Attenborough einmal zu mir, kurz nach einem nicht ganz fehlerfreien, aber lustigen Vortrag von mir im National Film Theatre in London South Bank. Ich empfand das als Kompliment.

Shine a Light – Die Rolling Stones

Als sich die Gerüchte verdichteten, dass ausgerechnet der Meisterregisseur Martin Scorsese eine Dokumentation über die Rolling Stones dreht, stand für mich fest: Das wird ein perfekter Eröffnungsfilm. Die erfolgreichste Rockband der Welt, die Megastars in Berlin, von Meister Marty Scorsese präsentiert. Dieser Film musste die Berlinale 2008 eröffnen! Ein Film über die Stones würde zudem auf dem roten Teppich für ein Feuerwerk sorgen – wenn es gelang, die Musiker hierherzulocken. Die Meinungen reichten von »Nie im Leben kommen die zur Berlinale« bis zu »Das ist nicht zu organisieren und Größenwahn«.

Ich arbeitete mit der bekannten alten Hollywood-Regel »You always can get a no!«. Fragen kostet nichts.

Ein ganzes Jahr dauerte die Fragerei. Dann schien der Deal perfekt. Bei den Produktions- und Vertriebsfirmen, bei Scorseses Team, bei seiner Cutterin Thelma Schoonmaker, bei unserem gemeinsamen Freund Michael Ballhaus, dem Director of Photography von Scorsese. Unsere Berlinale-Freunde von der Firma Fortissimo in Hongkong verkauften den Film weltweit, und die Berlinale machte das Rennen. Dabei half, dass Rainer und Michael Kölmel den Film für Deutschland Kino kauften.

2008 hatten mein Team und ich an alles gedacht. Dachte ich zumindest.

Noch vier Tage bis Festivalbeginn, und soeben hat die dänische Regisseurin Susanne Bier ihre Jurymitgliedschaft hingeschmissen. Grund sei Hugh Grant. Auch Sandrine Bonnaire hat kurzfristig abgesagt. Ihre Tochter hat ... ich weiß nicht, Probleme? Und als sei es nicht genug, hatte ich gerade die Agentin von John Malkovich am Telefon. Er hätte niemals für den im Wettbewerb programmierten Film *Gardens of the Night* zugesagt. Seine Kinder haben Ferien und er selbst arbeitet an einem Theaterstück. Seit Wochen warten wir täglich immer noch auf die Zusage von Julia Roberts ...

In der Zwischenzeit schlagen die Wogen wegen der Hotelsuiten für die Rolling Stones hoch. Obwohl uns das Hotel schriftlich zugesagt hat, dass es keine Baustellen in der Nähe gibt, eine zwingende Bedingung des Stones-Managements, »no construction sites in Berlin during their stay«, gibt es jetzt plötzlich doch eine! Die ist zwar nicht zu hören, aber unübersehbar: Die Gründungsarbeiten für das Humboldt Forum, eine der größten Baustellen Europas.

(Tagebucheintrag, 3. Februar 2008)

Ausgerechnet das Humboldt Forum, ganz in der Nähe des Hotels The Regent, hatte der damalige Hoteldirektor übersehen, als er im Hotelvertrag den geräuschempfindlichen Stones die Klausel garantierte. Wir setzten Himmel und Hölle in Bewegung, um alle Baustellen im näheren Umkreis des Regent am Gendarmenmarkt für die Zeit zu stoppen, in der die Stones dort logieren sollten.

Vorsichtshalber verlegten wir die Suiten in einen anderen Flügel des Hotels, man wusste ja nie. Dann der Schreck am Morgen der Weltpremiere, neun Stunden vor der Berlinale-Eröffnung, als ich mich zu einem letzten prüfenden Rundgang aufmachte. Kräne hievten quietschend Schwerlasten in die Höhe. Bis zur Großbaustelle des Humboldt Forums war unser Aufruf nicht gedrungen. Ich griff zum Telefon, bestellte Bier für die Bauarbeiter-Mannschaft, und das Regent lieferte seine berühmten Sandwiches. Das war der Deal: Essen und Trinken und die Baustelle pausierte, wenn die Stones im Hotel waren. Der Bauleiter, ein waschechter Berliner, zeigte glücklicherweise viel Verständnis dafür, dass eine Band wie die Rolling Stones ihre Ruhe braucht.

Jetzt konnte nichts mehr schiefgehen.

Shine a Light fängt die besondere Atmosphäre eines Stones-Konzerts im Beacon Theatre in New York ein. Die Kamera ist überall: auf, vor und hinter der Bühne, man kommt den Musikern nahe wie nie. Zugleich wird Bill Clintons Geburtstag gefeiert, mit von der Partie sind Jack White von den White Stripes, Christina Aguilera und der Blues-Musiker Buddy Guy. Ein toller Film.

Einige Stunden vor der Premiere, bei der Pressekonferenz im Hotel Hyatt, mussten wir den Konferenzsaal wegen totaler Überfüllung schließen. Mick Jaggers erste Worte: »Thank you, Dieter, for inviting us.« Und ein aufgeregter Stones-Fan empfahl mir dringend, die Jagger-Worte als Klingelton aufs Handy runterzuladen. Super Idee. Habe ich aber nicht gemacht.

Martin Scorsese bekannte, dass er den Film schon seit 40 Jahren hatte drehen wollen. Zum Glück hat es geklappt, dachte ich, denn Scorsese hatte die Berlinale seit 1981 nicht mehr besucht. Jetzt, 27 Jahre später, brachte er die weltbeste Rockband mit.

Die Aussage des Managements war, dass die Stones während der Filmvorführung nicht im Kinosaal sein würden. Aber sie blieben und schauten sich zusammen mit dem

Meisterregisseur den Film an. Das Publikum tobte wie bei einem Rockkonzert, als die Stars höchstpersönlich auf der Bühne erschienen. Das allein gab aber nicht den Ausschlag, weshalb sich Mick Jagger, Keith Richards, Ron Wood und Charlie Watts zum Bleiben entschlossen.

»Wir haben den fertigen Film selbst noch nicht gesehen«, sagte Jagger, während ich ihm und Scorsese eine Miniaturausgabe des Berlinale-Bären überreichte.

Dann begann das wahre Spektakel auf der Leinwand. Bei der Begrüßung in unserem VIP-Empfangsraum im Hyatt hatte ich vorsorglich meine rote Fender Stratocaster-Gitarre aus der Zeit meiner jugendlichen Rockband mitgebracht, und Ronnie Wood ließ es sich nicht nehmen, mit mir, dem Exfrontmann der Meters, ein paar Riffs zu spielen. Keith Richard hatte sich ein Piratenkopftuch umgebunden, trug eine coole Sonnenbrille, und Ronnie und ich spielten beidhändig: »Time is on my side. Yes it is!«

An diesem Tag und Abend waren wir alle sehr glücklich und zufrieden. »Time is on my side« wurde wieder und wieder am roten Teppich abgespielt, und ich hatte das Gefühl, es war genau so.

Spät am Abend erzählte ich Keith Richards, mit einem Anflug von Stolz, dass wir es geschafft hatten, den Lärm einer der größten Baustellen Europas zu stoppen.

»That's cool«, antwortete er jovial, wäre aber gar nicht nötig gewesen. »Wir hören ja nach 50 Jahren Rockmusik sowieso nicht mehr so gut.«

Gastgeschenke
—

Was schenkt man Gérard Depardieu, dem die normalen Berlinale-Jacken, jährliche Geschenke für unsere Filmteams, natürlich nicht passen? Die Kostümbildnerin Heike Seidler entwarf für ihn eine maßgeschneiderte Jacke in der Größe XXXXL, die unsere Änderungsschneiderin Arzu perfekt nähte. Wir hatten die Maße von Depardieu vorher in seinem Pariser Büro erfragt. Als ich ihm das mit roter Schleife schön verpackte Gastgeschenk überreichte, probierte er die Jacke ungläubig an. Passt nie, *cher Dieter*. Sie passte. Er zog die Jacke nicht mehr aus. Auch nicht bei der französischen Filmpreisverleihung César. Er ging damit sogar auf die Bühne.

Bei den Rolling Stones und Martin Scorsese war das alles etwas komplizierter. Grübelnd saß ich kurz vor dem Festival 2008 eines Sonntags im Büro und bestaunte unsere neuen roten Berlinale-Koffergurte. Meine rote Fender Gitarre, die ich für Small Talk mit den Stones instrumentalisieren wollte, stand schon im Büro. Plötzlich realisierte ich, dass die neuen Koffergurte, ein Berlinale-Werbeartikel, etwas umgearbeitet, perfekte Gitarrengurte wären. Und so wurden aus Koffergurten Gitarren-Straps, wie sie auf Englisch heißen. Ron Wood und Keith Richards waren glücklich, Charlie Watts bekam eigens angefertigte rote Drumsticks mit weißen Bären, und Mick Jagger, dem wir eine Hohner-

Mundharmonika überreichten, wollte dann auch noch einen Bären-Strap. So geschah es. Wir hatten zum Glück einige mehr produziert.

Es war die Berlinale der Musikkünstlerinnen und Musikkünstler. Madonna, Neil Young und Patti Smith stellten ihre Filme vor. Patti hatte am Abend vor ihrer Filmpremiere ihr Gitarrenband beim Konzert in Kreuzberg verloren. Jetzt hatte sie ein neues. Sie war so froh darüber, dass sie ihre Gitarre zur Pressekonferenz mitnahm, einen Song präsentierte und stolz ihren neuen Gurt zeigte. Stehend und drehend im Blitzlichtgewitter. Der *Tagesspiegel* fasste die Stimmung dieser fröhlichen Berlinale so zusammen: »Die Berlinale wirkt nicht nur als Kick für die Kinostadt Berlin nach. Sie exportiert auch ein sehr spezifisches Berlin-Gefühl, eine Mischung aus Bodenständigkeit und Herzlichkeit, die den menschlichen Kern erreicht, der auch im größten Star steckt. Diese Bodenständigkeit ist neben dem Glamour Teil der Erfolgsstory.«

Einem anderen Sänger und Weltstar konnten wir gar kein Geschenk überreichen. Es war zu kompliziert, und er war zu schüchtern. Als George Michael den Film *A different Story* persönlich vorstellte, war der Fan-Ansturm riesig und der Star nervös. Sein Management machte klare Ansagen darüber, wie sein Besuch organisiert werden musste: Der VIP-Empfangsraum sollte gelüftet sein, und niemand sollte ihn begrüßen. Auf seinem Weg zum Fotocall und zur völlig überfüllten Pressekonferenz durfte niemand im Raum sein. Das lehnte ich als »Hausherr« ab. Also saß ich alleine da und wartete auf George Michael. Erst kamen seine Presseverantwortliche und Wieland Speck, in dessen Panorama der Film lief, außerdem sein Produzent, Rainer Grupe, den ich ebenfalls kannte. Als er uns bat, mucksmäuschenstill zu sein, schaute ich ihn etwas verwundert an. Dann folgten vier Männer in Arbeitsoveralls. Je zwei trugen eine zweieinhalb Meter lange und ca. 25 Zentimeter breite Kiste und stellten sie hintereinander diagonal in den Raum. Wir konnten nicht sehen, was darin war. Die Kistenträger verschwanden wortlos. Nichts geschah. Plötzlich trat George ins Zimmer, schaute sich verlegen um, ging auf die Kisten zu und umkreiste sie einige Male. Sein Team wusste offenbar, was da geschah. Für mich sah es eher nach einer Performance aus Pina Bauschs Ballett *Café Müller* aus. Nach zweimaligem Umkreisen der Kisten bückte sich George Michael blitzschnell, zog eine Sonnenbrille aus der Kiste, setzte sie auf und begrüßte uns strahlend mit: »Hi, I am George Michael, let's take a photo.« Die restlichen fast 400 Brillen wurden lautlos von der *Café Müller*-Truppe abgeholt.

Erst die tägliche neue Sonnenbrille, erfuhr ich vom Produzenten, machte aus dem schüchternen George einen der erfolgreichsten Sänger der Musikgeschichte. Sein Film begeisterte das Berlinale-Publikum, und er blieb vier Tage in der Stadt. Klaus Wowereit betreute ihn, sie schrieben einander nette Textnachrichten. Es gab keinerlei Starallüren, George Michael war ein liebenswerter Gast.

Sonnenbrillen gibt es ja in Berlin genug, auch in unserem Berlinale-Geschenksortiment. Hätte ich das vorher gewusst, wir hätten ihm täglich eine neue geben können: Sonnenbrillen mit roten und schwarzen Gestellen und dem Berlinale-Bären auf den Bügeln.

Gold nach Afrika

2005 ging der Goldene Bär an den Film *U-Carmen eKhayelitsha* aus Südafrika – und überraschte, so damals der *Tagesspiegel*, als »Außenseiterfilm« nicht nur die lokale Presse. Kaum jemand hatte damit gerechnet, dass die internationale Jury mit ihrem Präsidenten, dem schwäbischen Hollywood-Regisseur Roland Emmerich, diesen Film mit dem Goldenen Bären auszeichnete. Eine Sensation! Den Bären auf dem Kopf stieg Pauline Malefane aus dem Flugzeug in Kapstadt, bejubelt und gefeiert von Hunderten Township-Bewohner*-innen. Die Opernverfilmung mit der Sängerin und Schauspielerin Pauline Malefane in der Hauptrolle transportiert die Geschichte um die selbstbewusste Carmen in den aufreibenden Alltag der Township Khayelitsha bei Kapstadt: Liebe, Eifersucht, Polizisten, Waffen, Armut, Stolz und Intrigen. Uns hatten bei den Auswahlsichtungen die cinematographische Opulenz des Films beeindruckt und die Leichtigkeit, mit der sich das südafrikanische Team um den Regisseur Mark Dornford-May diesen Klassiker europäischer Kultur angeeignet hat. Der Film hat die Bizet-Oper nicht nur musikalisch entstaubt. Im Wettbewerbsprogramm 2005 eröffnete *U-Carmen eKhayelitsha* mit seiner Bildsprache einen ganz neuen Blick auf das Filmland Südafrika, das damals noch im Aufschwung der Post-Apartheid-Ära steckte. Der Abend dieser Preisverleihung bleibt in Erinnerung als ein erster Höhepunkt unserer Beziehungen als Festival zu den Kinolandschaften von Subsahara-Afrika.

Dass Europa und Afrika eine »Schicksalsgemeinschaft« bilden, wissen wir spätestens seit den täglichen Horrornachrichten vom Mittelmeer. »Schicksalsgemeinschaft« – ein pathetischer und nicht gerade unkomplizierter Begriff, der dennoch zutreffend erscheint. Was damit gemeint ist, habe ich tatsächlich erstmalig auf einer Reise 1967 begriffen, als wir die berühmte Bibliothek von Timbuktu besuchten, die 2013 von Terroristen zerstört wurde. Die Bibliothek ist immer wieder als das »Gedächtnis von Afrika« bezeichnet worden, und ihre Bedeutung für das Selbstverständnis der Region kann nicht genügend geschätzt werden. Zum Glück sind damals nicht alle Bücher verbrannt. Der mauretanische Regisseur Abderrahmane Sissako, der 2003 Mitglied unserer internationalen Jury war, hat die Atmosphäre in seinem Film *Timbuktu* für jeden Zuschauer nachvollziehbar gemacht: Wer diesen Film gesehen hat, kann den Krieg in Mali nicht länger als irgendeinen regionalen oder nationalen Konflikt abtun.

Das erste Festival, mit dem wir in meiner Zeit als Festivaldirektor der Berlinale eine aktive Partnerschaft begonnen haben, war Sithengi – ein Filmfestival im südafrikanischen Kapstadt, mit einem panafrikanischen Filmmarkt. Relativ flott und unkompliziert haben wir mit dem damaligen Festivaldirektor Michael Auret eine Kooperation mit unserem Talent Campus in die Wege geleitet, und 2004 konnte – durch uns gemeinsam angeschoben – bereits das deutsch-südafrikanische Koproduktionsabkommen unterzeichnet werden.

Was uns auch interessierte, war Nollywood – das nigerianische Medienwunder. Ich erinnere mich noch an die erste Reaktion aus Nigeria, nachdem wir unser Interesse an einer größeren Nollywood-Präsenz auf der Berlinale Richtung Lagos ausgesendet hatten – es war im November 2004. Die Antwort lautete am Telefon: »Wie viele Filme wollt ihr denn zeigen? Bis Februar können wir jede Menge liefern!« Unter dem Titel »We want you to want us – Smart African Ways of Marketing Cinema« organisierte das Forum der Berlinale im Folgenden eine zweitägige Veranstaltung mit Screenings, Wortveranstaltungen und Performances – und vor allem mit viel Nollywood-Prominenz.

Bei dieser Veranstaltung ging es in erster Linie darum, unserem doch eher westlich geprägten Publikum einen Einblick in diese damals völlig neue afrikanische Produktionspraxis zu liefern, die sich ganz bewusst fern von jedem staatlichen Einfluss und völlig unabhängig von Europa entwickelt hatte. Matthias Lilienthal, zu der Zeit Intendant des Theaters Hebbel am Ufer, stellte uns dafür das HAU 2 zur Verfügung. Auch im Folgejahr luden wir wieder zahlreiche Gäste zu einem ähnlich großen African Film Summit ein. Doch nach dem Gipfel war klar: Perspektivisch wollten weder wir noch die afrikanischen Partner weitere Nischen- oder Sonderveranstaltungen zum afrikanischen Kino außerhalb der regulären Berlinale-Programme und -Initiativen. Eine breitere Integration ins Festival war überfällig.

In vielen afrikanischen Ländern spielen die lokalen Festivals beim Versuch, die nationalen Filmkulturen wiederzubeleben beziehungsweise zu etablieren, eine wichtige Rolle. Zwar gibt es seitens des Publikums ein rasant wachsendes

Interesse an Filmen – aber kaum Abspielstätten, kaum Filmförderung, nur wenige Filmschulen, und fast nirgendwo existiert eine Mediengesetzgebung. Festivals übernehmen innerhalb dieser Situation in vielen afrikanischen Ländern die Funktion, den Kreislauf in Gang zu bringen, eine Filmszene zu entwickeln. Doch um ein Festival erfolgreich zu gestalten, braucht es Kontakte, Zugang zu Filmen, zu Weltvertrieben, Produzent*innen – und klar – Expertise. In Beratungen mit afrikanischen Partner*innen und Vertrauten entstand die Idee, gemeinsam mit der Deutschen Welle Akademie ein Fortbildungsprogramm für afrikanische Festivalmanager*innen und Kurator*innen anzubieten. Wir entwickelten das »Shadowing«-Prinzip. Je nachdem, welcher Bereich in unserem Festival die afrikanischen Teilnehmer*innen besonders interessierte – Projektion, Gästebetreuung, Kartenbüro, Sponsoring, Kinoleitung, Programm, Presse et cetera –, suchten wir Mitarbeiter*innen aus unserem Team, die sich jeweils einen ganzen Tag von einem afrikanischen Kollegen begleiten lassen würden.

Das waren auch ganz wichtige Ausgangsüberlegungen, als wir 2003 den Talent Campus gründeten. Wir wollten das zuweilen doch irgendwie feudalistisch funktionierende Festivalgeschehen für den filmischen Nachwuchs aus aller Welt zugänglich und jungen Filmschaffenden nützliche Vernetzungsangebote machen – untereinander und zu den Profis, den Stars, den Experten des Business, die ohnehin zur Berlinale kommen.

Heute zählt Talents, wie es inzwischen heißt, zu den wichtigsten und renommiertesten Nachwuchsinitiativen im internationalen Filmgeschehen. Bald werden fast 10 000 junge Filmschaffende seit Beginn des Talent Campus das Festival besucht haben. Eine unbezahlbare Werbung für Berlin und, wie es sich zeigen sollte, eine unversiegbare Quelle von Filmen aus nahezu 150 Ländern für das Festival. Talents-Kooperationen gibt es heute an sieben Orten der Welt, jeweils eingebettet in Festivals, mit denen wir zu meiner Zeit zusammengearbeitet haben: Beirut, Sarajevo, Guadalajara, Tokio, Buenos Aires, Rio und im südafrikanischen Durban.

Initiativen zur Unterstützung einzelner Filmschaffender, einzelner Filme oder auch einzelner Partnerinitiativen wie Festivals oder Trainingsprogramme funktionieren immer dann am besten, wenn beide Seiten mit großer Transparenz klarmachen, worum es bei der Zusammenarbeit geht, was die Ziele und Motivationen beider Seiten sind. Gerade in Afrika haben wir es immer wieder erlebt, dass Filmschaffende allergisch darauf reagierten, wenn sie auf die Rolle als Hilfsempfänger reduziert wurden. Wir haben deswegen nach Partner*innen gesucht, die ihre Ziele bei einer Zusammenarbeit mit der Berlinale genauso klar artikulieren konnten wie wir die unseren.

Der World Cinema Fund (WCF), den wir im Oktober 2004 als Initiativprojekt gemeinsam mit der Kulturstiftung des Bundes gegründet haben – in Kooperation mit dem Goethe-Institut und dem Auswärtigen Amt –, konzentriert sich auf die Entwicklung und Förderung filminfrastrukturell schwacher Regionen und engagiert sich für kulturelle Vielfalt in den deutschen Kinos.

Die geradezu euphorische Begeisterung, als 2017 der Silberne Bär für die beste Regie von der Jury an Alain Gomis für den Film *Félicité* verliehen wurde, zeigte, dass der afrikanische Film ebenbürtig mit den anderen Filmen international konkurrieren konnte. Der Film spielt in Kinshasa, der Regisseur lebt in Paris und ist senegalesischer Herkunft. In den zwölf Jahren, seit der Goldene Bär 2005 an einen afrikanischen Film verliehen worden ist, hat sich ganz offensichtlich etwas getan, der Blickwinkel hat sich verschoben: Ein afrikanischer Film im Wettbewerb der Berlinale wird heute eben nicht mehr als »Außenseiterfilm« rezipiert.

Damals hatte die Berlinale mehrere Initiativen, um gleichberechtigt mit infrastrukturell schwachen Filmländern zu kooperieren. Wir gründeten Festivalinitiativen wie den World Cinema Fund, Talents, Deutsche Welle Akademie und die bis 2019 neu kuratierte Reihe Native. Sie eigneten sich besonders, auch in schwierigen Filmländern mit Kreativen zusammenzuarbeiten. Die Konstruktion des World Cinema Fund mit der Regel, dass die Filmschaffenden das Geld in ihrem Heimatland ausgeben müssen, schafft dort nachhaltige Produktionsstrukturen.

Ein schönes Beispiel dafür ist der usbekische Film *Chilla* (*Chilla – 40 Tage Schweigen*) der Regisseurin und Künstlerin Saodat Ismailova. Sie begann ihre Arbeit an diesem Projekt im Talent Campus, der World Cinema Fund kofinanzierte den Film, und 2014 lief er im Berlinale Forum. Die Geschichte einer usbekischen Familie, ihrer Rituale und Traditionen erlaubte vielen Menschen einen Blick in ein völlig unbekanntes Land.

Das Kulinarische Kino

Auf der ganzen Leinwand totes Fleisch, nicht mehr als Tiere zu erkennen, eine graue, amorphe Masse, in einem Ambiente aus kaltem Stahl und aseptischen Fließbändern. Schlachthof. Der amerikanische Regisseur Robert Kenner zeichnet in seinem Oscar-nominierten Dokumentarfilm *Food, Inc.* 2008 ein düsteres Bild der Produktion dessen, was Tag für Tag Teil unserer Körper wird: unser täglich Essen. Seine Bilder sind kein Albtraum, sondern die Realität unserer westlichen, vermeintlich so zivilisierten Welt. Kühe verwandeln sich in Pressspanplatten – Burgerfleisch, das achtlos in standardisierte Kartons verpackt wird. Großbetriebe schlachten bis zu 2000 Schweine in der Stunde. Tausende gerupfte, kopflose Hühner, aufgehängt an chromblitzenden Maschinen, ziehen an unseren Augen vorbei.

»Woher kommt unser Essen?«, lautet die Frage, der *Food, Inc.* auf den Grund geht. Was haben die in satten Farben abgebildeten Werbebotschaften des einsamen US-amerikanischen Farmers, der im Licht der untergehenden Sonne auf seine Viehherde blickt, mit der Realität der Herstellung von Fast Food und dem Billigfleisch aus den Tiefkühltruhen der Discounter-Märkte zu tun? Die simple Antwort lautet: nichts. Unter der pastellfarbigen Oberfläche der in Plastik eingeschweißten Tierteile, die so sauber zerlegt nicht mehr an ein Tier erinnern, herrscht ein gnadenlos grausames System, das jede Menschlichkeit und jedes Mitgefühl verloren hat.

Der Regisseur und seine berühmten Koproduzenten, die Bestsellerautoren Michael Pollan (*Das Omnivoren-Dilemma. Wie sich die Industrie der Lebensmittel bemächtigte und warum Essen so kompliziert wurde*, 2011) und Eric Schlosser (*Fast Food Gesellschaft. Die dunkle Seite von McFood & Co.*, 2002), entlarven die Verwüstungen der industriellen Nahrungsproduktion, die keine Moral kennt und deren einzige und oberste Prinzipien Effizienz, Gewinnmaximierung und Lobbymacht sind. Der Film zeigt zu Tode gequälte Hühner, deren Brust – weißes Fleisch, nach dem der Konsument giert – so groß gezüchtet wurde, dass die Tiere keine zwei Schritte mehr laufen können, ohne umzufallen. Kühe, denen die Beine schon als Kalb gebrochen wurden, damit sie sich in ihrem Massenpferch nicht bewegen können. Sie verharren knietief im eigenen Mist.

Am 8. Februar 2009 war das Entsetzen im Kinosaal groß. Die Bilder des unfassbaren Elends, das sie in den letzten 90 Minuten auf der Leinwand gesehen hatten, schockierten die fast 2000 Zuschauer*innen im ausverkauften Friedrichstadt-Palast. Denn die grausamen Bilder betrafen ihren eigenen Alltag. Sie realisierten, dass sie durch ihr eigenes Ess- und Kaufverhalten Teil dieses Systems sind. Der lockere Gang zur nächsten Fast-Food-Filiale um die Ecke schien nach *Food, Inc.* nicht mehr möglich. Etwas hatte sich verändert.

Für mich persönlich war dieser Abend ein ganz spezieller, schmolzen doch Themen, die mich zeit meines Lebens beschäftigt, und Freundschaften, die ich geschlossen hatte, an diesem Punkt zusammen. Mein Verhältnis zum Essen war von Kindheitsbeinen an ein besonderes. Essen bedeutet für mich ein wohliges Gefühl der Heimat.

Damals, als ich fünf Jahre alt war, wurde ich in aller Herrgottsfrühe – wie meine Mutter immer sagte – auf spezielle Art geweckt: warm, weich und angenehm duftend. Meine Mutter kochte und buk ab vier Uhr morgens, jeden Morgen für den Tag: Apfelkuchen, Käsekuchen oder ihre unwiderstehlichen Maultaschen zogen mich langsam aus dem Bett in die morgendliche Realität.

Als Schlüsselkind gab mich meine Mutter im Kolonialwarenladen bei der Bäckersfrau ab. Aus der dunklen Kälte des Treppenhauses öffnete sich der Blick auf ein Paradies. Es roch nach frischem Brot und Brezeln. Hinter einer großen Schiebetür lag die Backstube. Ich erinnere mich an die Wärme und das makellose Weiß des Mehls. Das weiße Licht, die weißen Mützen und Schürzen, den hellen Teig. Und vor allem spüre ich heute noch die Hitze des prasselnden Feuers im mächtigen Ofen, hinter den schwarzen gusseisernen Ofenklappen. »Das ist der Eingang zur Hölle«, scherzte der Bäckermeister, wenn er die verglühte Holzkohle mit einer Stange im Steinofen hin und her verschob. Schwungvoll schoss er das Brot mit einem langen Holzschieber in die Glut. Wenn er über meinem Kopf mit seinen Händen die Brote und Brötchen formte, blieb das feine Mehl an meinen Kleidern haften. Überall frische Salzwecken, Brezeln, Mohnhörnchen und große Bleche Kuchen, die anschließend mit der Resthitze gebacken wurden.

Am Abend holte mich meine alleinerziehende Mutter wieder zum Abendessen, der Vesper ab. Wir sprachen viel übers Essen, während meine Mutter schon die Zutaten für den nächsten Morgen vorbereitete. Essen war ein essenzieller und omnipräsenter Teil unseres gemeinsamen Universums. Meine Mutter kochte aus Verantwortung für mich und Leidenschaft für sich. Fleisch gab es nur einmal die Woche. Man kannte nicht nur den Metzger, sondern auch das Schwein. Auf ihre Kochkünste war meine Mutter sehr stolz, denn sie waren über Generationen tradiert. Nur so konnte ein einfaches, wenn auch kompliziert herzustellendes Gericht, wie handgeschabte Spätzle mit gebräunter Zwiebelschmelze, perfekt sein und so unvergesslich gut schmecken.

Die Düfte der Bäckerei wurden in meinem kindlichen Gehirn gespeichert, die Gerichte meiner Mutter, die seelenschmeichelnden schwäbischen Maultaschen und Schupfnudeln auch. Essen hat meine Sinne geschärft, und der Respekt vor Lebensmitteln war groß. Essen hat mich emanzipiert, mit den Feinheiten des Lebens vertraut gemacht. Ernährungsgewohnheiten sind Bestandteile dessen, was wir »Klasse« nennen. Sie definieren soziale Schichten. Und wir gehörten nun mal zu den Familien, die nicht viel Geld hatten.

Food, Inc. erzählt auch die Geschichte der mexikanischen Familie Gonzalez, die sich den Brokkoli im Supermarkt nicht leisten kann, wohl aber den Burger im Drive-in für 99 Cent. Der Vater ist aufgrund falscher Ernährung Diabetiker, so wie Millionen von Mexikanern und US-Amerikanern. Frau Gonzalez fragt ihre Kinder, ob die Familie ihr weniges Geld für gesundes Essen oder die Medikamente ausgeben soll, die der Vater so dringend braucht. Ein Teufelskreis.

Wie zu erwarten war, sorgte die Diskussion im Anschluss an den Film für heftigste Kontroversen. Denn die Lehre aus *Food, Inc.* war klar und prangte am Ende des Films in großen Buchstaben auf der Leinwand: »Mit jedem Bissen, den Sie tun, können Sie die Welt verändern.« Und mehr als das: Jeder Mensch entscheidet sich mit dem, was er isst, nicht nur für sein ureigenstes Wohlbefinden, sondern er entscheidet sich gleichzeitig auch für oder gegen die Umwelt und soziale Gerechtigkeit. Eine mehr als unbequeme Wahrheit, eine, die den Nerv des Abends traf.

Die Menschheit wachse, sie brauche höhere landwirtschaftliche Erträge, dafür seien Dünger und Pflanzenschutzmittel unabdingbar, griffen die Vertreter der Nahrungsindustrie die Filmemacher Robert Kenner, Michael Pollan, Eric Schlosser und Carlo Petrini, den Präsidenten der inzwischen weltweit vertretenen Organisation Slow Food, an. Schließlich müsse das Essen bezahlbar bleiben. Petrini und seine Mitstreiter*innen konterten, dass mit dem Preis für einen Big Mac bei weitem nicht die versteckten Kosten für Umwelt- und Gesundheitsschäden gedeckt seien. »Diese Art von Essen ernährt uns nicht, sie frisst uns auf«, präzisierte Petrini. Und die Grünen-Politikerin Renate Künast, von 2001 bis 2005 engagierte Bundesministerin für Ernährung, Landwirtschaft und Verbraucherschutz, forderte: »Dieser Film sollte in allen Schulen gezeigt werden.«

Die Lobby der Ernährungsindustrie ist heute mächtiger denn je. Schließlich geht es um einen Milliardenmarkt, und das Qualitätsbewusstsein vieler Verbraucher wird vorwiegend von der Ware und dem Preisdumping der Supermärkte bestimmt. *Food, Inc.* könnte genau so wieder gedreht werden, es hat sich wenig geändert im System der Nahrungsmittelproduktion. Viele Missstände begleiten uns weiter.

Kein Respekt vor Tieren heißt kein Respekt vor dem Leben heißt kein Respekt vor den Menschen, auch das wird klar in *Food, Inc.* Die Gesundheit und die Existenz der Arbeiter zählen nicht mehr in dieser turbokapitalistischen Maschinerie. Das US-amerikanisch-mexikanische Freihandelsabkommen erlaubte es, den mexikanischen Markt mit dem hoch subventionierten US-amerikanischen Mais zu überschwemmen – das Grundnahrungsmittel und die Erwerbsquelle Tausender Kleinbauern. »No mais, no país« – »Kein Mais, kein Heimatland«, fasste der anwesende mexikanische Schauspieler Gael García Bernal nach der Premiere kämpferisch zusammen. Gegen die verzweifelten Versuche der mexikanischen Bauern, im Norden eine neue Existenzgrundlage zu finden, rüstet das Nachbarland seit Jahren mehr und mehr auf, mit Grenzzäunen. 2016 protestierten bei der Berlinale mexikanische Regisseure und Filmschaffende vor einem Stück originaler DDR-Mauer neben dem Berliner Gropius Bau gegen den erbärmlichen Traum eines weißen Milliardärs von einer eigenen Mauer. Viele von denen, die es dennoch ins »gelobte Land« schaffen, erkranken dort als illegale Arbeiter in den Schlachtbetrieben und der mörderischen Hitze der Obstplantagen und Weinberge. Kollateralschäden eines kranken Systems. Damals wie heute.

Der immer bedrohlicher werdende Kreislauf von hoch subventionierter Agrar- und Tierindustrie, von Dünger und Pestiziden, von Umweltzerstörung und Klimakatastrophe ist nicht durch die oft zitierte unsichtbare Hand des Marktes entstanden, sondern Ergebnis einer völlig verfehlten Politik seit den 1930er Jahren. Der Kampf kleiner, unabhängiger Betriebe gegen eine Übermacht global operierender Unternehmen spiegelt sich genauso im Kampf für den Erhalt der Kinokultur wider, den unabhängige Produzenten gegen die globalisierte Film- und vernetzte Digitalindustrie führen.

In *Food, Inc.* treffen die Filmemacher auf eine unüberwindbare Mauer des Schweigens – keiner der großen Konzerne, die den globalen Markt unter sich aufgeteilt haben, will mit ihnen sprechen. Es bedarf offensichtlich des verzweifelten Mutes weniger »Whistleblower«, um die eklatanten Zumutungen eines organisierten Systems zu offenbaren.

Food, Inc. bewirkte das, was ein Film im besten aller Fälle erreichen kann: Er veränderte die Welt und deren Wahrnehmung. Jeder der anwesenden Zuschauer würde in Zukunft das, was vor ihm auf dem Teller lag oder was er aus einer Plastikschachtel holte, mit neuen Augen sehen.

Tim Raue, schon damals einer der bekanntesten Köche, servierte nach *Food, Inc.* im Friedrichstadt-Palast den Gästen ein dampfendes Gemüsestew und einen asiatischen Kräutersalat. Er wollte unbedingt zu diesem Film etwas zur Stabilisierung des Magens kochen. »Aber Fleisch«, sagte Tim Raue, »kannst du nach diesem Film nicht mehr essen.«

Homo sapiens – der weise und schmeckende Mensch

Dieser Film, *Food, Inc.*, war der Höhepunkt des Kulinarischen Kinos 2009. Wir hatten die Reihe schon zwei Jahre vorher initiiert, und sie blieb bis zu ihrem Ende 2019 eine der großen Publikumslieblinge des Festivals.

Entstanden war die Idee aus einer Diskussion, die wir schon zuvor beim Talent Campus geführt hatten. Dort hatten sich 520 Teilnehmer*innen des Filmnachwuchses aus 101 Ländern mit Filmprofis aus aller Welt getroffen, um sich im Haus der Kulturen der Welt zu vernetzen und auszutauschen. Motto: »At the Cutting Edge of Making Movies«. Dazu gehörte unserer Meinung nach auch das Essen, und wir organisierten einen Kurzfilmwettbewerb zu den Themen »Films on Hunger, Food and Taste«. Aus den rund 350 Filmen suchten wir 32 aus. Die Filmemacher*innen beschäftigten sich mit so unterschiedlichen Dingen wie Bulimie in den USA oder dem Hirseanbau in Mali. Als wir die eingereichten Arbeiten sahen, wurde eines deutlich: Essen ist ein grenzenloses Thema, das Filmemacher*innen aus der ganzen Welt inspiriert und uns tiefe Einblicke in eines der großen Themen des Lebens gewähren konnte.

Für das Symposium während dieser speziellen Filmreihe 2009 konnten wir Protagonist*innen einer neuen Agrikultur und Lebensmittelphilosophie gewinnen: Unter ihnen Alice Waters, die legendäre kalifornische Gastronomin und

Besitzerin des bereits erwähnten Restaurants Chez Panisse in Berkeley, und die Wissenschaftlerin und Aktivistin Vandana Shiva, Trägerin des alternativen Nobelpreises. Und die Galionsfigur bewusster Ernährung überhaupt: Carlo Petrini. Alice Waters und Carlo Petrini blieben dem Festival jahrelang verbunden.

Die Zusammenhänge zwischen Essen und Film sind erstaunlich: Vandana Shiva sprach zum Thema »Who owns life?« mit Renate Künast über Copyright von Pflanzen und Samen sowie Biodiversität. Den Bogen zum Urheberrecht in der Medienindustrie zu schlagen, fiel leicht.

Carlo Petrini begeisterte den Filmnachwuchs mit seiner Sicht der Beziehung zwischen Mensch und Essen. Essen sei nicht nur Selbstzweck, die Gastronomie sei auch Kultur, die zuerst materiell und dann immateriell sei. Sie sei eine Wissenschaft vom Glück. Geschmack im übertragenen Sinne entstehe durch die Kombination von Schmecken und Intelligenz, zwischen dem Wahrnehmungs- und dem Kulturbereich. Dies hätten schon die alten Römer gewusst, denn das lateinische Verb *sapere* bedeute nicht nur schmecken, sondern auch wissen. Der Homo sapiens sei sowohl der weise als auch der schmeckende Mensch.

Die Verbindung der »Wissenschaft vom Glück« war auch für den großen und sympathischen Director of Photography Michael Ballhaus eindeutig. Gemeinsam mit Petrini zogen sie Parallelen zwischen Agrikultur und Filmkultur. Der Kurator des Kulinarischen Kinos, Thomas Struck, initiierte später einen Workshop mit den beiden an der University of Gastronomic Sciences im italienischen Pollenzo. Ballhaus begleitete die Studenten bei ihren Besuchen von

Nahrungsproduzent*innen und Bauern, um nicht weniger als eine Art visuelles Lexikon des Essens zu gestalten. Die Sinnlichkeit des Essens in Szene zu setzen sei ihm lieber als Gewaltszenen, gestand er.

Michael Ballhaus erinnerte daran, dass für ihn als Kameramann der Fokus zentral ist. Und *focus* ist gleichzeitig das lateinische Wort für Feuer. Wo wären wir ohne die Flamme? Vermutlich nicht am Tisch. Der Gebrauch des Feuers unterscheidet uns von allen anderen Lebewesen. Wir sind die »kochenden Affen«, sagt der britische Primatologe Richard Wrangham. Ohne Kochen hätten wir keine Vorstellung von Zeit, keine Zukunft und keine Geschichte. Und kein Kino. Köche und Regisseure haben ähnliche Berufe. Nur die besten Zutaten garantieren auch die besten Ergebnisse – beim Film wie beim Kochen. Und Essen erzählt eine Geschichte, genauso wie ein Film. Im besten Fall eine gute.

Nach 13 Jahren, 130 Filmen über Essen und Ökologie, nach den 200 Menüs von 35 Sterneköch*innen, die bewiesen, wie wichtig und köstlich natürliche Lebensmittel für die Kochkunst sind, und 13 000 begeisterten Berlinale-Gästen fand das Kulinarische Kino bei meinem und Thomas Strucks Abschied 2019 zum letzten Mal statt.* Doch beim Filmfestival in Prag, mit dem neuen Direktor Niki Nikitin, kann man Kino und Kulinarik auch weiterhin gemeinsam genießen – wie auch bei einem der ältesten Filmfestivals in San Sebastián, dem langjährigen Partner unseres Kulinarischen Kinos.

* Alle Filme des Kulinarischen Kinos der Berlinale von 2007–2019 finden sich im jeweiligen Jahresarchiv der Berlinale auf berlinale.de, unter dem Menüpunkt Programm.

Om Shanti Om – Zu Hause beim größten Star der Welt

Der indische Produzent Karan Johar lud zum Lunch bei Bollywood-Star Shah Rukh Khan ein. Ich wohnte 2009 im Taj Mahal Palace gegenüber dem berühmten »Gateway of India«. Die Verwüstungen des Terroranschlags 2008 waren noch im gesamten Hotel zu sehen. Ich war auf dem Rückweg – nach Australien, Hongkong, Vietnam und Japan war Mumbai die letzte Station einer langen Reise, um Filme für das Festival zu akquirieren.

Ein Chauffeur des berühmten Hotels fuhr uns quer durch Indiens Hauptstadt nach Norden. Eineinhalb Stunden später standen wir – meine Kolleginnen Dorothee Wenner, die indische Berlinale-Delegierte Meenakshi Shedde und ich – vor dem Riesenanwesen des indischen Superstars.

Während der zwei, drei Stunden des Besuchs habe ich ein paar Besonderheiten des indischen Kinos erfahren oder besser: erspürt, über die ich vorher nur gelesen hatte.

Mir wurde plötzlich klar, dass »zu Hause« für diesen Mann etwas komplett anderes bedeuten muss als für ›Normalsterbliche‹. SRK – wie sein Name in Indien liebevoll abgekürzt wird – gehört auch im Vergleich zu den Hollywood-Größen des Showgeschäfts in eine andere Kategorie von Stars. Er ist ein Halbgott. Shah Rukh ist Mitte 50, und sein veröffentlichtes Vermögen beträgt 600 Millionen Dollar. Er ist mit der Produzentin und Designerin Gauri verheiratet und hat drei Kinder; seine Frau ist Hindu, er selbst jedoch Moslem. Eine erstaunliche Ehe in Indien, die oft zu Kontroversen geführt hat. Er hat von allen lebenden Stars weltweit mutmaßlich die größte Anzahl von Fans. 39 Millionen Menschen folgen ihm auf Twitter. Sein Anwesen in Mumbai heißt Mannat – das bedeutet so viel wie »Versprechen« oder ein »Eid mit Gott«. SRK hat eine alte Villa im Stadtteil Bandra luxussaniert, umgetauft – und dahinter ein sechsstöckiges modernes Gebäude errichten lassen. Vor allem im Inneren erschien es mir, als sei das Ganze weniger ein profanes Gebäude als vielmehr eine Art Tempel: Alles ist riesig und überdimensional, ins Phantastische vergrößert und ins Traumhafte gesteigert. Die Treppen, Teppiche, die opulenten Galerien und Tische. Die Pulte für die Bücher. Die gigantische Spieletage für die Kinder, ein Entertainment-Center. Der goldene Salon im Stil des italienischen Neoklassizismus. Ich fuhr mit einem gläsernen Fahrstuhl zu den verschiedenen Etagen. Natürlich konnte ich nur einen Teil der Gemächer sehen.

Ich erinnere mich daran, wie es im Eingangsbereich überall blinkte und schillerte, dutzendfach wurden die Lichtstrahlen reflektiert – Shah Rukh empfängt seine Besucher zunächst als Ikone, auf Postern, Buchcovern und Filmpreisstatuen unendlich vervielfacht, ein Versailler Spiegelsaal in Mumbai. Wahrscheinlich ist in dieses Arrangement hinduistisches Wissen eingeflossen – gläubige Hindus betrachten Götterstatuen schließlich nicht als Darstellungen von Gottheiten, sondern als Götter selbst.

Shah Rukh wirkte in dieser Inszenierung zugleich völlig unprätentiös, smart, schnell, sehr witzig, ironisch und charmant. Mir ist rätselhaft, wie er diese Seiten seiner Existenz scheinbar völlig mühelos leben kann.

Vor dem massiven Gate der Villa Mannat, die natürlich jeder Taxifahrer und jeder Einwohner der Riesenstadt kennt, warten immer – Tag und Nacht – Menschen, die ihr Idol einmal aus der Nähe sehen wollen. An SRKs Geburtstagen, vor Filmpremieren und ähnlichen Anlässen schwillt die Menge zu einer Menschenmasse an, erzählte Meenakshi – und SRK grüßt seine Fans an solchen Tagen ähnlich wie ein Papst, aber trotzdem wie ein guter Nachbar von einem eigens dafür hergerichteten Balkon.

Es ist sicher nur ein kleines bisschen übertrieben, Mannat als das Weiße Haus von Mumbai zu beschreiben. Wir haben in Berlin 2010 eine Ahnung davon bekommen, als es im Vorfeld der Berlinale-Premiere seines Films *My Name Is Khan* in Indien zu politischen Kontroversen kam. Shah Rukh spielt in diesem Film einen des Terrorismus verdächtigten Inder mit Asperger-Syndrom. Er reist nach Amerika, wo er als Muslim immer wieder in Schwierigkeiten gerät und dann stets den Satz wiederholt: »My name is Khan and I'm not a terrorist.« Der Film sollte aus Angst vor realen Unruhen zwischen Muslimen und Hindus, die er zu provozieren drohte, mit einer geringeren Zahl von Shows und Kopien als sonst bei SRK-Filmen üblich gezeigt werden. Als diese Information durchsickerte, wurden in Indien aus Protest die ersten Scheiben eingeschlagen. Die Tatsache, dass SRK im Film wie im echten Leben Khan heißt, Muslim ist und kurz vor dem Filmstart offenbar Schwierigkeiten bei der Einreise in die USA hatte, befeuerte die explosive Stimmung. Uns kam es jedenfalls so vor, als müssten sein Produzent Karan Johar und SRK von ihren Berliner Hotelzimmern aus bis unmittelbar vor dem Beginn unserer Pressekonferenz zum Film noch einen Aufstand in ihrem Heimatland verhindern.

Das Forum der Berlinale hatte bereits im Jahr 1998 damit begonnen, in seiner Mitternachtsschiene im Delphi Bollywood-Filme zu zeigen, als erstes westliches Filmfestival, das dem kommerziellen Hindi-Kino seinen Platz einräumte. Damals verloren gestandene Filmkritiker*innen und Intellektuelle mit sehr strengem Filmgeschmack jede Scheu. Morgens um halb drei taumelten sie überglücklich und mit tränennassen Pulloverärmeln in die kalten Berliner Winternächte hinaus, nachdem sie Filme wie *Dil se (Von ganzem Herzen)* von Mani Ratnam oder *Hum Dil De Chuke Sanam (Ich gab dir mein Herz, Geliebter)* von Sanjay Leela Bhansali gesehen hatten. Es war die Hochzeit der sogenannten Family Films – sehr gut gemachtes, eskapistisches Mainstream-Bollywood-Kino, mit phantastischer Musik, opulenten Tanzsequenzen und ohne Angst vor halsbrecherischen Plots und Geschichten. Das war für das westliche Publikum eine Entdeckung. Als Vorreiter beziehungsweise als Wegbereiter der Popularisierung von Bollywood – inzwischen gibt es ja sogar einen deutsch synchronisierten Bollywood-TV-Sender und Bollywood-Tanzunterricht in jedem besseren Fitness-Studio – war es dem Forum mit diesen Bollywood-Filmen aber immer wichtig, nach Indien, vor allem in die unabhängige Filmszene hinein zu kommunizieren. Unser neues Interesse an Bollywood bedeutete keineswegs, nun keine experimentellen, unabhängigen oder regional produzierten Filme mehr zu zeigen. Allerdings haben wir oft festgestellt, dass starke, publikumswirksame Filme im Programm aus einer Region Zugpferde für kleinere, zartere oder schwierige Filme sind.

Radikale Dokumentarfilme wie etwa Rakesh Sharmas 2004 gefeierter Film *Final Solution* gehören dazu genauso wie 2010 Kaushik Mukherjees *Gandu* (*Wichser*) – ein provokanter, wütender Spielfilm aus Kalkutta – oder auch die experimentelle Installation *Cinema City* von Madhusree Dutta 2009.

Das indische Kino ist ein sehr selbstbewusstes Kino und besitzt eine absolut faszinierende Macht innerhalb Indiens. Für uns Festivalmacher*innen außerhalb des Subkontinents bedeutet das, auf einen Kinokosmos zu treffen, der völlig unabhängig von der westlichen Medienwelt und ihren etablierten Mechanismen funktioniert.

Noch eine kleine Anekdote aus den indischen Annalen unseres Festivals. Sie dreht sich um den Produzenten Yash Chopra, einen der Giganten Bollywoods, Spezialist für Herzensbrecher-Filme, die auf blühenden Wiesen vor Alpenkulissen spielen. Sehr oft in Tirol, wo sich die dortige Cine Tirol Film Commission auf indische Filmcrews spezialisiert hat. Wir hatten ihn in die internationale Jury eingeladen, und er war schlicht unersättlich in seinem Filmkonsum. Ständig orderte er zusätzlich zu dem umfangreichen Programm als Jurymitglied weitere Karten für Vorstellungen in anderen Sektionen – die Jurybetreuer unkten schon, er würde einen Ticketschwarzmarkt à la Mumbai initiieren. Aber nein: er brauchte alle Eintrittskarten für sich, war von früh bis nachts im Kino.

Im Jahr zuvor hatte Yash Chopra im Forum seinen Film *Veer-Zaara* gezeigt und war mit seiner Frau und Koproduzentin Pamela Chopra, einer bekannten Backgroundsängerin, nach Berlin gekommen. Als sich der Valentinstag näherte, äußerte Yash Chopra einen Wunsch: Er wollte zum Termin seine über alles geliebte Frau mit einem Candle-Light-Dinner überraschen. Ein komplettes italienisches Restaurant sollte dafür gebucht werden. Yash Chopra gab eine genaue Wunschliste für die Speisefolge durch. Als Clou des Abends sollte beim Eintreffen des Paares im Restaurant das Licht gedimmt werden, und eine Musikerin in einem Engelskostüm mit Flügeln sollte auf einer Harfe die Titelmusik von *Veer-Zaara* live einspielen. Ich weiß nicht, wie – aber das Forum hat es auf wundersame Weise geschafft, diesen Bollywood-Wunsch in Erfüllung gehen zu lassen. Auch wir können Märchen inszenieren.

Shah Rukh Khan war mehrmals auf der Berlinale, hat auch mit Unterstützung des Medienboards Berlin-Brandenburg seinen Film *Don 2 – The King is Back* in Berlin gedreht. Im mit 2000 Plätzen ausverkauften Friedrichstadt-Palast raste das Publikum, als SRK, Stunden verspätet, zur Weltpremiere des Films 2012 um Mitternacht auf der Bühne einen Bollywood-Tanzkurs inszenierte. Er führte uns charmant vor, weshalb er zu Recht der ungeschlagene Entertainer ist. Kirsten Niehuus vom Medienboard Berlin-Brandenburg, seine Hauptdarstellerin und Miss World Priyanka Chopra und ich mussten mittanzen. Die ganze Geschichte endete weit in den frühen Morgenstunden in einem Bollywood-Rausch. Auf YouTube kann man heute noch den großartigen Auftritt von SRK sehen.

Stairway to Heaven und Projektionsfläche: Die chinesische Schauspielerin Zhang Yuqi auf dem Weg zu ihrem Wettbewerbsbeitrag *White Deer Plain* im Berlinale Palast 2012.

Hand auf der Klinke: Die Bahnhofslichtspiele BALI 1955 in meinem Heimatdorf Ispringen. Jeden Sonntag magische Kinomomente.

Atemberaubendes Wagenrennen: Filmplakat zu William Wylers Film *Ben Hur*, ausgezeichnet mit elf Oscars. Mein erster Film auf einer großen Kinoleinwand.

Open-Air-Stimmung: Größte schwimmende Leinwand für europäische Independent-Filme beim nächtlichen Kino auf der Alster.

Lars von Trier und Derek Jarman haben Spaß: 1988 wurde beim Europäischen Low Budget Film Forum in Hamburg über kleine Budgets und große Filmkunst gesprochen.

Scheck is back: Til Schweiger zahlte 1998 die zwei Millionen Mark Filmförderung vollständig zurück. *Knockin' on Heaven's Door* begeisterte mehr als drei Millionen Kinofans.

Rock aus der Kölner Südstadt: 2002 jammten Wolfgang Niedecken und ich auf der Premierenparty von Wim Wenders' BAP Film *Viel Passiert*.

Coole Anke Engelke: »So jemanden wie dich haben wir in Hollywood nicht«, lobte Michael Douglas die witzige und polyglotte Moderatorin hinter der Bühne.

Cate Blanchett 2008 in *The Good German*: Die *Casablanca*-Abschiedsszene auf dem Flughafen Tempelhof wurde tatsächlich in Kalifornien gedreht.

Autogrammjäger: Geraldine Chaplin auf dem Weg zur Premiere des Films *Der große Diktator*, das restaurierte Meisterwerk ihres Vaters Charlie Chaplin, im Jahr 2002.

Freude und Begeisterung: Charlotte Rampling mit der Regisseurin Liliana Cavani, bei der Verleihung des Goldenen Ehrenbären 2019 für ihre großartige Schauspielkunst.

Purer Rock'n'Roll: Für die Jury-Präsidentin der Berlinale, Frances McDormand, war *Gegen die Wand* von Fatih Akin der beste Film beim Festival 2004.

Sensation nach 18 Jahren: Endlich wieder ein Goldener Bär für einen deutschen Film. Fatih Akin beschreibt seine Liebesgeschichte als »klein, schmutzig und rockig«.

Shine a Light: Regisseur Martin Scorsese dokumentierte die beste Rockband der Welt. 2008 wunderten sich die Rolling Stones über die Geschenke aus meiner Aktentasche.

Kofferbänder zu Gitarrenstraps: Das Gastgeschenk kam für Patti Smith rechtzeitig. Ihr eigener Gitarrengurt ging beim Konzert 2008 in Kreuzberg verloren.

Kino und Kulinarik: Bei anderen Filmnationen selbstverständlich, hierzulande umstritten. Doch die Stars liebten diese Abende, ebenso wie das Publikum.

Slow-Food-Aktivisten: Alice Waters und Carlo Petrini werden 2015 von Kurator Thomas Struck für ihr Engagement mit einer Berlinale Kamera geehrt.

Liebesbrief ans Kino: Hana Saeidi nimmt 2015 für den im Iran festgehaltenen Jafar Panahi den Goldenen Bären für *Taxi* entgegen.

Nader und Simin: 2011 gab es Gold für den Film des iranischen Regisseurs Asghar Farhadi und Silber für die Schauspielerinnen Sareh Bayat und Sarina Farhadi.

Metropolis Open Air im Februar 2010: Der Vorhang am Brandenburger Tor wurde aus alten Berlinale-Plakaten recycelt.

Ohne Vorhang kein Kino: Frappierter rosa Wolkenvorhang im restaurierten Zoo Palast 2014. Ein Kunstwerk, das die Vorfreude auf den Filmgenuss steigert.

Weiße Astern von der Tankstelle: Bei der Verleihung des Goldenen Ehrenbären an Meryl Streep hielt Jake Gyllenhaal 2012 eine charmante Laudatio.

Die Fans bekommen nicht genug von George Clooney: Bei der Weltpremiere von *Syriana* 2006 kam er eine halbe Stunde früher zum roten Teppich.

Nur mit Sonnenbrille: Songwriter George Michael präsentierte 2005 seinen autobiographischen Film *A Different Story* in Wieland Specks Panorama.

Hi, I'm Dieter: Hollywood-Legende Clint Eastwood bei seinem ersten Berlinale-Besuch 2007. Entspannt nimmt er eine Berlinale-Kamera als Ehrung entgegen.

Das entscheidende Foto: Anouk Aimée fotografiert von Brigitte Lacombe. Sie kam 2003 nur zum Festival, weil wir das richtige Foto ausgewählt hatten.

Fidel Castro: Statt den »Máximo Líder« zu treffen, genoss ich Mojitos und Havannas mit seinem Bruder Ramón.

Goldener Bär nach Afrika: Glücklich balanciert Pauline Malefane 2005 ihren Bären für *U-Carmen eKhayelitsha*. Der Film verknüpft die Oper *Carmen* mit dem Leben in den Townships bei Kapstadt.

Om Shanti Om: Bollywood-Liebling Shah Rukh Khan gab drei Stunden Autogramme. Bereits eine Woche vorher campierten seine Fans 2008 vor dem Kino.

Bärenstarkes Ende im Berlinale Palast: Riesiger Teddybär als Abschiedsgeschenk 2019, überreicht von Juliette Binoche, Trudie Styler und Sebastian Lelio.

Der Vorhang schließt sich: »For he's a jolly good fellow …« sangen 2000 Berlinale-Fans im Friedrichstadt-Palast zum Abschied. Dann warf ich meinen Hut.

Tags drauf zeigte SRK auf dem Talent Campus, dass er nicht nur ein großer Entertainer ist, sondern auch äußerst schlagfertig. Beim Filmseminar »How to kiss« mit ihm zum Thema beschrieb sich der Star als »Langnase«, die ihn beim Küssen im Film rettet: Als indischer Muslim ist es ihm strengstens verboten, Frauen in der Öffentlichkeit zu küssen. Lachend sagt er: »Da passiert bei mir gar nichts. Durch meine lange Nase komme ich nie an die Lippen meiner Partnerin.« So politisch korrekt kann man nur in Bollywood küssen.

The Big Lifts –
Berlin-Tempelhof

Im Jahr 1967 landete ich zum ersten Mal in Berlin-Tempelhof. Kurz vor unserem Abitur machten wir mit dem Pforzheimer Fritz-Erler-Gymnasium einen Schulausflug. Mit dem Zug fuhren wir nach Hannover, und von dort flogen wir mit PanAm über die Grenzen der DDR in die damals noch geteilte Stadt. Die figurbetonten blauen Kostüme der Stewardessen mit dem charmanten Topfhut sind legendär – und können noch heute für Retro-Motto-Partys bestellt werden. Über das Flugfeld ging es nach der Landung in die Ankunftshalle, und ich war überwältigt, wie ein Monolith liegt der Flughafen im Herzen der Stadt. Die schiere Größe und Weite dieser Einschüchterungsarchitektur ließ mich als Kleinstädter nach Luft schnappen. Wie einschüchternd Tempelhof wirken konnte, inszenierte Steven Spielberg 1989, im Jahr, als die Mauer fiel, in *Indiana Jones und der letzte Kreuzzug*. Die Tempelhof-Kulisse entstand komplett in den USA.

Die einzigartige und lebendige Rolle des Flughafens in der (west)deutschen Geschichte begann, als ab 1909 das Feld provisorisch für die ersten Flugshows der Luftfahrt-Pioniere genutzt wurde. Damals noch eine technische Sensation. 1927 war der erste Bauabschnitt zu einem regulären Flughafen abgeschlossen, und Berlin konnte sich rühmen, den ersten Flughafen der Welt mit U-Bahn-Anschluss zu haben. So entstand Tempelhof als markantes Zeichen des Aufschwungs der Stadt zu einer Metropole von Weltrang. Der Verkehr intensivierte sich zunehmend und führte zu notwendigen Erweiterungen. Die Nationalsozialisten mit ihren monumentalen Weltmachtphantasien übernahmen. Tempelhof wurde zeitweilig zum größten Bauwerk der Welt – ehe die Amerikaner 1943 das Pentagon in Arlington fertigstellten.

Während des Zweiten Weltkrieges diente das Areal als Fabrik zur Herstellung von Bombern – der Flugverkehr konnte nicht aufrechterhalten werden, weil jederzeit mit einem Angriff der Alliierten zu rechnen war. Nach dem Krieg landeten hier die berühmten Rosinenbomber, und die Luftbrücke wurde zum deutlichsten Ausdruck des neuen politischen Zeitalters, des Kalten Krieges. Die US-Amerikaner führten den Bau Tempelhofs fort, denn die nationalsozialistischen Bauherren hatten es nicht mehr geschafft, die Entwürfe ihres Architekten Ernst Sagebiel zu vollenden. Auch diese Zeit hinterließ ihre Spuren. So finden sich im Hauptgebäude ein Kino und ein Basketballplatz. Der Baseballkäfig am Rande des Flugfeldes wird heute an sonnigen Tagen von den Berliner*innen genutzt.

Während meines Studiums der Zeitungswissenschaften in München in den 1970er Jahren musste ich für den »Fälscher-Forschungsauftrag« öfter nach Hamburg fliegen – und das immer über Tempelhof. Zum einen spielten finanzielle Gründe eine Rolle. Die Transitflüge wurden subventioniert, und so gab es die billigsten Tickets via Berlin. Der eigentliche Grund war jedoch meine Leidenschaft für das Sammeln alter Tin Boxes, jener zauberhaften Blechdosenverpackungen von Kakao, Kaffee, Schokolade, Tabak und Biskuit.

Und die gab es pünktlich am Morgen um 9:30 Uhr in der Mittenwalder Straße in Kreuzberg, nur einen Katzensprung vom Flughafen entfernt. In den Nächten bekam der Trödler neuen Nachschub alter Dosen vom damals reichen Müll Berlins. Was andere wegwarfen, waren für mich Schätze von unvorstellbarem Wert. Über die Jahre sammelte ich mehr als tausend Dosen. Dank Tempelhof.

Und dann kam ich als Direktor der Berlinale meinem Lieblingsflughafen durch das Kino wieder ganz nah. Als Drehort konnte Tempelhof auf eine ebenso reiche Geschichte zurückblicken wie als Ort weltpolitischer Veränderungen. Eine ganze Phalanx von filmischen Erinnerungen hatte sich in die Prachtbauten eingeschrieben.

In *The Big Lift* (*Es begann mit einem Kuß*) von George Seaton spielt Tempelhof die Hauptrolle. Der Starschauspieler Montgomery Clift agiert als US-amerikanischer Soldat in einer Menge aus Laiendarstellern. Der Cast bestand weitgehend aus dem vor Ort stationierten US-Air-Force-Personal, was dem eher kitschigen Plot einen sehenswerten dokumentarischen Anstrich verleiht. *The Big Lift* setzte der Luftbrücke ein filmisches Denkmal. Der Film wird nicht nur als logistische Meisterleistung gefeiert, sondern macht dieses emotional beeindruckendste Ereignis des an Superlativen so reichen Ortes auch heute noch spürbar.

Einige der größten Szenen der Filmgeschichte spielen sich an Flughäfen ab. »Ich glaube, dies ist der Beginn einer wunderbaren Freundschaft«, sagt Rick Blaine auf dem regennassen Rollfeld in der Schlusssszene des Filmklassikers *Casablanca* von 1942 – und meint damit gewiss auch die Freundschaft zwischen dem Flughafen und dem Kino.

Regennasse Rollfelder und brummende Flugzeugmotoren gehören zu den wirkungsvollsten Szenarien für melodramatische Abschiede – auf Zeit oder für immer. Das ist eindrucksvoll auch in John Schlesingers *The Innocent* (*... und der Himmel steht still*) mit Isabella Rossellini – nach einer Spionagegeschichte von Ian McEwan – zu erleben.

Flughäfen waren zu allen Zeiten beliebte Drehorte. Weil sie Orte des Übergangs, des Wandels, des Ankommens und Abreisens sind – und der Trennung und Wiederbegegnung. Ein unvergessener Moment der Flughafen-Filmgeschichte ist etwa der Tod des namenlosen Mannes in Chris Markers Fotofilm *La Jetée* von 1962 – Vorlage für Terry Gilliams *12 Monkeys* mit Bruce Willis und Brad Pitt, der 1996 im Wettbewerb der Berlinale zu sehen war.

Casablanca bin ich auch in meiner Berlinale-Zeit wieder begegnet. Steven Soderbergh zitierte als einer unter vielen lustvoll die Abschiedsszene zwischen Humphrey Bogart und Ingrid Bergman in seinem Film *The Good German* mit George Clooney und Cate Blanchett, den wir 2007 in den Wettbewerb einluden. Schauplatz ist dieses Mal nicht Marokko, sondern »mein« Tempelhof. Und wenn Cate Blanchett sich auf der Gangway ein letztes Mal umdreht, gibt es gleich noch ein Stück große deutsche Filmgeschichte gratis zu sehen: Die Schauspielerin ruft Erinnerungen an Marlene Dietrich wach.

Letztere spielte die Hauptrolle in einem Film, mit dem Tempelhofs Karriere in der Filmindustrie so richtig begann: *A Foreign Affair* (*Eine auswärtige Affäre*) von Billy Wilder, der 1948 kurz nach dem Ende des Zweiten Weltkrieges entstanden war. In der Eingangssequenz schwebt ein Flugzeug über das komplett zerbombte Berlin, ein schier endloser Trümmerhaufen. Billy Wilder erzählt viel vom Berlin der Nachkriegszeit, von deutschen Fräuleins, Kriegsverbrechern und der nicht immer strengen Moral der amerikanischen Truppen.

Jahrzehntelang wurde der Flughafen als Location genutzt, und als solcher war er einer der meistgenutzten Drehorte Berlins. Helmut Käutner drehte 1956 dort die Kaserne in *Der Hauptmann von Köpenick*, und in *Was tun, wenn's brennt?* von Gregor Schnitzler verwandelte sich Tempelhof 2001 in ein Polizeipräsidium.

Und dann – fast vergessen – drehte 1962, als Berlin eine Insel war, einer der schärfsten Kritiker des deutschen Films, der Journalist und Drehbuchautor von *Die Halbstarken*, Will Tremper, einen Flughafenfilm besonderer Art: Nebel über Berlin zwingt die Transitreisenden, eine Nacht in Tempelhof zu verbringen. Hannelore Elsner und Harald Leipnitz sind zwei der gestrandeten Fluggäste. Vier Bundesfilmpreise erhielt der Film *Die endlose Nacht* 1963, einen davon für den Jazzsound von Peter Thomas.

Nach dem Ende der Luftbrücke war Schluss mit militärischen Kapriolen: Ab 1951 brachten die alliierten Flieger statt Candy und Kohle die Gäste der Berlinale nach Tempelhof. So schrieb sich der Flughafen unwiderruflich in die Geschichte des Festivals ein.

Hier landeten die Stars und wurden, wenn man das bei einem Flughafen sagen kann, mit großem Bahnhof empfangen. Gary Cooper war einer der Ersten. 1953 flog er mit einem PanAm-Direktflug von New York nach Tempelhof und sorgte für den ersten handfesten Skandal der Berlinale:

Cooper äußerte sich kritisch über den notorischen »Kommunisten«-Jäger Joseph McCarthy.

Über die Jahre empfing Tempelhof eine ganze Parade internationaler Stars: Marilyn Monroe und Romy Schneider trafen ebenso auf dem Zentralflughafen ein wie Cary Grant und Jean Gabin. Lee Marvin stieg von der Gangway, um mit einer Westernkutsche davonzubrausen. Und Robert Altman kam nach Tempelhof, um 2002 als Ehrengast der Berlinale den Goldenen Ehrenbären für sein Lebenswerk entgegenzunehmen. Mein Herz schlug höher, als ich zwei große europäische Weltstars mit Blumenstrauß und Berlinale-Bär empfangen durfte: Anouk Aimée und Claudia Cardinale umarmten mich herzlich, ehe ich sie unter dem großen Halbmond des weit ausladenden Dachs vom Flugzeug direkt in die Ankunftshalle begleitete. Blitzlichtgewitter, Willkommensrufe, und kurz vor der Schließung Tempelhofs gab es noch einmal ein Feuerwerk: 2008 landeten dort die Berlinale-Gäste Martin Scorsese, die Rolling Stones und Madonna.

Am 31. Oktober 2008 wurde der Flugbetrieb endgültig eingestellt. Der Berlinale blieb Tempelhof allerdings erhalten. 2018 zeigte Regisseur Karim Aïnouz in seinem beeindruckenden Dokumentarfilm *Zentralflughafen THF* die Umfunktionierung der Hallen zu einer Flüchtlingsunterkunft. Und 2017 nutzte Jakob Lass für *Tiger Girl*, der ebenfalls im Berlinale Panorama zu sehen war, den Flughafen für seinen Film über zwei junge wilde Berlinerinnen, und das Panorama feierte seinen jährlichen Teddy Award in der inzwischen unter Denkmalschutz stehenden Abflughalle.

Spaziert man heute über das Tempelhofer Feld, die

größte Freifläche der Hauptstadt, die sich die Berliner nicht haben zubauen lassen wollen, kann man das neue Berlin ungefiltert erleben. Großfamilien beim Grillen, viele Kinderwagen, Urban Gardening, Menschen auf den merkwürdigsten Sportgeräten. Und schaue ich in die große Ankunftshalle, so sind all diese Geschichten noch präsent.

Im November 2020 wurde auch der zweite Flughafen in Berlin-Tegel geschlossen. Der Flughafen, auf dem ich in meinen 18 Jahren Berlinalezeit die meisten Festivalgäste begrüßen und verabschieden durfte.

Reise nach Pjöngjang

»Ein Film beginnt mit Details, aber am Ende nimmt er große Formen an. Das ist auch im Leben so.« Diesen Grundsatz schrieb Kim Jong-il, der große Führer und Filmliebhaber, in den 1970er Jahren in seinem Standardwerk *Über die Filmkunst*. Und dieser Satz stimmt, wenn auch nicht immer und überall. Rechtzeitig zur Berlinale-Eröffnung am 5. Februar 2015 kam die Todesdrohung aus Nordkorea, und ich nahm sie persönlich. Man würde die »Macher der Berlinale gnadenlos bestrafen«, wenn sie den Film *The Interview*, eine Slapstickkomödie über Nordkoreas obersten Boss, beim Festival zeigen würden. In dieser Komödie der Regisseure Seth Rogen und Evan Goldberg, einer Produktion des Hollywood-Studios Sony Pictures, wird Kim Jong-un von zwei Journalisten im Auftrag des CIA ermordet. Das fanden die Nordkoreaner nicht witzig. Aber auf die notwendigen »Details« – wie sie der große Führer vorgeschlagen hat – wurde dabei nicht geachtet. Die Geschichte nahm aber »große Formen« an.

Das Studio Sony Pictures hatte den Filmstart nach einem Cyberangriff auf Februar 2015 verschoben, ausgerechnet am Eröffnungstag der Berlinale sollte er trotz aller Warnungen in die deutschen Kinos kommen. Wie es der Zufall wollte, war der Schauspieler James Franco, der in *The Interview* einen Trash-TV-Moderator spielt, in einem anderen von der Berlinale programmierten Film zu sehen, der überhaupt nichts mit *The Interview* zu tun hatte. Dennoch reichte diese Koinzidenz – aus Sicht des fernen Nordkoreas – als Hinweis auf ein vermeintliches Komplott des Festivals.

Nun zahlte es sich aus, dass die Berlinale gute Kontakte zu den nordkoreanischen Filmschaffenden pflegte. Jährlich besuchte eine kleine Delegation aus Nordkorea die Berlinale und überreichte stets die gleichen hübschen zwölf Teetassen im immer gleichen Geschenkkarton als Gastgeschenk.

Und noch wichtiger, dass ich fast zehn Jahre zuvor 2006 als Ehrengast zum Internationalen Filmfestival Pjöngjang gereist bin. Also rief ich beim nordkoreanischen Botschafter Si Hong Ri an, um ihn um einen kurzfristigen Besuch im grauen Plattenbau der Botschaft in der nahen Glinkastraße zu bitten und die Missstimmung zu klären. Die Zeit war knapp. An diesem Donnerstag musste ich abends auf dem roten Teppich stehen, und zwar lebend, um die Gäste des Eröffnungsfilms zu begrüßen.

Der Botschafter schlug vor, mich in meinem Büro zu treffen. Bald kam eine kleine Delegation mit »dem wohl am wenigsten gesichteten Diplomaten Berlins«, so der *Tagesspiegel*, zum Potsdamer Platz. Eine Stunde später meldete die Pressesprecherin der Berlinale, Frauke Greiner, Entwarnung. »Beim Gespräch mit dem koreanischen Botschafter konnte das Missverständnis ausgeräumt werden«, berichtete die Zeitung weiter. Die 65. Berlinale begann pünktlich mit *Nadie quiere la noche* (*Nobody Wants the Night*) von Isabel Coixet mit Juliette Binoche und Gabriel Byrne. Und tags darauf schritt James Franco unbehelligt für Werner

Herzogs Weltpremiere *Queen of the Desert* gemeinsam mit Nicole Kidman über den roten Teppich.

Die Einladung zum Filmfestival Pjöngjang, das seit 1968 alle zwei Jahre stattfand, kam über das Goethe-Institut Tokio und den damaligen Direktor und Filmfreund Uwe Schmelter. Als Regionalbeauftragter war er auch für Korea zuständig. Sein spezielles Interesse galt jedoch Nordkorea und dem Film. Er engagierte sich sehr für einen »Lesesaal«, eine kleinere Form eines offiziellen Goethe-Instituts, in Nordkorea. Im Herbst 2006 präsidierte der erfolgreiche Produzent Eberhard Junkersdorf die Festivaljury. Es war ein großer Schritt, dass das Goethe-Institut die deutschen Filme vorschlagen durfte. Ein Hauch von Tauwetter.

Comrades in Dream hieß der Film des Schweriner Kinogründers Uli Gaulke, ein wunderschöner emotionaler Dokumentarfilm über Filmvorführer in verschiedenen Erdteilen. Mit dabei auch eine sehr eifrige und sympathische Filmvorführerin aus Nordkorea, gedreht in Nordkorea – eine Sensation.

Nur an bestimmten Tagen konnte man von Peking nach Pjöngjang fliegen. Einzige Fluggesellschaft war Air Koryo, die schlechteste und unsicherste Fluglinie der Welt. Sie hatte die ältesten Iljuschin-IL-18-Maschinen mit einem roten Stern am Leitwerk. Diese Flugzeuge haben Landeverbot in Europa und den USA, und nach vielen Notlandungen dürfen sie nur noch nach China fliegen. Im Flugzeug musste man die Handys nicht ausschalten, sie funktionierten sowieso nicht. Aber die beiden freundlichen Herren Kim, die mich auf dem kleinen Rollfeld in Pjöngjang begrüßten, nahmen ebenso freundlich mein Handy in Verwahrung – bis zur Abreise zwei Tage später. In einem älteren blauen und sehr gepflegten Mercedes ging es über eine mehrspurige, fast leere Straße in die Stadt. Vorbei am heimischen »Arc de Triomphe«, der höher sein soll als sein Zwillingsbruder in Paris, und an Denkmälern zu Ehren des großen Führers und seines Vaters, direkt zum 43 Stockwerke hohen Hotel auf einer kleinen Insel mitten in der grauen Betonstadt.

Alle hatten es eilig, mir bei meinem kurzen Besuch möglichst viel zu zeigen. Ins gigantische Rund des Veranstaltungs- und Filmpalastes folgten wir hurtig unseren Begleitern. In dieser Halle präsentierten sie uns die Fotoausstellung über die nordkoreanische Filmproduktion, immer voran der stolze Führer, und überall beeindruckte uns seine tiefe Filmkenntnis. Jedenfalls erfreuten wir mit solch braven Sätzen unsere Gastgeber.

Dann lernten wir plötzlich ein anderes Nordkorea kennen. Ohne eine Erklärung wurde Gaulkes Filmpremiere abgesagt, die in wenigen Minuten beginnen sollte. Mehr als erstaunt standen wir mit den anderen internationalen Gästen vor dem leeren Kino. Doch dann offenbarte Uwe Schmelter seine Qualitäten. Höflich, freundschaftlich, aber bestimmt erklärte er den Genossen, dass das nicht ginge. Große Irritation herrschte, als Junkersdorf drohte, seine Jurypräsidentschaft niederzulegen. Der verunsicherte Filmstaat gab nach. Man wollte keinen zweiten Eklat, nachdem bereits 50 syrische Gäste das Festival verlassen hatten. Die Syrer hatten zusammen mit ihren koreanischen Freunden beabsichtigt, nachträglich noch einen Film im Wettbewerb zu platzieren, doch Junkersdorf lehnte ab, und die Syrer reisten ab. Also musste schnell ein Kompromiss her. Gaulkes Film wurde gezeigt, jedoch nur die nordkoreanische Episode in einem winzig kleinen Kino. Das war das Ende dieses Festivaltages.

Die Stimmung verbesserte sich erst wieder beim Abendessen, einem kleinen »Staatsbankett« mit einheimischen Tänzen junger Mädchen in wallenden grellbunten Kleidern und den bekannten Tanzbändern. Es gab mongolischen Feuertopf, zischendes Fleisch und seltene Pilze. Die Verwirrung war groß, als ich nach Tofu fragte, weil ich kein Fleisch aß. Das war für die Gastgeber unvorstellbar. Aber in kürzester Zeit lag auf dem Feuertopf Tofu. Der einheimische Schnaps Soju zum Bier wirkte und hob die Stimmung. Der deutsche Botschafter hielt eine Rede, ich pries die langjährige Freundschaft, und plötzlich standen einige ältere Herren in changierenden dunklen Anzügen auf und sangen »Am Brunnen vor dem Tore«. Die deutsche Delegation stimmte mit ein, aber nach zwei Strophen verließ uns der Text. Die Koreaner sangen lautstark weiter. Sie kannten alle Strophen auswendig. Sie hätten das in der DDR gelernt, wo über 80 000 Nordkoreaner lebten und arbeiteten, erzählten sie uns.

Zurück im Hotel, tranken wir noch ein Bier im leeren, spartanisch eingerichteten Restaurant. Es war kurz vor Mitternacht, als die letzten Lichter in den endlosen grauen Hochhäusern unter uns ausgingen.

Zwei weitere deutsche Filme wurden vom Festival ausgezeichnet: Dennis Gansels *Napola – Elite für den Führer* über Hitlers Eliteschule, mit Max Riemelt und Tom Schilling, und *Sophie Scholl – Die letzten Tage* mit der großartigen Julia Jentsch, die für ihre Schauspielkunst bei der Berlinale 2005 einen Silbernen Bären erhalten hatte. Ihr grandioses Talent konnte man schon in vielen Filmen auf der Berlinale bewundern. So verständlich die Begeisterung der Nordkoreaner für die nationalsozialistische Eliteschule war – die kritische Distanz des Films wurde nicht erkennbar wahrgenommen –, so unverständlich war die Begeisterung für *Sophie Scholl*. Dieser Film wurde sehr speziell interpretiert. Nicht der Kampf gegen eine Diktatur wurde gesehen, sondern antifaschistisches Handeln. So wirklich ist die Wirklichkeit.

Am nächsten Tag händigten die Gebrüder Kim uns in der Flughafenlounge unsere Handys aus, und wir lauschten noch eine Weile den endlosen Worten des großen Führers. Es war tatsächlich eine Endlosschleife auf dem Flatscreen. Dann ging es ab ins historische Flugzeug. Zu unserer Verwunderung wurden Burger serviert, weiße Häkeldecken verschönerten das hölzerne Interieur.

Wir flogen tief, sehr tief über sattgrüne, leuchtende Wiesen – ein schönes Land. Man hatte das Gefühl, wir würden jederzeit landen. Vielleicht war der Tiefflug eine Sicherheitsmaßnahme. Schließlich landeten wir wohlbehalten auf dem Flughafen in Peking.

Jahre später las ich den *Patagonischen Hasen* von Claude Lanzmann zur Vorbereitung der Ehrenbär-Verleihung an ihn. Er war 1958 mit dem Filmemacher Chris Marker als Journalist nach Nordkorea gereist und hatte große Sympathie für das von den Amerikanern mit Napal niedergebrannte und zerbombte Land gehegt. Claude verliebte sich auch in eine Krankenschwester, und eine abstruse Liebesgeschichte begann. Trotz Sprachbarrieren und Überwachung trafen sich die beiden unter einer Brücke in Pjöngjang. Vor einigen Jahren fuhr er noch einmal für seinen Dokumentarfilm *Napalm* nach Nordkorea – immer noch auch auf der Suche nach der Krankenschwester. Lanzmanns Film erzählt von einem neuen, veränderten Land, mit hohen gläsernen Gebäuden und breiten, blitzsauberen Straßen – es schien wenig Ähnlichkeit mit dem zu haben, wie ich es 2006 erlebt hatte. Jedenfalls zeigen das Bilder von gefrorener Schönheit. Sein Herr Kim achtete beim Drehen stets auf ihn.

Gesucht:
Die perfekte Jurypräsidentin

Es gibt viele Herausforderungen, einen Festivaljahrgang nicht nur künstlerisch zu kuratieren, sondern auch die einzelnen Elemente zu einem funktionierenden und sorgfältig ausgewählten Ganzen zusammenzufügen.

Eine der wichtigsten und oft für den Direktor rettende Entscheidung ist die Auswahl des Jurypräsidenten und vor allem der Jurypräsidentin.

Was muss da alles austariert und bedacht werden: Nicht nur ein ausgewogenes Verhältnis von Frauen und Männern muss es geben, das ist ja selbstverständlich, auch große und kleine Länder müssen in einer Jury repräsentiert sein, die verschiedenen Filmberufe sollten einen Platz haben und natürlich auch die »ethnische Vielfalt«, die Welt in allen Farben.

Aber es gibt fast 200 Länder, Tausende von infrage kommenden Schauspieler*innen, die diesen aufregenden und anregenden Job gerne machen würden. Und es bedarf einiger Erfahrung und viel Glück, eine ideale Jury zu komponieren.

MIRA NAIR

2002 – mein erstes Festivaljahr – wurde natürlich ein von der Filmszene genau beobachteter Testfall: Wer wird wohl in der Jury sitzen? Was wird die Jury symbolisieren? Und welcher Akzent wird gleich im ersten Jahr gesetzt?

Ich wollte eine Frau als Präsidentin haben, keine Deutsche, das gehört sich nicht als Gastgeberland. Auch keine Europäerin, um ja keine Festlegung auf ein bestimmtes Land, keine Präferenzen zu zeigen. Und gleich einen großen Star aus Hollywood – wenn einer überhaupt Zeit und Lust hat, den Job zu machen –, das wäre zwar gut für das Festival-Marketing, aber ich war die 20 Jahre, bevor ich zur Berlinale kam, eher für mein Engagement für den kleinen Low-Budget-Film, den Independent Film bekannt.

So saß ich während des Venedig-Filmfestivals im Spätsommer 2001 auf der Terrasse des vor sich hin alternden *Tod in Venedig*-Hotels Des Bains und schrieb einen Brief, handschriftlich auf Hotelpapier mit meinem Pelikanfüller. Es war höchste Zeit, eine Jurypräsidentin zu haben – in fünf Monaten startete die Berlinale, und die Jury musste längst vorher feststehen. Also setzte ich an: »Dear Mira Nair, I am the new festival director of the Berlin International Filmfestival and I would like to ask you ...«

Drei handgeschriebene Seiten sollten es werden. Natürlich habe ich ihre Filme gelobt, was nicht schwer war. Ich mochte sie sehr, und mit *Monsoon Wedding* lief ihr neuer Film im starken Wettbewerbsprogramm 2001 des Festivals. Sie konkurrierte auf höchstem internationalem Niveau um den Goldenen Löwen mit Alfonso Cuaróns *Y tu mamá también* (*Lust auf Leben*) mit André Téchiné und dem brasilianischen Regisseur Walter Salles.

Sie war genau die Richtige, nach der ich suchte, davon war ich überzeugt. Den Brief gab ich an der Rezeption des ebenfalls alternden, aber noch feudalen Festivalhotels Excelsior Palace ab. Zu einem Treffen kam es in diesen Tagen leider nicht, aber mein Exkollege Christoph Friedel von der Verleihfirma Pandora, die diesen Film verlieh, legte ein gutes Wort für mich ein.

Zurück in Berlin, erhielt ich eine freundliche Antwort von Mira, dass wir uns im Café Luxembourg, einem schicken französischen Restaurant 200 West End Avenue in New York zum Tee treffen könnten. Und so geschah es an einem Nachmittag kurze Zeit später im noch leeren Lieblingscafé der Regisseurin um Punkt 16 Uhr.

Wir verstanden uns auf Anhieb gut, ich glaube, sie mochte meine Nervosität, die ich natürlich zu verbergen versuchte. Es ging für mich um viel. Mira hatte nicht viel Zeit. Sie machte mir aber gleich noch Vorschläge für weitere Jurymitglieder, den wunderbaren haitianischen Regisseur Raoul Peck und einige andere. Als sie noch im Lokal zusagte, lud ich in meiner Euphorie auch Raoul mit ein. Ich hatte vergessen, dass ich schon einige Anfragen rausgeschickt hatte, und plötzlich nach meiner Rückkehr hatte ich elf Jurymitglieder inklusive der Präsidentin.

Elf? Das sind viel zu viele, belehrte man mich zu Hause im Büro. Die würden nie zu einer Entscheidung kommen, sich niemals auf einzelne Filme einigen können. Aber ich hatte die Zeit in New York genutzt, im Gepäck die Zusagen aller Eingeladenen.

Monate später sollten meine erfahrenen Kolleg*innen recht behalten. Es hatte schwierige Diskussionen und langwierige Nachtsitzungen gegeben, aber die Entscheidungen waren großartig: Der Goldene Bär wurde zwar geteilt, ging aber an zwei starke Filme: an *Bloody Sunday* von Paul Greengrass und zum ersten Mal an einen Animationsfilm, den wunderbaren japanischen *Sen to Chihiro no Kamikakushi* (*Chihiros Reise ins Zauberland*) des japanischen Animationsgenies Hayao Miyazaki, der sogar noch einen Oscar für diesen Film erhielt. Fast 350 Millionen Dollar spielte der Familienfilm ein.

Das waren perfekte Juryentscheidungen, die das Festival plötzlich in einem neuen Licht erstrahlen ließen. Ich aber wusste ab jetzt: Nie mehr als sechs oder sieben Jurymitglieder. Bei einer Pattsituation hatte die Präsidentin ja zwei Stimmen zur Entscheidung.

FRANCES MCDORMAND

Viele Frauen sollten während meiner Zeit nach diesem ersten Jahr die Jury präsidieren. 2004 war es Frances McDormand, die ich nach einer Vorstellung im Broome Street Theatre in New Yorks Soho auf ein Bier getroffen hatte. Meine New Yorker Kollegin Karen Arikian stellte uns vor. Frances spielte an diesem Abend mit Willem Dafoe, der dann einige Jahre später auch Jurymitglied in Berlin wurde. Zu der Zeit war Frances bereits weltweit durch ihre bizarre und skurrile Darstellung des weiblichen schwangeren Sheriffs Marge in *Fargo* bekannt. Und für diese Hauptrolle erhielt sie einen Oscar. Und viele Jahre später einen zweiten für ihre grandiose Schauspielkunst in *Three Billboards Outside Ebbing, Missouri*. *Fargo*, ein Film der Coen-Brüder, ist ein typischer amerikanischer Low-Budget-Film: Er kostete nur sieben Millionen Dollar, spielte aber 60,6 Millionen Dollar ein.

Frances und ihre Jury sorgten mit ihrer Entscheidung, den Goldenen Bären Fatih Akin für seinen Film *Gegen die Wand* zu verleihen, für eine Sensation. Das war nicht nur ein mit dem Goldenen Bären ausgezeichneter Film, der das Leben der zweiten und dritten türkischen Generation bei uns auf brutale Weise zeigte, es war auch nach langer Zeit wieder mal ein Goldener Bär für einen deutschen Regisseur. Die überzeugende Schauspielkunst des männlichen Hauptdarstellers Birol Ünel, gestorben im September 2020, wird allen, die diesen Film gesehen haben, noch lange in Erinnerung bleiben. Hunderte von Fernsehteams und Journalisten aus den arabischen und muslimischen Ländern säumten am Sonntagabend der Preisverleihung den roten Teppich. Am Montag gab es dann noch mal eine Sensation. Die eindrucksvolle Hauptdarstellerin Sibel Kekilli, die in ihrem Hauptberuf Verwaltungsangestellte im schwäbischen Heilbronn war, wurde von der *Bild* als ehemaliger Pornostar »entlarvt«.

Solche Stars des Weltkinos wie Frances Dormand setzten natürlich die Standards für die darauffolgenden Besetzungen. Und wir hatten Glück, was bei Jurykompositionen immer auch ein enormes Stück Arbeit bedeutet: Fragt man einen Star zu früh, bekommt man eine Zusage, vorbehaltlich dass kein Engagement für einen anderen Film dazwischenkommt. Das passiert aber oft, und dann wird die Zeit bis zum Februar des darauffolgenden Festivals bedrohlich eng. Wartet man zu lange ab, haben sie unter Umständen schon einen Job. Oft wollen die Künstler*innen auch nicht über ihre Kolleg*innen urteilen, und es gibt noch tausend weitere Gründe, warum man nicht für 14 Tage im kalten Februar nach Berlin kommen möchte. Doch uns gelang es, wunderbare Jurypräsidentinnen zu gewinnen.

ISABELLA ROSSELLINI

Isabella Rossellini, die berühmte italienisch-amerikanische Regisseurin und Schauspielerin, unter anderem in *Blue Velvet* von David Lynch und dem in Berlin gedrehten Film *… und der Himmel steht still* von John Schlesinger, präsentierte öfter im Forum der Berlinale ihre eigenen Filme wie *Green Porno* oder brillierte als Kinoerzählerin in Guy Maddins experimentellem Stummfilm *Brand Upon The Brain!*. 2013 stellte sie den Michael-Curtiz-Kultfilm *Casablanca* mit ihrer berühmten Mutter Ingrid Bergman in der Hauptrolle im Rahmen der damaligen Retrospektive vor.

Mit Isabella verbindet mich bis heute eine Freundschaft, und ich erinnere mich an zwei Situationen, die mir zeigten, wie das Leben eines Stars sein kann. Während ihrer Jurypräsidentschaft war sie immer von Fans und Fotografen umlagert, selbst auf den kurzen Wegen von ihrem Hotel zu den privaten Filmvorführungen in unserem hauseigenen Kino. Als sie mich aber eines Nachmittags ungeschminkt und in schlichter Yamamoto-Kleidung in meinem VIP-Raum im ersten Stock im Hotel Hyatt besuchte, holte ich sie am Fahrstuhl ab und ging mit ihr unerkannt durch den überfüllten Hotelflur zu meinem VIP-Raum. Wir mussten an dem berühmten Photocall vorbeigehen, wo Hunderte Fotograf*innen auf den nächsten Star warteten, und nicht eine*r erkannte sie.

Isabella ist eine außergewöhnliche Frau. Sie ist nicht nur eine wunderbare Schauspielerin, sondern auch eine echte Tierfreundin mit großartigem Humor: Als ich einmal in dem Luxushotel Sunset Tower am Hollywood Boulevard auf sie wartete, wurde ich von Dimitri, dem berühmten Maître d'hôtel an einen zugigen Tisch direkt am Eingang gesetzt. Ich hatte ihm nicht gesagt, auf wen ich wartete. Zehn Minuten später kam Isabella, und derselbe Maître verneigte sich tief und wollte sie offensichtlich an einen der besten Tische im Restaurant setzen. Es war ihm sichtlich unangenehm, dass sie jetzt an meinem Tisch Platz nahm.

»Madame«, sagte er beflissen, »ich habe den schönsten Tisch des Restaurants heute Abend für Sie. Von dort haben Sie die beste Sicht auf meine berühmten Hollywood-Gäste.«

Darauf antwortete Isabella trocken: »Sie meinen nicht, dass ich dort sitzen soll, damit mich ganz Hollywood sieht?«

Wir nahmen dann auf der Terrasse Platz und hatten einen schönen Abend.

CHARLOTTE RAMPLING

Ich war mal wieder sehr aufgeregt, als Charlotte Rampling vorschlug, uns zum Mittagessen in einem Pariser Traditionsrestaurant nicht weit vom berühmten La Coupole am Boulevard du Montparnasse zu treffen. Ich wartete schon 15 Minuten vor dem vereinbarten Termin vor dem Restaurant. Pünktlich um 13 Uhr kam sie völlig unspektakulär über den Zebrastreifen auf mich zu. Als wir an den reservierten Zweiertisch in einer Nische begleitet wurden, war klar, dass der Kellner und das gesamte Restaurant wussten, mit wem ich da saß, einem der bedeutendsten internationalen Filmstars der Gegenwart. Sie drehte mit Woody Allen, Sidney Lumet, mit Visconti, Alan Parker und François Ozon. Sie liebte schrägen Humor, und wir teilten Gossip, die Welt des Films aus der Sicht der *Gala*. Charlotte sollte ab jetzt öfter zur Berlinale kommen.

Am 19. Februar 2006 überreichte sie als Jurypräsidentin den Goldenen Bären an die bosnische Regisseurin Jasmila Žbanić für *Grbavica* (*Esmas Geheimnis – Grbavica*). Großer Jubel.

Unvergessen auch ihr enttäuschtes Gesicht bei der Preisverleihung 2015, als Tom Courtenay aus der Hand des Jurypräsidenten Darren Aronofsky den Silbernen Bären als bester Hauptdarsteller erhielt und Charlotte für ihre im Film »gleichberechtigte« schauspielerische Leistung in diesem Moment scheinbar leer ausging. Sekunden später erhielt auch sie einen Silbernen Bären. Charlotte saß in Reihe 8, links von der Bühne aus gesehen, im Berlinale Palast. Langsam löste sich die Schockstarre. Ich hatte sie vor dem Festival inständig gebeten, zur Preisverleihung zu kommen, konnte ihr aber natürlich nichts über die Gewinner sagen. Als bei der Entscheidung der Jury feststand, dass beide Hauptdarsteller einen Silbernen Bären bekommen sollten, entschied ich, dass zuerst Tom den Preis entgegennehmen sollte, dann Charlotte, um zu vermeiden, dass die Aufmerksamkeit für Tom in der Euphorie des Publikums für Charlotte untergehen würde. Gut gemeint, hat aber nicht funktioniert. Beim nächsten Mittagessen in Paris, als ich sie fragte, ob sie die Ehrung für ihr Lebenswerk annehmen würde, habe ich mich dann entschuldigt. »Eine gute Geschichte«, meinte sie, »aber das war ein bisschen auf meine Kosten.«

Bei meiner letzten Berlinale zeichneten wir dann Charlotte mit dem Goldenen Ehrenbären für ihr Lebenswerk aus. Wir zeigten den »Skandalfilm« *Il portiere di notte* (*Der Nachtportier*) der anwesenden italienischen Regisseurin Liliana Cavani, der Charlotte »zu einer androgynen Pop-Ikone in den sexuellen Subkulturen der 1970er Jahre machte«, so das City Kino im Berliner Kiezkino im Wedding, das Charlotte für einen Besuch ausgewählt hatte. Auf der Bühne des Berlinale Palastes sah sie ihre Regisseurin Liliana und mich glücklich an, mit ihrem unvergleichlich verschmitzten, coolen Lächeln. Diesen Preis musste sie nicht teilen. Er war wohlverdient für ihre überragende Schauspielkunst in über hundert Filmen.

TILDA SWINTON

Als Tilda Swinton 2009 Jurypräsidentin der Berlinale wurde, haben wir quasi eine Festivalmitarbeiterin engagiert. In mehr als 20 Filmen war sie im Laufe der Zeit auf der Berlinale zu sehen und hatte – laut eigener Aussage – »alle Jobs bei der Berlinale gemacht, außer die Fußböden der Büros zu wischen«. Sie startete als »Praktikantin« im Forum und Panorama, wo sie 1988 einen der ersten Teddy Awards erhielt. Sie war in experimentellen Filmen und Arthouse-Blockbustern wie *Grand Hotel Budapest* zu sehen. Auch sie faszinierte das Publikum und die Kritiker nicht nur mit ihrer unglaublichen Wandelbarkeit, sondern – ähnlich wie Charlotte Rampling – durch ihre androgyne Erscheinung.

Sie debütierte 1986 in Derek Jarmans *Caravaggio* als Lena. Derek erhielt einen Silbernen Bären für das beste Drehbuch und die beste Regie. Seither blieb sie der Berlinale verbunden.

Ich kannte Derek Jarman und Tilda Swinton noch aus meiner Hamburger Zeit als Präsident der Filmförderung EFDO: Wir förderten damals den internationalen Erfolg ihrer Darstellung in Sally Potters *Orlando*. Tilda brillierte in der Rolle des auf Wunsch von Königin Elisabeth I. nie alternden Orlandos. Der Film wurde mit Preisen überschüttet – auch ein Europäischer Filmpreis wurde verliehen –, und sie schaffte es in ihrer Karriere nach und nach in die oberste Preiskategorie: Als Anwältin in *Michael Clayton* erhielt sie einen Oscar für die beste Nebendarstellerin.

»Tilda ist Tilda«, beschrieb damals der langjährige Panorama-Chef der Berlinale, Wieland Speck, die immer atemberaubend gekleidete Schauspielerin. Die als »imaginäre Schwester von David Bowie« beschriebene Schottin spielte mit Bowie im Kurzfilm *The Stars (Are Out Tonight)* bei der 66. Berlinale.

Als Bowie im Januar 2016 starb, ehrten wir ihn im Friedrichstadt-Palast mit *The Man Who Fell to Earth* (*Der Mann, der vom Himmel fiel*) aus den 1970er Jahren. »Er war unser Stammesführer«, sagte Tilda über Bowie an diesem Abend bei der Moderation. Dann war der Ton weg, dann das Bild. In den 15 Minuten, bis der Film wieder lief, gab sie den Fans freundlich Autogramme. Sie liebte das Publikum, und die *Berliner Zeitung* schrieb: »Sie hätte einen Platin-Bären verdient.« Ich hätte ihn ihr gerne verliehen.

Als Jurypräsidentin verkündete sie am Ende der 59. Ausgabe des Festivals den Goldenen Bären, der nicht unkonventioneller hätte sein können: *La teta asustada* (*The Milk of Sorrow*) der Regisseurin Claudia Llosa, einer peruanischen Nachwuchsregisseurin. Zum ersten Mal ging ein Goldener Bär nach Peru, und indirekt wurde die Berlinale auch mit ausgezeichnet: Der Film hatte vom eigenen World Cinema Fund eine Förderung erhalten. Zum Dank sang die Hauptdarstellerin Magaly Solier ein peruanisches Lied in indigener Sprache. Nach dem rauschenden Applaus herrschte völlige Stille im Saal. Einer der magischen Momente.

MERYL STREEP

Und dann ging ein lang ersehnter Wunsch in Erfüllung. Wir hatten alles versucht, um sie als Jurypräsidentin zu gewinnen. Sie wird gewöhnlich in der Presse als »beliebteste Schauspielerin der Welt« beschrieben, und sie kannte die Berlinale von vielen Besuchen mit ihren Filmen.

Gleich zu Beginn meiner Direktorenzeit 2002 zeigten wir das verdrehte Drama *Adaptation* von Spike Jonze und Charlie Kaufman mit dem schönen deutschen Titel *Der Orchideen-Dieb* mit Meryl Streep sowie *The Hours* (*Von Ewigkeit zu Ewigkeit*), die Geschichten dreier Frauen, gespielt von Nicole Kidman, Julianne Moore und Meryl Streep. Regisseur Stephen Daldry legte sich mit seinen drei Silbernen Bären, mit denen der Film ausgezeichnet wurde, auf der Berlinale-Palast-Bühne längs auf den Boden. Und dann der Abschiedsfilm von Robert Altman *A Prairie Home Companion* (*Robert Altman's Last Radio Show*), eine Musikkomödie mit vielen Hollywood-Stars: Woody Harrelson,

Lindsay Lohan, Kevin Kline, Meryl Streep und dem Koproduzenten Fisher Stevens.

Eine Rolle hatte sie jedoch noch nicht gespielt: »Jurypräsidentin«. *The one and only* Meryl Streep. 2016 übernahm sie den Job. Allgemeines Staunen.

Rückblende: Als Meryl Streep 2012 anlässlich ihrer Margaret-Thatcher-Darstellung *The Iron Lady* (*Die Eiserne Lady*) mit dem Goldenen Ehrenbären ausgezeichnet wurde, flüsterte sie mir beim Abschied zu: »Ich würde gerne mal wiederkommen, auch ohne Film.« Auch zu Baden-Württemberg hat Meryl Streep eine Verbindung, denn die Urgroßeltern väterlicherseits stammten aus Loffenau und hießen Streeb.

Meryl Streep ist mit 32 Golden-Globe-Nominierungen, wovon sie 18 gewonnen hat, und 21 Oscar-Nominierungen, von denen sie drei erhielt, eine der meistausgezeichneten und erfolgreichsten Schauspielerinnen aller Zeiten. Sie war am Abend im Berlinale Palast sichtlich beeindruckt vom nicht enden wollenden Applaus der Fans, dem neuen Berlin und dem engagierten Geist der Berlinale. Auch die Presse jubelte, und ich ergriff meine Chance.

»Du bist jederzeit herzlich willkommen, mit oder ohne Film«, flüsterte ich zurück.

Seit diesem Moment arbeitete meine Kollegin Solmaz Azizi hart und zäh und vor allem ausdauernd daran, dieses Wunderwerk zu realisieren.

Es vergingen weitere vier Jahre, dann sagte der großartige Star ja.

Solmaz hatte nicht lockergelassen, endlos mit der Agentin von Meryl telefoniert, gemailt, getextet und alles, was heute möglich ist. Dass diese Arbeit zum Erfolg führte, fand auch Meryl lobenswert: »Ich weiß«, sagte sie bei der Ankunft zu Solmaz, »du hattest eine harte Nuss zu knacken. Das war bestimmt nicht einfach. Gut gemacht.« Sie lächelte dabei mit einem wissenden Streep-Lächeln.

Ich hatte ebenfalls meine Kontakte genutzt und in Berkeley Alice Waters gebeten, ein gutes Wort für die Berlinale einzulegen. Die beiden waren befreundet, und auch Meryl liebte das »Farm to Table«-Essen in Alices Restaurant Chez Panisse. Jake Gyllenhaal, der großartige Schauspieler aus Ang Lees *Brokeback Mountain*, war ein Freund von beiden, Meryl kannte ihn schon als Kind. Er war es dann auch, der eine witzige Laudatio auf sie hielt, als sie 2012 geehrt wurde. Damals war er Mitglied in Mike Leighs Jury. Und Alice Waters' Köchinnen-Vorbild Julia Child spielte Meryl in *Julie & Julia* so perfekt, als hätte sie bei Alice gelernt.

Nachdem Meryl Streep zugesagt hatte, wurde alles ganz einfach. Sie wollte keinen First-Class-Flug, Business reiche auch, ein Direktflug New York–Berlin sei gut und sie käme allein. Wir boten an, sie in New York abzuholen oder meine Assistentin Solmaz zum Kennedy-Flughafen zu schicken, um den Platz im Flugzeug neben ihr zu besetzen. »Nein, alles easy«, nur keine Umstände, und so stieg sie am frühen Morgen des 9. Februar aus dem Flugzeug. Ich habe mit einem schönen kleinen Biedermeier-Blumenstrauß aus Anemonen an der Gangway gewartet.

Die Fotografen haben wir umgangen, und über den Ernst-Reuter-Platz, wo im sanften Morgenwind des schönen Februartags die roten Berlinale-Fahnen wehten, ging es weiter über die Siegessäule zum Brandenburger Tor. Wir wechselten ein paar Worte über Wim Wenders' *Himmel über Berlin*, über die Engel Bruno Ganz und Otto Sander. Sie kannte den Film und auch das Plakat mit Bruno Ganz auf der Goldelse. Das war immer meine bewährte Route, wenn ich Gäste zum Berlinale Palast am Potsdamer Platz brachte. Da konnte man viel Berlin erzählen.

Das Motto dieser 66. Berlinale war »Route 66« in Anlehnung an die amerikanische 2451 Meilen lange Straße von Chicago nach Santa Monica in Kalifornien. Jedoch sollte unsere Route 66 nicht nur das Festivaljahr beschreiben, sondern die Flüchtlingsrouten der mehr als 60 Millionen Menschen thematisieren, die damals auf der Flucht vor Krieg, Terror und religiösem Wahn waren.

Die Routen eines bekannten Berliner Tiers entdeckten wir in diesem Jahr auch: Der Berlinale-Bär wanderte durch die Stadt, ein suchender Braunbär entstieg der orange-gelben S-Bahn am Potsdamer Platz. Auftakt zur beliebtesten Plakatserie, von der wir schließlich Tausende Exemplare verkauften. Die S-Bahn-Wagennummer hatte ich eigenhändig dem Plakatentwurf des Schweizer Velvet Creative Office hinzugefügt: 1951. Gründungsjahr der Berlinale. Meryl liebte die neuen Plakate und die schrägen Orte, an denen die Bären herumstrolchten.

Trotz enorm großer »Star-Power« am Eröffnungsabend mit George Clooney und den Coen-Brüdern, Josh Brolin und Tilda Swinton in *Hail, Caesar!* wurde es eine Meryl-Berlinale. Von dem Moment, als Anke Engelke sie bei der Eröffnungszeremonie auf die Bühne rief, bis zur Verleihung des Goldenen Bären elf Tage später machte der Star die Fans, Berlin und die Filmwelt mit seinem Charme glücklich.

Und dann wurde auch noch der »richtige« Film ausgezeichnet. Goldener Bär für *Fuocoammare* (*Seefeuer*), das dokumentarische Flüchtlingsdrama vor Italiens Insel Lampedusa des Regisseurs Gianfranco Rosi, dem engagierten Inselarzt, und dem zwölfjährigen Samuele, einem der 4500 Einwohner der kleinen Insel. Der Beifall wollte nicht enden. »Get your kicks on Route sixty-six«, sang Nat King Cole 1946. Diese Berlinale war auf dem richtigen Weg.

Artig lobte ich Meryl beim Abschlussabendessen für ihre perfekte Performance als Jurypräsidentin und die sympathische Art, wie sie ihre Jurykolleg*innen zusammengehalten hatte, darunter die polnische Regisseurin Małgorzata Szumowska, die mir ein paar Jahre später zu einer weiteren wunderbaren Jurypräsidentin verhelfen sollte.

Wir erhoben das Glas mit einer vorzüglichen deutschen Scheurebe und genossen das vegetarische Menü des Duke-Chefs Florian Glauert aus Berlins Ellington Hotel, der uns über Jahre mit seinem Essen bei guter Laune hielt.

Ich sollte Meryl »Scheurebe« ins Englische übersetzen, sie kannte die Traube nicht, liebte aber den Wein. Schnell übersetzte ich *Shy Grape*, zum Erstaunen der Tafelrunde. Seither heißt unsere Lieblingsrebe auch bei uns zu Hause *Shy Grape*.

Formvollendet und sichtlich gerührt von der intensiven Woche großer Filmkunst – darunter die 485 Minuten, also etwas mehr als acht Stunden dauernde Weltpremiere des Films *Hele Sa Hiwagang Hapis* (englischsprachiger Festivaltitel: *A Lullaby to the Sorrowful Mystery*) von Lav Diaz mit rotem Teppich morgens um 9 Uhr –, hielt Meryl eine kleine Goodbye-Rede. In leichter Abschiedswehmut lüftete sie dann doch noch – so trocken wie die *Shy Grape* – das Geheimnis ihrer Juryzusage: »I was impressed four years ago waiting on stage for Dieter to give me my ›Honorable Golden Bear‹ how relaxed the Berlinale is. He came running on stage and on his way he grabbed a bouquet of white florist's daisy out of the hand of a dazed and confused fan in the first row. He gave me the flowers, still wrapped in cheap plastic. Thank you, Dieter, that was the first time in my life that I've got flowers from a gasoline station. I thought that this is a place where I could have fun.«

Dass ihr die entspannte Atmosphäre bei der Ehrenpreisverleihung vor vier Jahren gefallen hatte, war das eine. Umso bemerkenswerter, dass letztendlich der billige Tankstellen-Blumenstrauß, den ich kurzerhand einem Fan entrissen und ihr überreicht hatte, sie zur Rückkehr als Jurypräsidentin bewogen hat. Zweifelsohne eine unterhaltsame Geschichte, auf die wir noch mal mit einem Glas *Shy Grape* anstießen.

JULIETTE BINOCHE

Es war ein heißer Sommertag 2013, als ich Małgorzata Szumowska auf dem Dach des Breslauer Festivalhotels Monopol von unserem damaligen Zentraleuropa-Experten Niki Nikitin vorgestellt wurde. Von meinem Besuch der nahe gelegenen wieder aufgebauten Synagoge war ich ganz in Gedanken versunken und hatte noch den himmlischen Geschmack der köstlichen Pelmenis aus dem dazu gehörenden jüdischen Restaurant im Mund. Das quirlige Krakauer

Nachwuchstalent der polnischen Filmszene holte mich wieder zurück ins Hier und Jetzt. Es war der Beginn einer Freundschaft und langer Verbundenheit mit der Berlinale. Fünfmal war sie auf unserem Festival mit ihren Filmen vertreten.

2012 brillierte Juliette Binoche in Małgorzatas Film *Elles* (*Das bessere Leben*), dem Eröffnungsfilm des Panorama-Programms. Ein Film, der zu großen Teilen in Köln und Düsseldorf gedreht und von meiner ehemaligen Filmstiftung gefördert wurde. Die polnische Regisseurin und die französische Schauspielerin arbeiteten nicht nur zusammen, sie freundeten sich auch an. Es kommt öfter vor, dass die Oscar-prämierte und mit vielen Auszeichnungen geehrte Juliette mit ihren Regisseurinnen intensive professionelle und freundschaftliche Beziehungen pflegt, so auch mit Isabel Coixet, einer spanischen Regisseurin, die ihre Filme oft unserem Festival gab.

2015 eröffnete die Berlinale mit Isabels Film *Nobody Wants the Night*. Darin spielt Juliette Binoche die Ehefrau Josephine Peary des Polarforschers Robert Peary auf der Suche nach ihrem verschollenen Mann im ewigen Eis.

Und natürlich war sie für Publikum und Filmfans der Star aus *The English Patient* (*Der englische Patient*), für den sie einen Oscar und einen Silbernen Bären der Berlinale erhielt. Mit ihren Filmen *Chocolat* (*Chocolat – Ein kleiner Biss genügt*), *Les Amants du Pont-Neuf* (*Die Liebenden von Pont-Neuf*) oder Krzysztof Kieslowskis Trilogie *Trois couleurs: Bleu* (*Drei Farben Blau*) wurde sie weltberühmt. Diesen Status hatte sie sich mit großer Disziplin und unglaublicher Schauspielkunst erarbeitet.

Ich kannte Juliette von ihren Berlinale-Auftritten mit atemberaubenden Roben auf dem roten Teppich. Sie war sehr umgänglich, immer freundlich, ja freundschaftlich. Für mich war sie die ideale Jurypräsidentin. Außerdem ist sie eine sehr engagierte Künstlerin für Umwelt und Klima, und ich wusste, dass sie von unserer Filmreihe Native sehr angetan war. Bei Native zeigten wir Filme *über*, aber noch eindrucksvollere Filme *von* indigenen Völkern.

In jüngster Zeit unterschrieb sie mit vielen internationalen Künstler*innen einen Aufruf zum Schutz des brasilianischen Regenwaldes und der bedrohten Ureinwohner. Mitunterzeichner waren auch die Produzentin und Schauspielerin Trudie Styler und ihr Mann, der Sänger und Musiker Sting.

Juliette Binoche war also die richtige Frau, um eine Berlinale-Jury zu präsidieren. Ich fragte sie bei unseren Treffen immer wieder; es klappte nie. Als ich 2018 Małgorzata in Meryl Streeps Jury einlud, startete ich einen neuen Versuch und bat meine polnische Kollegin um Unterstützung. Am Telefon meinte Juliette, dass sie sich das jetzt ernsthaft überlege, es sei ja mein letztes Festival. Und sie fügte hinzu: »Einmal will ich dabei sein.«

Es mussten noch einige Termine verschoben werden, bis ich endlich an ihre Tür in einem noch gut erhaltenen Pariser Bezirk klopfen konnte. Neben ihrem Haus ein alter Blumenladen, überhaupt sah das Arrondissement aus wie *Die Welt der fabelhaften Amélie*. Der fabelhaften Juliette kaufte ich meine Lieblingsblumen, ein Bouquet Windröschen De Caen, Anemonen in den schönsten Farben. Violett, hellrot, dunkelblau. Juliette fand den Strauß auch ungebunden und ohne Plastikhülle wunderschön, und beim Tee sprachen wir über die Arbeit einer Jurypräsidentin.

Ich hatte die Jury für mein Abschiedsjahr schon beisammen, Multitalent Trudie Styler, deren Filme *Freak Show* und *Skin* von Guy Native auf der Berlinale liefen, sowie der amerikanische Filmkritiker Justin Chang, Regietalent Sebastián Lelio, dessen *Gloria* und eine *Una mujer phantástica* (*Eine fantastische Frau*) mit Oscar und Silbernen Bären ausgezeichnet wurden, außerdem New Yorks MoMA-Film-Chef Rajendra Roy und eine meiner Lieblingsschauspielerinnen, Sandra Hüller, bekannt aus *Toni Erdmann*.

Juliette mochte diese Jury, und wie ihre Vorgängerin-Kollegin Meryl Streep manövrierte sie ihr Team sicher durch die zehn wilden Tage des Festivals. Neben den Filmsichtungen mussten auch die Jury und Juliette eine Menge protokollarischer Auftritte absolvieren – alles tadellos. Sie wurde beschrieben als »die perfekte Jurypräsidentin, da die Französin für vieles steht, was Kino heute ausmacht: Star-Appeal und Oscar-Ehren, aber auch Kino als Kunstform«. So kommentierte es die Deutsche Welle weltweit.

Und auch sie lüftete am Ende des Festivals in dem Dokumentarfilm von Thomas Schadt über meine letzte Berlinale *Das Kino ist tot, es lebe das Kino* noch das Geheimnis ihrer Zusage, Berlinale-Präsidentin zu werden. »Als Dieter mich bereits vor Jahren fragte, dachte ich mir, das kann ich nicht machen, bevor ich nicht Jurypräsidentin in Cannes gewesen bin. Ich bin schließlich Französin. Also rief ich Cannes-Chef Thierry Frémaux an und erzählte ihm von dem Angebot. Er sah das genauso. Aber als er mich nach vier Jahren immer noch nicht gefragt hatte, sagte ich Dieter zu.«

Da gilt der alte Spruch auf einem T-Shirt, das mir ein Berlinale-Fan am roten Teppich schenkte. Mit weißer Schrift auf blauem Grund stand da in fetten Buchstaben: »Cannes, muss aber nicht«, ein Wortspiel, das wir uns am Eröffnungsabend nicht trauten zu zitieren.

Anouk & Fidel

Es musste ein Dienstag sein und Punkt 18 Uhr. Dann konnte die Telefonverbindung mit einer »der schönsten Frauen der Welt« hergestellt werden. Ich stand gerade vor dem Ritz-Carlton am Potsdamer Platz, als der Anruf kam. »Bonsoir Monsieur, here is Anouk Aimée«, sprach eine feste Stimme auf Englisch. Endlich konnte ich mit einer der Ikonen der Filmgeschichte sprechen.

Im Frühjahr 2002 hatten wir Claudia Cardinale mit einem Goldenen Ehrenbären für ihr Lebenswerk ausgezeichnet. Seit wir damals im Kino International Fellinis *8 ½* gezeigt hatten, wollte ich auch Anouk ehren. In Fellinis Meisterwerk spazierten Claudia und Anouk in weißen Kleidern wie in einer Traumszene über die Leinwand. Gerade hatte Mario Adorf eine launige Laudatio auf »Claudia Nationale« gehalten. Die großen weiblichen Weltstars beschrieb er kurz in doppelten Buchstaben: MM, BB und natürlich CC, Marilyn Monroe, Brigitte Bardot und natürlich Claudia Cardinale. Ich war aber vor allem von AA begeistert, von Anouk Aimée. Sie sollte, wenn möglich, schon ein Jahr später geehrt werden. Die Chancen standen gut. Die quirlige Regisseurin mit wildem roten Haar, Marceline Loridan-Ivens, arbeitete an ihrem neuen Film *La petite prairie aux bouleaux* (*Birkenau und Rosenfeld*); darin wird erzählt, wie ein KZ-Opfer den Orten seiner Kindheit und den Leiden seiner Familie wiederbegegnet. Anouk Aimée und August Diehl spielten die Hauptrollen. Dieser Film, so hatte ich das mit Marceline besprochen, sollte auf der Berlinale 2003 seine Premiere haben und Anouk geehrt werden. Die Sache mit dem Film ging klar, aber mit Anouk war das nicht so einfach. Sie lebte, so wurde mir berichtet, zurückgezogen in Paris und war nicht einfach aus dem Haus zu locken. Auch nicht mit einem Goldenen Bären. Der eindrucksvolle Star spielte in Filmen der besten Regisseure der Welt, mit Sidney Lumet, Jacques Demy und Claude Lelouch, mit dessen Film *Un homme et une femme* (*Ein Mann und eine Frau*) sie 1966 weltberühmt wurde. Der Film wurde mit einem Oscar und Golden Globe ausgezeichnet, und Anouk erhielt den Britischen Filmpreis, ebenfalls einen Golden Globe und eine Oscar-Nominierung. 2020 waren Jean-Louis Trintignant und sie, die beiden Liebenden des Films, noch einmal zu sehen. In *Un homme et une femme: Vingt ans déjà* (*Die schönsten Jahre eines Lebens*) begegnen sich die beiden noch einmal. Lelouchs Neuverfilmung zeigt auch viele Ausschnitte des Films von 1966.

Anouk ist eine beeindruckende und oft beschriebene »schöne Frau«, und ich wusste, wie schwer es war, sie zu überreden. Fast ein Jahr lang – seit der Vorführung von *8 ½* – hatte ich einen Bildband auf meinem Schreibtisch liegen, aufgeschlagen mit einem eindrucksvollen Schwarz-Weiß-Porträt von ihr. Wie ein afrikanischer Giri-Giri-Zauber sollte der tägliche Blick auf mein Lieblingsfoto von ihr zum Erfolg führen.

Als ich dann fröstelnd auf dem zugigen Potsdamer Platz mit ihr telefonierte, zögerte sie: Warum soll sie geehrt werden, sie habe das nicht verdient, und im Winter nach Berlin zu reisen, und dann noch der »KZ-Film« ...

Ich lobte und pries ihre Kunst in nahezu 70 Filmen, natürlich Fellinis *La dolce vita* und *8 ½*, natürlich Lelouchs Filme und *Prêt-à-Porter* von Robert Altman. Den hatten wir gerade geehrt. Namedropping nennt man so etwas, aber wenn es hilft, warum nicht.

Aber Anouk versuchte geschickt, um unser Angebot herumzukommen.

Sie möchte nicht so prominent in die Öffentlichkeit. »Ich bin nicht schön«, beschied sie mich auf Englisch.

Da sah ich meine Chance.

»You are beautiful. I know this«, widersprach ich, erzählte ihr vom Fotoband auf meinem Schreibtisch und flötete von dem *breathtaking portrait* ins Telefon. Dieses Foto würden wir auch gerne auf das Plakat einer Hommage ihrer Filme nehmen.

Plötzlich wurde sie lauter und bestimmt. »So, *mon cher ami*, jetzt hast du eine 50-prozentige Chance. Gefällt mir das Foto, komme ich. Wenn nicht, dann eben nicht. – Wer hat das Foto gemacht?«

»Brigitte Lacombe, die berühmte französische Fotografin«, antwortete ich. Ihre Fotos von Prominenten und Filmstars werden weltweit in Magazinen und Büchern veröffentlicht, so auch das Porträt von Anouk.

Ja, das sei ein gutes Foto ihrer Freundin Brigitte. Und sie hielt Wort. »Also, wenn ich nach Berlin komme, dann habe ich zwei Wünsche: Ich möchte ins Hotel Adlon und mit dem ›jungen Mann‹ in eurer Regierung sprechen, den ich sehr sympathisch und gut finde«, bat sie.

Hotel Adlon selbstverständlich, aber wer war der »junge Mann« in der Regierung von Kanzler Gerhard Schröder? Es stellte sich heraus, dass es um Außenminister Joschka Fischer ging.

»Kein Problem, das bekommen wir hin«, sagte ich leichtfertig. In der Euphorie dachte ich nicht allzu lange nach. Ich kannte den Remstaler Grünen-Politiker Rezzo Schlauch ganz gut, Landsmann und Freund des »jungen Mannes«, und der musste das regeln, dachte ich.

2003 war das Jahr des Kriegsgetöses, und US-Präsident Bush wollte unbedingt Revanche für 9/11. Bundeskanzler Schröder und sein Kabinett weigerten sich, der Invasionsallianz im Irak beizutreten, anders als der »willige Freund« Tony Blair aus Großbritannien. Die Beziehungen zwischen den USA und Deutschland waren angespannt.

Im Panorama-Programm der Berlinale sollte Oliver Stones zweistündiges Fidel-Castro-Porträt *Comandante* gezeigt werden. In unserem VIP-Room, wo wir die Regisseure und Filmteams täglich empfingen, besuchte uns der kubanische Botschafter mit einigen ernst dreinblickenden Herren. Sie wollten die Filmvorführung vorbereiten und *buenos dias* sagen.

Die ernsten Herren sahen sich gewissenhaft um, während ich im geübten Small Talk dem Botschafter von meiner Mutter Martha erzählte, die den »Fidel«, wie sie ihn schwäbisch vertraut nannte, bewunderte. Nicht politisch, mehr als gut aussehenden, starken Mann. Der Botschafter war beeindruckt. Wir verstanden uns gut, und so nahm er auch meinen Vorschlag ernst, den »Máximo Líder« zur Weltpremiere im – natürlich – sozialistischen Flaggschiff-Kino International an der Karl-Marx-Allee einzuladen. »Wir laden immer die Hauptdarsteller zur Premiere ein«, argumentierte ich, und hier gab es nur einen: den damals 76-jährigen Exrevolutionär, der im Film freimütig über Che Guevara, John F. Kennedy, Richard Nixon und über sein Privatleben als Liebhaber, Ehemann und Vater sprach.

Tags darauf waren der Botschafter und seine wieder ernst dreinblickenden Begleiter zurück. Castro hätte sich sehr über meine Einladung gefreut und wollte kommen, meinte der Botschafter sichtlich stolz. Die Sensation war da. Ein echter Coup.

Wir verschoben die Premiere auf den letzten Festivaltag. Castro wollte nur einfliegen, auf die Bühne und wieder weg. Kein politischer Besuch, nur Festivalpräsenz.

Aufgeregt rief ich im Kanzleramt, im Büro des Bundeskanzlers an: »Der ›Máximo Líder‹ kommt zur Berlinale. Unglaublich, unfassbar, großartig, was für eine Sensation, und Oliver Stone, geachteter Regisseur von *Platoon* und bewunderter Filmemacher, wird auch da sein.« Begeistert gab ich die Neuigkeiten weiter.

Ich glaubte, dieselbe Begeisterung auch im Kanzleramtsbüro zu vernehmen, auf jeden Fall wollte ich das so hören. Für mich war damit die »politische Konsultation« mit der Regierung erledigt.

Lange konnten wir das Geheimnis nicht in der Berlinale zirkeln lassen. Der Besuch sickerte durch, das Staunen war groß, und die Absage kam prompt und überraschend: Der Botschafter überreichte mir ein paar Tage später einen von Fidel persönlich geschriebenen Brief, in dem er sich noch einmal für die Ehre bedankte, er aber aufgrund der allgemeinen politischen Situation nicht kommen könnte. Der Berlinale wünschte er ein friedliches und gutes Gelingen. »Gracias Fidel Castro.«

Für mich war das die größte Enttäuschung des Festivals, und ich verstand zwar den politischen Zusammenhang, aber für einen echten Revolutionär müssen auch solche Umstände überwindbar sein. Dachte ich.

Wie schön wäre es gewesen, wenn Kriegsminister Rumsfeld aus der Ferne das »alte Europa« geeint mit dem Erzfeind Castro auf dem roten Teppich hätte sehen müssen. Ausgerechnet auf der Berlinale, diesem mit großer Unterstützung der Amerikaner gegründeten Festival.

Spike Lee, Martin Scorsese und Dustin Hoffman wetterten damals gegen Bush im eigens eingerichteten »Speakers Corner« im Kino CinemaxX, und während der Großdemonstration gegen den Golfkrieg am Potsdamer Platz wurde Michael Winterbottoms *In This World*, das Flüchtlingsdrama eines afghanischen Jungen aus Kabul, vom Jurypräsidenten Atom Egoyan mit dem Goldenen Bären ausgezeichnet. Der Film der Stunde.

Und Anouk Aimée? Sie war großartig, witzig und schlagfertig, charmant und gescheit, und sie demonstrierte Solidarität: »Ich bin ein Teil von old Europe, Mister Rumsfeld«, äußerte sie sich bei ihrer Ehrung auf der Bühne. Ihre Wünsche wurden alle erfüllt. Sie wohnte im Hotel Adlon, und pflichtbewusst hielt sie alle Termine pünktlich ein. Hans Helmut Prinzler, damals Chef der Berliner Kinemathek, der das Hommage-Filmprogramm mit einigen ihrer Lieblingsfilme kuratierte, überraschte sie mit einem schönen Buch über sie. Das Lacombe-Foto zierte die Broschüre und das Plakat der Hommage.

Es fehlte nur noch Joschka Fischer. Und der machte einen Mitternachtstermin mit dem Star trotz aller Widrigkeiten möglich: Eigentlich war er unterwegs von Israel in Richtung New York am nächsten Tag. Er landete in Berlin und fuhr direkt ins Hotel. Als ich nach dem letzten roten Teppich gegen Mitternacht protokollgerecht noch im Hotel Adlon vorbeischaute, saßen beide wie vertraute Freunde in einer abgeschirmten Ecke und redeten so angeregt, dass ich ein paar Meter entfernt diskret wartete. Es dauerte, und wie mir Anouk später erzählte, kannte Joschka Fischer ihre Filme, war ein großer Bewunderer von ihr, so wie sie ihn bewunderte.

Ein schöner Abend, und gerade wollte ich mich herzlich beim Außenminister bedanken, da fuhr mich der Filmfreund barsch an: »Falls Sie noch mal mithelfen wollen, einen Weltkrieg zu inszenieren, rufen Sie mich besser vorher an. Ich habe Ihre Einladung abgesagt.«

Das war also der Grund für Fidels Absage. Er wollte dem Kabinett Schröder nicht noch mehr Ärger machen.

Trotz aller Enttäuschung wurde *Comandante* zum meistbeachteten Film dieser sehr politischen Berlinale. Und ich hatte eine Reise nach Kuba gewonnen: Am Ende seines zweiseitigen Briefes lud mich Fidel Castro nach Havanna ein.

Im Sommer 2004 flog ich dann über Mexiko nach Kuba. Nach einer Woche Havanna in einer Villa im schönen Belvedere, umsorgt und rund um die Uhr »betreut« von Köchin und Fahrer, ging es zurück zum Flughafen. Bis dahin hatte ich den »Máximo Líder« nicht getroffen. Aber jetzt lief er direkt vor meiner Nase auf dem Flur der Lounge vorbei. Der sucht wohl mich, um wenigstens *Adios* zu sagen, dachte ich und rannte ihm nach. »Comandante, comandante ...«, rief ich.

Er drehte sich um und kam auf mich zu. Irgendwie hatte ich ihn etwas anders in Erinnerung.

»Ich bin Ramón, Fidels älterer Bruder. Was machen Sie denn hier?«

»Ihr Bruder hat mich eingeladen, ihn zu besuchen, aber er hatte keine Zeit für mich.«

Ramón zog zwei sehr lange Havannas aus der Brusttasche, und wir tranken einige eiskalte Mojitos in der eiskalten Lounge.

Auf den Comandante persönlich musste die Berlinale verzichten, nicht aber auf das kubanische Kino. Der Journalist, Filmemacher und Freund Castros Gianni Minà brachte uns mehrere Dokumentarfilme über Castro und Che Guevara nach Berlin. Und mit den eindrucksvollen Filmen von Fernando Pérez, mit *Suite Habana* (*Suite Havanna*) und *Madrigal* und vor allem mit seinem *La vida es silbar* (*Das Leben, ein Pfeifen*) und seinem letzten Film *Últimos días en la Habana* (*Letzte Tag in Havanna*) zeigte die Berlinale »Meilensteine des kubanischen Kinos«.

Auch den Dokumentarfilm *Travelling with Che Guevara* über den Medizinstudenten Ernesto Che Guevara und seinen Motorradkompagnon Alberto Granado, die auf einer altersschwachen Norton 500 durch Lateinamerika fuhren, drehte Gianni Minà.

Drei Monate nach der Berlinale präsentierte der brasilianische Regisseur Walter Salles, nach einem nervenzerrüttenden Geschachere zwischen den Filmfestivals Cannes und Berlin, den Spielfilm *Diarios de motocicleta* (*Die Reise des jungen Che*) an der Côte d'Azur mit dem charmanten Gael García Bernal als Che Guevara. Der Dokumentarfilm, mit Ches echtem Freund Alberto Granado, wurde in Berlin gezeigt. Cannes hatte Gael, wir Alberto, das Original.

Duett mit einer Solistin

Die jährliche Eröffnung der Internationalen Filmfestspiele war für mein Team und vor allem für mich immer einer der schwierigsten Momente, aber für die folgenden zehn Festivaltage entscheidend. Dieser Abend bestimmte die Stimmung der Filmfans für das gesamte Festival.

Der Ablauf war immer gleich: Pünktlich um 18:30 Uhr begann der Abend mit dem Defilee der Stars, Filmteams, Prominenten und Politiker*innen auf dem roten Teppich. Zwei Stunden später, nach der Begrüßung der versammelten großen Gästeschar, ging es dann sofort auf der Bühne mit der Vorstellung der internationalen Jury und des Filmteams des Eröffnungsfilms weiter. Und es wurde gedankt. Den Sponsoren, den Gästen und den Ehrengästen. Politiker*innen hielten Reden. Das gibt es weder in Cannes noch in Venedig, sondern nur in Berlin. Eine nahezu unendliche Liste von Pflichten musste an diesem Abend absolviert werden. Und: Dieser Abend war zwar der Beginn der Festivalwoche, aber für mich auch das Ende vieler Monate voller Unwägbarkeiten, Stress, Enttäuschungen, Absagen in letzter Minute, Kartenwünschen von wichtigen Personen, die glaubten, eingeladen zu sein. 1754 Gäste passen in den Berlinale Palast, weitere 700 ins nahe CinemaxX-Kino, und 1895 zahlende Filmfans verfolgten die Eröffnung mit einer Übertragung in den Friedrichstadt-Palast. Zum anschließenden Empfang waren fast 3500 Menschen eingeladen, weitere 3500 waren enttäuscht, weil sie nicht eingeladen wurden. Wer wie wichtig ist, entscheiden oft die Beteiligten selbst. Eine brisante Mischung aus Gala und Gaga, tausend Möglichkeiten, Fehler zu machen. Bei all diesen Bedingungen musste der Charme des Abends – eine Mischung aus Herzlichkeit, Witz, Humor, Professionalität, Spontaneität und halbwegs politischer Correctness – die Stimmung tragen.

Billy Wilder, der Regisseur mit den besten Pointen, ging am Sonntag vor dem ersten Drehtag zum Meister mit dem besten Humor Ernst Lubitsch in dessen Villa in Hollywood. Wilder: »Morgen ist der erste Drehtag meines Films, und ich mache mir ...« Lubitsch: »Morgen ist der erste Drehtag meines 42. Films, und ich mache mir ...«

Diese Ängste und Gefühle sind, glaube ich, universell. Wer einmal auf der Bühne einer solchen Gala gestanden hat und in den vollbesetzten Saal blickte, muss schon Chuzpe haben oder superprofessionell sein. Am besten beides.

Und so jemanden gibt es. Eine kleine Frau mit großer Wirkung, eine Frau, die keinen Teleprompter braucht, nicht einmal Handzettel, eine Frau, die etwas vom Film versteht, aber nicht cineastisch doziert, die voll umwerfendem Witz, Humor und großer Schlagfertigkeit ist, die alle Namen und Filmtitel im Kopf hat und sie fehlerfrei aussprechen kann. Und das in drei Sprachen. Eine Frau, die angstfrei zu sein scheint, die Stars wie Jake Gyllenhaal zum Schwitzen bringt und voller Konzentration die vorgegebene Zeit für die Live-Übertragung fürs Fernsehen einhält: Anke Engelke, kurz Anke. Sie spielt viele Rollen, kann singen und tanzen, schauspielern und seriöse Fragen in den Pressekonferenzen stellen, und sie weiß sogar mit den kompliziertesten Diven umzugehen.

Bei meinem ersten Festival 2002 lernte ich sie am roten Teppich kennen. Wir zeigten Ron Howards Film *A Beautiful Mind* (*A Beautiful Mind – Genie und Wahnsinn*) mit Russell Crowe als mathematischem Genie. Anke arbeitete am roten Teppich für das WDR-Fernsehen und stand mit ihrem Team immer nahe am Eingang des Berlinale Palasts. Poleposition. Der Film wurde während seiner Weltpremiere auf der Berlinale für acht Oscars nominiert, und Russell Crowe stand zwei Stunden lang der Presse zur Verfügung. Die Stimmung war aufgeheizt. Auch weil Crowe als bester Hauptdarsteller nominiert war. Doch nach der Pressekonferenz war er wie vom Erdboden verschwunden. Erst kurz nach 22 Uhr tauchte er wieder am roten Teppich auf. Viel zu früh. Er rannte die kurze Strecke vorbei an den Fernsehteams und kreischenden Fans in den Berlinale Palast. Niemand konnte ihn aufhalten. Doch – eine: Anke. Was immer sie auch zu ihm rief, er stoppte, drehte sich zu ihr, blaffte sie mit einem ungehaltenen »Wuff« an und rannte weiter. Im Fernsehen konnte man später Ankes Reaktion sehen: Sie drehte sich blitzschnell zur Kamera um und kommentierte: »Den habe ich schon im Bett.« Der rote Teppich war zwar ruiniert, aber Anke hatte ihre Geschichte.

Ein Jahr später moderierte sie die Eröffnungsgala. 2003 hatten wir den perfekten Eröffnungsfilm: *Chicago, das Musical*. Geballte Stardichte auf dem Teppich, Renée Zellweger, Richard Gere, Queen Latifah, Catherine Zeta-Jones, und zu meiner Überraschung brachte sie auch ihren Ehemann

Michael Douglas mit. Ein fulminanter Tanzfilm. Die Stimmung war überbordend, es wurde gesungen, und auf der Party anschließend im Berlinale-Club Adagio tanzte Renée Zellweger alias Roxie Hart mit Regisseur Rob Marshall und Richard Gere und den anderen Hollywood-Gästen die halbe Nacht. Es wurde sogar geraucht.

Anke moderierte in Höchstform. Man konnte die verdutzten Gesichter der Stars sehen, als sie sich über die prominenten Gäste lustig machte. Sie trauten ihren Ohren nicht, wie diese energiegeladene Moderatorin perfekt durch den Abend führte. Bei der kurzen obligatorischen Pause vor Beginn des Eröffnungsfilms bat Anke die Gäste, sie mögen doch bitte nach spätestens zehn Minuten wieder von der Toilette zurückkommen, wir würden pünktlich beginnen. Da war sie, die Anke, die selbst eine solche – für viele politisch unkorrekte – Ansage im Griff hatte. Die Gäste kehrten zurück, schallend lachend. Nach dem Film kam Michael Douglas hinter die Bühne, um Anke zu gratulieren. »Something like you, we don't have in Hollywood!« Was für ein Kompliment, dass es eine solch tolle Anke nicht mal in Hollywood gab. Da war selbst sie erstaunt. Und nahm das Kompliment in ihrer blau-goldenen Designerrobe schweigend an. Sie strahlte, sie glühte.

Anke wuchs im kanadischen Montreal dreisprachig auf, moderierte schon als junges Mädchen im Radio und interviewte Größen wie ABBA. Sie weiß, dass man nur dann kontrollierte Grenzüberschreitungen wagen kann, wenn man sich perfekt vorbereitet. Vor dem Festival kam sie in mein Büro, wollte alles über die Filme, die Stars und die eingeladene Prominenz wissen. Bei der Generalprobe am Nachmittag der Eröffnung legten wir nur zwei bis drei Themen fest, über die wir abends sprechen würden. Ich hatte keine geschriebenen Reden, aber Anke gab mir die Sicherheit, dass wir es auch spontan schaffen würden, das Publikum zu erheitern. Manches Mal gab es Abstürze, vor allem bei meinen Redebeiträgen. Als Wes Andersons Film *Isle of Dogs* das Festival eröffnete, fragte ich ins Publikum, wie der Hund von Lars von Trier heißt. Da keiner im Saal antwortete, sagte ich: *Dogma*. Niemand lachte, bis auf eine Südamerikanerin in der zweiten Reihe vorne links und meine Ehefrau in Reihe 19. Die Frau aus Südamerika konnte nicht mehr aufhören vor Lachen, als Anke die Frage wiederholte: »Also wie heißt der Hund?« Jetzt lachten auch alle anderen. Die bis dahin unbekannte Frau stellte sich als eine der Schauspielerinnen des paraguayischen Films *Las herederas* (*Die Erbinnen*) vor, der später mit einem Silbernen Bären geehrt wurde. Es war Ana Ivanova.

Anke konnte auch anders: Als während der Bühnenshow politische Aktivisten nackt über den roten Teppich rannten und Flugblätter von den oberen Rängen warfen, lernten wir ihr Reaktionsvermögen kennen. Die Situation war brenzlig, wir hatten wichtige Politiker im Saal, Sicherheitsstufe 1. Anke bat um eins der Flugblätter und las die Forderung von der Bühne aus vor. Die Aktivisten zogen wieder ab. Mit jeder Eröffnung wurde sie brillanter. Sie ging in den Saal und sprach direkt mit dem Publikum und den Stars. Unvergessen ihr spontanes Interview mit James Franco direkt an seinem Platz in Reihe 18. Er kam sichtlich ins Schwitzen, als sie ihm verbal immer näherkam und er versuchte, sie mit einer Einladung auf einen Drink nach der Gala loszuwerden. Anke: »Sorry, ich kann leider nicht, ich muss da noch arbeiten.«

Oft wurden wir gefragt, wie lange wir zusammen diesen Abend vorbereiten würden, um so perfekt unperfekt auf der Bühne zu agieren. Gar nicht. Wir haben uns in all den Jahren nur zweimal auf ein Glas Wein getroffen. Unser Treffpunkt war der Berlinale Palast. Für ihre liebenswerte Professionalität und ihre wahnsinnigen Geschichten und Schlagfertigkeit und ihr absolutes Gespür für das Publikum habe ich sie immer bewundert. Anke ist vielleicht eine Stand-up-Comedienne, die Performance bei der Berlinale war jedoch jedes Mal eine Pop-up-Unternehmung. Am letzten Abend gab ich ihr auf der Bühne ein kleines Abschiedsgeschenk. Einen blauen Berlinale-Schlüsselanhänger mit der Bemerkung: »Anke, ich bin dein größter Anhänger.«

TEIL 3

THURSDAYS FOR FUTURE

Kino ist unverzichtbar
für die Demokratie
Bundespräsident
Frank-Walter Steinmeier,
Juni 2020

Systemsprenger

In den ersten Monaten nach diesem letzten Abend mit Anke Engelke, sogar noch mehr als ein Jahr später, hatte ich das Gefühl, aus einem fahrenden Zug ausgestiegen zu sein. War ich auch, denn Filmfestivals wie die Berlinale florierten mit großer Filmkunst, prominenten Jurys und Publikumsrekorden. Der Zug war allerdings in letzter Zeit langsamer geworden, und jetzt steht er. Die Pandemie hat alles verändert, auch die Filmfestivals. Plötzlich sind Themen, mit denen ich mich in meinem beruflichen Leben intensiv auseinandergesetzt habe, auf neue Weise wichtig geworden: Ökologie, Nachhaltigkeit, Vielfalt, Gerechtigkeit. Das waren lange Zeit Aspekte, die nicht zwingend zum Reden über Kino gehörten, jedenfalls nicht für alle. Jetzt kann die Zukunft des Kinos, ebenso wie die anderer Kultur- und Wirtschaftszweige, nicht mehr anders gedacht werden. Erst recht nicht, wenn öffentliche Gelder im Spiel sind. Die Zeit drängt. Im Oktober 2020 las ich in der *Süddeutschen Zeitung*, dass in den ersten sechs Monaten der Pandemie weltweit mehr als 12 Billionen Dollar für staatliche Hilfsprogramme ausgegeben wurden. Ein Zwölftel dieser Gelder jährlich würde ausreichen, um das Zwei-Grad-Ziel der Erderwärmung des Pariser Abkommens bis 2024 einhalten zu können. Es ist also einiges möglich, gerade jetzt. Auch für das Kino und den Film, für alle.

Ausgerechnet Trolls haben 2020 das Film- und Kinosystem während einer der schwersten Krisen der Kinogeschichte gesprengt: Mitten in der Coronapandemie besuchten die Zuschauerinnen und Zuschauer die Trolls nicht im Kino, sondern wurden umgekehrt selbst von ihnen zu Hause besucht. 2016 brachte der erste Animationsfilm mit den *Trolls* im Kino knapp 350 Millionen Dollar ein. 2020 reisten die Trolls auf ihrer *Trolls World Tour* in der »Premium-Klasse«. Mit »Premium« garantierte das Hollywood-Studio NBC Universal, dass der Film über die niedlichen Trolle vorher nicht in den Kinos gezeigt werden würde, sondern direkt auf den Bildschirmen der Zuschauerinnen und Zuschauer. Ein Test, um die herkömmlichen Auswertungsformen eines Films – erst im Kino, dann auf DVD, im Fernsehen und als Video-on-demand – zu brechen.

Der Test spülte auf Anhieb fast hundert Millionen Dollar in die Kassen von Carl Laemmles früherem Studio Universal. Ein kommerzieller Riesenerfolg, nicht nur in den USA, sondern weltweit. Verärgert rief Adam Aron, der Präsident von AMC Theatres, dazu auf, künftig Filme von Universal zu boykottieren. AMC ist die weltweit größte Kinokette mit 11 000 Leinwänden in 15 Ländern. In Deutschland zählen die 200 Leinwände der Kinokette UCI dazu. Und die Chinesen haben bei AMC ein gewichtiges Wort mitzureden, denn die Kette gehört der chinesischen Medienfirma Wanda Group.

Jeff Shell, Chef von NBC Universal, ließ sich von dieser Drohung nicht beeinflussen. Er ging voraus, und die anderen Studios zogen nach. Shell äußerte sich euphorisch gegenüber dem *Wall Street Journal* und dem *Hollywood*

Reporter: »Die Ergebnisse von *Trolls World Tour* haben unsere Erwartungen übertroffen und die Rentabilität von ›Premium‹-Video-on-demand bewiesen. Wir gehen davon aus, dass wir künftig Filme in beiden Formaten veröffentlichen werden, sobald die Kinos wieder öffnen.«

Diese Bemerkung ist der Systemsprenger aller bisherigen Filmauswertungsmodelle. Ein Zukunftsmodell?

Auch für die anderen Studios war die Universal-Strategie ein Testlauf, um zu sehen, ob es auch ohne Kinos geht. Und es ging besser, als alle vermutet hatten. Die 95 Millionen Dollar Einnahmen in drei Wochen waren zwar auch dem grassierenden Virus zu verdanken, aber diese Art der Auswertung ist für die Studios profitabler als die bisherige. Denn das Studio bekommt so nicht die üblichen 50 Prozent der Kinoeinnahmen, sondern der digitale Verleih des Studios behält 80 Prozent und erhält zusätzlich die Einnahmen aus dem Kino, falls er anschließend, wie *Trolls*, dann auch noch dort gezeigt wird. Das lohnt sich. Auch in Deutschland wurde der Film wegen Corona per Video-on-demand gestreamt. »Es sieht so aus«, schrieb ein Businessmagazin, »als hätte Universal eine Goldgrube entdeckt.«

Kaum hatte sich die Aufregung etwas gelegt, da meldete die *Daily Mail*, dass Amazon am Kauf der angeschlagenen Kinokette AMC Interesse hätte. Ausführlich wurde beschrieben, warum sich der Kauf der mit 5 Milliarden Dollar verschuldeten Kinokette für Amazon lohne. Nicht nur wäre der Versandhändler und Kinoproduzent dem Konkurrenten Netflix um 1000 Kinos voraus, es würde für Amazon bei einem möglicherweise schrumpfenden Kinomarkt auch auf andere Weise Sinn ergeben: Die 11 000 Leinwände der

1000 AMC-Kinos garantierten Amazon einen landesweiten Kinostart, und das könnte renommierte Hollywood-Regisseure davon überzeugen, mit Amazon zu arbeiten. »Damit«, so die *Daily Mail*, »wäre die Macht der Hollywood-Studios gebrochen. Die Kinos könnten auch für Serienstarts genutzt werden, zum Beispiel *Star Trek: Picard*, den die Fans gerne auf der großen Leinwand sähen.«

Ein gehöriger Teil des Glaubenskrieges in der Filmbranche wird um die Frage geführt, ob Filme im Streaming überhaupt ihre volle Kraft entfalten können. »›Filme werden fürs Kino gemacht‹ ist ein prägnanter Satz, der bisher verhinderte«, so die Zeitung weiter, »dass Streaming-Anbieter als gleichwertige Bewerber um die Oscars betrachtet werden. Das dürfte mit einer eigenen Kinokette überflüssig sein.«

Und dann war auch noch eine klassische amerikanische Geschäftsargumentation zu lesen: Wenn alles schiefgehe mit dem Kino in der Zukunft, hätte der weltgrößte Versandhändler immer noch die Möglichkeit, die leeren Kinos als Logistiklager für seinen Versand zu nutzen. Was für eine Verdrehung der Situation des Kino-Streaming.

Christian Bräuer, einer der beiden Geschäftsführer der Yorck-Kinogruppe in Berlin, Vorsitzender der AG Kino – Gilde deutscher Filmkunsttheater, Mitglied im Vorstand der europäischen Arthouse-Förderung Europa Cinemas und Präsident des europäischen Arthaus-Kinoverbands CICAE, ein mächtiger Kinolobbyist, klingt resigniert angesichts dieser Entwicklung. Auch bei den europäischen Kinobetreiber*innen bilden die kassenträchtigen Filme aus den USA einen wichtigen Bestandteil ihres Programms. Aber bei einer Auslastung von maximal 20 oder 30 Prozent lohnt es sich seiner Ansicht nach für die großen Studios nicht, diese Filme an die Kinos zu verleihen, weswegen sie diese lieber on demand verkaufen würden. Was wiederum dazu führt, dass den Kinos diese Filme fehlen. Dann, so Christian Bräuer im Mai 2020 in der *Süddeutschen Zeitung*, stelle sich die Frage, »ob es nicht günstiger ist, das Kino geschlossen zu lassen«. Und das wäre eine wirkliche Krise des Kinos.

Aber so weit muss es nicht kommen. Die Kinos können auch weiterhin attraktive kulturelle Institutionen bleiben, die durch nichts Vergleichbares zu ersetzen sind. Die Frage ist nur: wie?

Krisen des Kinos – eine Überlebenschance

> Der Tonfilm ist wirtschaftlicher und geistiger Mord!
> Seine Konservenbüchsen-Apparatur klingt wellenhaft, quietscht, verdirbt das Gehör und ruiniert die Existenzen der Musiker und Artisten.
> Internationale Artisten-Loge e. V. Deutscher Musiker-Verband, 1929

Neue Ideen, künstlerische und technische Innovationen und Erfindungen wie zum Beispiel das Fernsehen, der Videorekorder und der Stream waren, sind und bleiben eine Herausforderung fürs Kino. Was uns heute vollkommen normal erscheint – dass die Bilder auch sprechen –, sorgte in den späten 1920er Jahren für die erste große Krise. Als der Tonfilm sich zu etablieren begann, witterten viele, unter ihnen so Prominente wie Charlie Chaplin, das Ende der Filmkunst. Die Vulgarität des blechernen Tons würde den stummen Zauber der Bilder zerstören. Heute sind Stummfilme eine Rarität, Filme ohne Dialog in der absoluten Minderheit. Das Ende der Kunst hat der Ton mit Sicherheit nicht eingeläutet. Er hat das Kino aber radikal verändert.

Eine weitere Krise löste das Fernsehen aus, als es zum Massenmedium wurde. Jedes neue Medium ahmt zu Beginn sein Vorgängermedium nach, wie wir seit der Lektüre von Marshall McLuhans *Understanding Media* wissen. Das Kino brauchte seine Zeit, um sich vom Theater zu lösen (das es im Übrigen auch immer noch gibt und auf dessen erzählerischer Tradition viele Filmstoffe heute noch beruhen). Das Icon für die YouTube-App auf Apples Smartphones bildete lange Zeit ein Röhrenfernseher, und das im Zeitalter der Digitalisierung, die nicht nur das Kino und die Rezeption medialer Inhalte, sondern das gesamte Zusammenleben der Menschen verändert hat und weiterhin verändert. Noch heute werden bei Apple Serien unter der Kategorie »Fernsehen« vertrieben, die neueste App heißt Apple TV+. Auch wenn die Mehrheit der Inhalte mit dem klassischen massenmedialen Fernsehen nichts mehr zu tun hat.

Mit Smartphone oder Tablet ist das Filmesehen bequemer denn je geworden. Mit einem mobilen Gerät hat jeder Mensch Zugang zum Internet und die Möglichkeit, die gesamte audiovisuelle Welt zu konsumieren, egal, wo sie oder er sich aufhält. »Beam me up, Scotty«, hieß es noch bei *Star Trek* (*Raumschiff Enterprise*), heute beamt man Scotty selbst ins audiovisuelle Universum und streamt ihn sich zu Hause auf den Bildschirm.

Das ist wirklich etwas Neues. Technisch perfekt, zielgruppenspezifisch fokussiert, fast immer verfügbar in Originalversion mit Untertiteln. Auch bei Filmfestivals laufen die Filme seit jeher in der Originalsprache, aber bei Mainstream-Filmen im regulären Kinobetrieb würde das nicht funktionieren, argumentierten die Studios und Kinobesitzer, weshalb sich Deutschland eine teure, aber qualitativ auch hervorragende Synchronisationsbranche leistet. Mittlerweile haben wir es aber mit einer veränderten Gesellschaft zu tun: Kinder lernen im Grundschulalter Englisch, wenn sie das nicht schon in bilingualen Kindergärten oder in der internationalen Krippe getan haben. Schüler*innen legen ein Schuljahr im Ausland ein, wenn sie es sich leisten können, ein Auslandssemester gehört in den Plan vieler Studierender. Originalfassungen mit oder ohne Untertitel sind selbstverständlicher geworden, auch weil Authentizität generell an Wert gewonnen hat. Synchronisierungen können auf die Zuschauer*innen, die nur noch Originalversionen gewöhnt sind, komisch wirken.

Stirbt nun das Kino am Streaming oder am Coronavirus? Oder an beidem?

Die Sterbeglöckchen läuten laut oder werden laut geläutet. Nicht zum ersten Mal. Vielleicht hilft ein Blick in die 125-jährige Geschichte, um zu sehen, wie robust das Kino durch alle Krisen hinweg geblieben ist.

New Hollywood – Trouble in Wonderland

Verfolgt man die wiederkehrenden Diskussionen, kann man leicht den Eindruck gewinnen, dass das Kino immer in der Krise ist. Das stimmt nicht. Aber das Kino und die Filmindustrie haben nur durch einige entscheidende Krisen überhaupt überlebt.

2004 beschäftigte sich die Retrospektive der Berlinale »New Hollywood 1967–1976: Trouble in Wonderland« mit dem Dauerbrenner »Krise des Kinos«. Einer der Filme zeigte folgende Szene: Eine Prostituierte räkelt sich nackt auf einem Grab. Erst später sieht man, wie sie sich auszieht. Sexuelle Ekstase, dann wieder die Gräber. Die Chronologie ist auf den Kopf gestellt. Eros und Thanatos sind ohne System ineinander verschlungen. Ein Moment schieren Wahnsinns, ohne ordnende Hand.

Die Szene stammt aus Dennis Hoppers Meisterwerk *Easy Rider* von 1969, einem Glanzstück des New Hollywood. Sie hallt in ihrer Wucht, Unbekümmertheit und Freiheit lange nach. Dreist und schockierend. Zu ihrer Zeit brach sie mit allen Regeln des guten Hollywood-Geschmacks, vor allem, was die stilistischen Mittel betraf. Alle Regeln der klassischen Dramaturgie wurden einfach über den Haufen geworfen. Der Film wirkte wie ein Urknall im verkrusteten US-amerikanischen Studiosystem. Steppenwolfs »Born To Be Wild« wurde zur Hymne einer Generation. Die Goldene

Ära Hollywoods drohte zu verblassen und steckte in einer tiefen wirtschaftlichen wie künstlerischen Krise.

Die Krisen des Kinos folgen offenbar einem Gesetz zur Innovation und Regelung von Systemen. Wie Störvariablen verhelfen diese Krisen dem Kinosystem zum Überleben. Eine der größten Krisen, wenn auch nicht die erste, erlebte Hollywood durch die Möglichkeit der audiovisuellen Unterhaltung zu Hause. Der mächtige Konkurrent kam ab dem Ende der 1940er Jahre in die Wohnzimmer und wurde zum Massenmedium. Auch im Deutschland der 1960er Jahre begann mit der flächendeckenden Verbreitung des Fernsehens ein Kinosterben. In der Geschwindigkeit der Verbreitung, nicht in absoluten Zahlen, ist der rasante Siegeszug des Fernsehgerätes mit dem Wachstum der Streaming-Anbieter durchaus vergleichbar. Folgt man den Ausführungen des Medienwissenschaftlers Lorenz Engell in seiner lesenswerten Einführung in die Filmgeschichte *Sinn und Industrie*, gab es 1948, in meinem Geburtsjahr, in den USA ungefähr eine Million TV-Geräte, fünf Jahre später waren es schon 24 Millionen. Und jetzt ein analoger Blick auf die Streaming-Anbieter: Bis Herbst 2020 hatte Netflix 195 Millionen Abonnenten weltweit, 37 Millionen mehr als ein Jahr zuvor. Und Disney+, der neue Streaming-Dienst mit den *Star Wars*-, Marvel- und Pixar-Filmen, hatte Mitte 2020 bereits neun Monate nach seinem Start über 60 Millionen Kunden.

Die Krise durch die Streaming-Anbieter heute ähnelt der Krise durch die Fernsehgeräte damals. Allein zwischen 1947 und 1951 verlor die Traumfabrik Hollywood die Hälfte ihrer Zuschauer*innen. Zu diesem dramatischen Einbruch trug auch noch ein sogenanntes Entflechtungsurteil bei, das den großen Studios verbot, weiterhin ihre eigenen Kinoketten zu betreiben.

Hollywood-Pionier Carl Laemmle versuchte der Krise schon zu Beginn vorzubeugen, beispielsweise mit Themenparks, heute Gelddruckmaschinen der Studios. Man nennt das Diversifikation. Die Bilanzen der Kinounternehmen sähen kläglich aus ohne den Verkauf von Popcorn und verdünnten zuckersüßen sogenannten Erfrischungsgetränken. Dieser »Süßwarenumsatz« musste schon relativ früh zum Überleben des Kinos beitragen.

Was aber passiert, wenn das Kino doch in eine existenzielle Krise gerät? »Dann beginnt die Filmindustrie mit der Entwicklung von Gegenstrategien«, schreibt Lorenz Engell. »Hollywood entschließt sich, seine alten Prinzipien zwar nicht aufzugeben, aber zu verändern.« Und welche Veränderungen waren das damals? Unter anderem ein neues Starsystem mit Sexsymbolen und Pin-up-Girls. Stars, die auch auf den damaligen Internationalen Filmfestspielen in Berlin die Fans begeisterten, wie Jayne Mansfield, die 1961 sogar für ihr beherztes Busen-Posing vor dem Zoo Palast ein Honorar von 2000 Mark bekam. Sie präsentierte sich im sommerlichen Berlin – damals fand das Festival noch im Juni statt. Der grandiose Festivaljahrgang mit Filmen von Jean-Luc Godard und Michelangelo Antonioni ging in die Geschichte als »Busen-Berlinale« ein, zwei Monate vor dem Mauerbau am 13. August.

Diese Strategien waren erfolgreich. Ab 1962 wurde wieder das alte Zuschauerniveau erreicht. Allmählich arrangierten sich die Studios mit dem Fernsehen. Damals wie heute wurde die Größe der Kinoleinwand gegen das winzige Fernsehbild »ausgespielt«, mit neuen Technologien wie verschiedenen Breitwandverfahren, zum Beispiel Cinemascope, 70-Millimeter-Filmen und sogar bereits 3-D-Kinos mit Brillen aus Pappe. Genres wie Western und Musicals wurden mit großem Erfolg »perfektioniert und wiederbelebt«, so Engell. Speziell für den Western eignete sich das neue Breitwandverfahren besonders. Durch die Brechung der Genreregeln ergab sich eine größere Autonomie für Produzenten, Regisseure und Cast sowie die Geburt der Independent-Szene – ebenso wie Filmschaffende in aller Welt heute die Zusammenarbeit mit den neuen Streaming-Plattformen als wesentlich freier für ihre Kreativität bezeichnen und auf die Beispiele neuer, auch radikalerer und ungewohnter Erzählweisen in deren Angebot verweisen. Vielleicht ist diese Entwicklung die Basis, auf der Hollywood auch nach der nächsten Krise sich erneuern und wiederaufbauen wird.

Die frühen Vertreter des New Hollywood – Arthur Penn, Sam Peckinpah, Robert Altman, John Cassavetes – debütierten allesamt zwischen 1957 und 1961. Fast zeitgleich mit Europa hat sich, wenngleich in einem anderen Verlaufsmuster, auch in Amerika das Filmmedium erheblich gewandelt, schreibt Engell. Die meisten der Regisseure dieser Bewegung lernte ich während meiner Berlinale-Zeit persönlich kennen. Robert Altman bekam 2002, in meinem ersten Jahr als Festivaldirektor, den Goldenen Ehrenbären verliehen. 26 Jahre vorher zeichnete ihn die Jury mit seinem ersten Goldenen Bären für *Buffalo Bill and the Indians* (*Buffalo Bill und die Indianer*) aus. Arthur Penn, der sympathische und bescheidene Regisseur des 1967 gedrehten

Klassikers *Bonnie and Clyde* (*Bonnie und Clyde*), wurde 2007 mit einem Goldenen Bären für sein Lebenswerk geehrt. Als ich ihn mit meiner Kollegin Karen Arikian in seinem New Yorker Lieblingsrestaurant Café des Artistes zum Mittagessen traf, lernte ich seine Bescheidenheit kennen. Ob er denn eine Filmkopie von *Bonnie und Clyde* habe, fragte ich. Seine Antwort: »Nein, aber ich habe gehört, der Film würde bald auf DVD herauskommen, dann werde ich mir vielleicht eine kaufen.«

Bei der erwähnten Berlinale-Retrospektive, verantwortet vom damaligen Berliner Kinemathek-Chef Hans Helmut Prinzler, waren 66 Filme aus der New-Hollywood-Periode zu sehen. Der umfangreiche Katalog von damals beschreibt die Filme und ihren Entstehungsprozess. Werke, ohne die das heutige Filmschaffen nicht zu denken wäre. Regisseure wie Francis Ford Coppola, William Friedkin oder Peter Bogdanovich – um nur einige zu nennen – revolutionierten die Produktionsweisen und filmischen Mittel. Die monumentalen Technicolor-Schlachten der 1950er Jahre lockten langsam niemanden mehr aus dem Haus. Ohne die jungen Wilden hätte das alte Hollywood nicht überleben können. Und ohne die lebensbedrohliche Not des alten Systems wäre die neue Generation niemals zum Zuge gekommen.

Das US-amerikanische Kino war nicht alleine. In den späten 1960er Jahren dockte es nur an die verschiedenen paneuropäischen Neuerungsbewegungen an, die das Filmschaffen bereits massiv verändert hatten. Der Ursprung dieser Revolution war Frankreich. Regisseure wie Jean-Luc Godard oder François Truffaut hatten sich konsequent gegen das Wirken ihrer Vorgängergeneration gestellt, die industriellen Produktionsprozesse im US-amerikanischen Studiosystem kritisiert und die Politik der Autoren ausgerufen.

Auch in Deutschland wurde die Filmkrise diskutiert. Unter der Überschrift »Papas Kino ist tot« erschien das »Oberhausener Manifest« am 28. Februar 1962 im Rahmen der Westdeutschen Kurzfilmtage, wie die Internationalen Kurzfilmtage Oberhausen damals noch hießen. Die Protagonisten wendeten sich gegen das vorherrschende eskapistische Heile-Welt-Kino in Westdeutschland. Symbolträchtig ließen sich die Regisseure des Neuen Deutschen Films in und auf einem mächtigen, PS-starken Schaufelbagger fotografieren.

Was alle diese Bewegungen gemeinsam haben: Ausschließlich Männer dominierten das Geschehen. Erst seit wenigen Jahren haben wir es glücklicherweise auch hier mit einer Revolution zu tun.

Kino per Post

Als wir den ersten vollständig von Netflix produzierten Film 2019 in den Wettbewerb der Berlinale einluden, liefen Kinobesitzer Sturm und protestierten auf dem roten Teppich. »Keine Filme von Streaming-Diensten in den Wettbewerben internationaler Festivals«, hieß es. Wenn, dann sollen die Filme »außer Konkurrenz« gezeigt werden. Isabel Coixet, die renommierte und respektierte spanische Regisseurin des fraglichen Wettbewerbsfilms *Elisa y Marcela* (*Elisa und Marcela*), eine treue Freundin des Festivals, wehrte sich bei der Pressekonferenz. Zum einen würde es eine Kinoauswertung in Spanien geben und der Film somit nicht sofort online gehen. Ein anderer Grund für ihre Zusammenarbeit mit Netflix war gravierender: Ohne den US-amerikanischen Anbieter wäre der Film nie entstanden, weil Coixet und ihre Produzenten jahrelang im traditionellen System das Geld nicht hatten auftreiben können. Und sie war kein Einzelfall. Viele angesehene Regisseur*innen, die ihre Arbeiten im traditionellen System nicht mehr finanziert bekamen, liefen zu den Streaming-Anbietern über.

Zur großen internationalen Erregung kam es bei Martin Scorseses Gewerkschafts- und Mafia-Thriller *The Irishman*, den ursprünglich das Studio Paramount produzieren wollte. Als die Kosten auf weit über 100 Millionen Dollar kletterten, stieg es jedoch aus. Netflix übernahm. Der Start von

The Irishman wurde zum Eklat. Viele der US-amerikanischen Kinoketten wie AMC, Cinemark, Regal oder Cineplex weigerten sich, den Film ins Programm zu nehmen, weil die Zeit, in der neue Werke exklusiv im Kino zu sehen waren, immer kürzer wurde. Trotz dieses Protestes fand die Premiere von *The Irishman* beim New York Film Festival statt und absolvierte seine notwendigen acht Tage in den Kinos. Der Film wurde tatsächlich in zehn Kategorien für den Oscar nominiert – allerdings mussten die Macher nach einer traurigen Nacht mit leeren Händen nach Hause gehen. Abgestraft.

Netflix hat nicht als Streaming-Portal begonnen – so wie wir es heute kennen, entstand das Unternehmen erst 2007. Es wurde jedoch bereits 1997 gegründet, als es noch kein weitreichendes und vor allem kein schnelles Internet gab, mit dem man Inhalte qualitativ hochwertig und flächendeckend hätte streamen können. Vor Netflix begann sowieso alles erst mal mit der Musik. Das, wie man es damals nannte, »Saugen« von MP3-Dateien auf Napster rund um die Jahrtausendwende war der Anfang.

Damals dachte niemand an die Filmfreunde in der Provinz, die nicht die Möglichkeit hatten, im Kino um die Ecke die neuesten Produktionen aus aller Welt zu sehen. Niemand außer den Netflix-Gründern Reed Hastings und Marc Randolph, die ein Geschäftsmodell aus der Provinz machten: In die kinematographisch verödeten, kinoleeren Landstriche und Städte verschickten sie DVDs per Post, das Kuvert zum Rückversand war inklusive. Schon damals führten sie ihr Abonnementmodell ein, abgerechnet wurde per Flatrate, einer festen monatlichen Rate. In den ersten Jahren gaben die

Studios bereitwillig für kleines Geld die Rechte an ihren Filmen und Serien an den altmodisch anmutenden Filmverleih ab. Erst als die Einkünfte des Unternehmens und anderer Streaming-Anbieter wie Amazon und iTunes exponentiell wuchsen, wachte das traditionelle Kinosystem auf.

In Deutschland entwickelte sich die Lage ähnlich: In den 1990er Jahren, als die Fernsehsender mit viel Geld in die deutsche Filmförderung einstiegen, kümmerte sich niemand besonders intensiv um den Vertrieb der Filme auf Video oder später auf DVD. Aber als die Filme *Der bewegte Mann* von Sönke Wortmann und vor allem *Knockin' on Heaven's Door* von Thomas Jahn und Til Schweiger nicht nur im Kino, sondern auch auf DVD erfolgreich waren und der Preis für die Fernsehrechte in neue Dimensionen wuchs, rang man erbittert um die so wenig positiv klingenden »Sekundärauswertungen«. Ich kann mich noch gut an die heftigen Debatten bei der Filmstiftung NRW erinnern, als es um die Fernsehrechte von vielversprechenden Filmen ging. Es wurde um jedes mögliche Recht an einem audiovisuellen Produkt gekämpft.

Die neue Praxis führte zur aktiven Beteiligung der Fernsehinstitutionen bei den Filmförderungen. Mit dieser Beteiligung sicherten sich erst die öffentlich-rechtlichen Sender, dann die privaten Fernsehsender und heute sogar die Streaming-Anbieter von Beginn an die Rechte an neuen Produktionen. Die 1990 gegründete Filmstiftung NRW GmbH gehörte zu 50 Prozent dem Westdeutschen Rundfunk als Gesellschafter. Skandal oder fortschrittliches Modell? Auf einer Pressekonferenz, als deren soeben eingestellter Geschäftsführer, scherzte ich 1991 noch: »Wir sind die einzige

Filmförderung mit einem eigenen Sender.« Meiner Meinung nach war das ein guter Satz, aber er wurde mit gequältem Lächeln quittiert.

Die uralte Angst ging um, dass die Fernsehsender die Kinomacher »über den Tisch ziehen« würden. Bei der Podiumsdiskussion »Screaming About Streaming« 2019 in Berlin stellte ich die Frage: »Warum steigen die Streaming-Dienste nicht ins Kinogeschäft ein? Für mich wäre das der nächste, logische Schritt.« Er kam schneller als gedacht.

Dass die Streaming-Anbieter Ambitionen haben, ins Kinogeschäft einzusteigen, zeichnete sich in den letzten Jahren immer deutlicher ab. 2020 hat Netflix eines der renommiertesten Kinos Hollywoods gekauft, das Egyptian Theatre, ausgerechnet von der American Cinematheque, der zugesichert wurde, auch weiterhin am Wochenende das Kino bespielen zu dürfen. Geschaffen hat es in den frühen 1920er Jahren Sid Grauman, der auch für den Bau des wohl berühmtesten Kinos der Welt verantwortlich war, des Chinese Theatre, vor dessen Eingang am Hollywood Boulevard die weltweit bekannten Sterne prominenter Filmgrößen zu finden sind.

Mit der Übernahme taucht Netflix tief in die ruhmreiche und glamouröse goldene Ära ein und kann die Kinoauswertung seiner Produktionen nun mehr und mehr selbst kontrollieren. Auch wenn ein wichtiger Grund für den Gang ins Kino zumindest temporär ausgesetzt wurde: Für die Teilnahme an den Oscars 2021 reicht aufgrund der Coronakrise eine einzige Veröffentlichung in einem Kino. Die Strategie des Unternehmens zeigte sich auch in unmittelbarer Nähe der Berlinale. Als das CineStar im Sony-Center Ende

2019 schließen musste und dem Festival eine der zentralen Spielstätten wegbrach, signalisierte Netflix Interesse, die Säle weiter zu betreiben.

Schließlich begannen auch die deutschen Fernsehsender, sich auf dem Streaming-Markt durch den Aufbau eigener Mediatheken zu positionieren. Die Vorbehalte waren riesig und äußerten sich in langwierigen Debatten um die Details des Rundfunkstaatsvertrages, der die Regeln für das Agieren der Sender im Netz fixiert. Eckpunkte wie das »Sieben-Tage-Gebot«, das den öffentlich-rechtlichen Sendern erlaubt, seine Programme nur sieben Tage ins Netz zu stellen – und an das sich heute kaum jemand mehr erinnern kann –, wurden verabschiedet.

Für das Kino wurde die Situation durch den exponentiell wachsenden Streaming-Markt immer bedrohlicher. Warum noch ins Kino gehen, wenn dieselben Inhalte bequem auf der heimischen Couch zu empfangen sind? Der inzwischen milliardenschwere Umsatz der Streaming-Portale fesselte ja nicht nur immer mehr Zuschauer*innen, sondern gewöhnte ihnen auch ein neues Konsumverhalten an. Das suchtgetriebene, von jedem festen Ort entkoppelte sogenannte Binge-Watching, das endlose Schauen von Serien, gehörte innerhalb weniger Jahre zum Medienalltag vieler Menschen.

Vor knapp zehn Jahren begann Netflix, in die Eigenproduktionen einzusteigen. Ein erster aufsehenerregender Erfolg war die Serie *House of Cards* mit Kevin Spacey und Robin Wright in den Hauptrollen und unter der Regie des renommierten Regisseurs David Fincher. Serien waren das Einfallstor in eine neue Zeit und einen Markt, der sich schnell veränderte. Innovative Erzählweisen, kaum mehr zu überblickende Heere an Charakteren und Plot-Twists verführten und verführen geradezu zur Sucht des Binge-Watchings: beste Voraussetzungen für Netflix, Abonnements zu verkaufen. Serien als Format wurden in den heiligen Kanon der Kunst erhoben und brachten den Streaming-Anbietern großes Prestige. Und sie erzeugten einen Mehrwert, den das traditionelle Kino nicht bieten konnte. Zunächst gab es in Sachen Auswertung auch keine Probleme, schließlich liefen serielle Formate nicht im Kino. Als 2014 in der Reihe Berlinale Special zwei Folgen der zweiten Staffel von *House of Cards* zu sehen waren, protestierte niemand. Der Kinosaal im Festspielhaus war ausverkauft von begeisterten Fans der Serie. Alle kannten die erste Staffel. Seit 2015 widmet sich die Berlinale Series komplett den Serien.

Natürlich wollte Netflix mehr davon. 2015 folgte mit dem amerikanischen Kriegsdrama *Beasts of No Nation* der erste eigenproduzierte Film. Und ein neues Auswertungsmodell: Cary Fukunagas Drama um einen Kindersoldaten startete zeitgleich in den Kinos und auf der Streaming-Plattform. Das war ein entscheidender Moment. Denn das Kino lebt in den Augen der Kinobetreiber – auch heute noch – von der Zeitspanne zwischen Kinostart und der Veröffentlichung eines Films auf anderen Kanälen, sei es auf DVD oder als Stream. In Europa sind in den nationalen Filmfördergesetzen die Auswertungszeiten genau festgelegt. Sie betragen bis zu 36 Monate. Netflix begann dieses Zeitfenster, das in den USA aus wirtschaftlichen Gründen durchschnittlich 4,5 Monate beträgt, immer weiter zu schließen und in den ureigensten Reservaten des Kinos zu wildern.

Der Streaming-Gigant war hier jedoch keinesfalls Vorreiter. Bereits 2006 brachte der Filmemacher Steven Soderbergh seinen Film *Bubble* zeitgleich ins Kino, ins Pay-TV und auf DVD heraus (Streaming-Dienste gab es damals noch nicht). John Fithian, der Präsident der National Association of Theatre Owners, bezeichnete Soderbergh damals als »die größte Gefahr für die Überlebensfähigkeit der Kinoindustrie«. Denn dieser ungewöhnliche Auswertungsweg kam auch noch ausgerechnet nach einem der schwersten Jahre: 2005 war die Zahl der Kinobesucher*innen in den USA um 8 Prozent zurückgegangen. Netflix ist mittlerweile nicht nur, wie oben erwähnt, im Besitz von eigenen Leinwänden, sondern kauft auch Verleihrechte. Der Anbieter präsentiert sowohl die eigenproduzierten Filme, aber auch Filme, deren Verleih er übernommen hat, auf international renommierten Festivals und bringt sie für nur kurze Zeit ins Kino. So zum Beispiel Alfonso Cuaróns Drama *Roma*, das 2019 drei Oscars gewann, darunter als bester nicht englischsprachiger Film. Netflix hatte die weltweiten Rechte erworben, und was man den Betreiber*innen der Kinosäle an kurzer Auswertungszeit noch zugestand, war in deren Augen nichts weiter als ein Feigenblatt. Die Diskussionen hierüber waren äußerst kontrovers.

Das Kerngeschäft von Netflix blieb jedoch auch nach *Roma* das Streaming. Das Interesse an einer Auswertung im Kino ist eher zweitrangig und dient nach Meinung vieler Branchenkenner als Image-Maßnahme. Kino findet längst nicht mehr zuallererst im Kino statt. Die »Sekundärauswertung« entwickelte sich mehr und mehr zur ersten Vermarktung der Filme im Netz.

Die Studios wehren sich

Der Einstieg Disneys – eines der ältesten und mächtigsten Studios – ins neue audiovisuelle Geschäft 2019 mit dem Streaming-Dienst Disney+ war ein Paukenschlag, der vor allem die Kinobetreiber*innen sorgenvoll in die Zukunft blicken ließ: Was würde der eigenständige digitale Vertrieb der Studios für die klassische Kinoauswertung bedeuten? Im Januar 2020 bei der Münchner Filmwoche, bei der jedes Jahr die Verleihfirmen ihr Programm des kommenden Kalenderjahres präsentieren, hörte man zunächst versöhnliche Töne, die Zweifel zerstreuen sollten: Ziel der neuen Strategie sei eine friedliche Koexistenz von Kino und Streaming. Disney sprach vom Wohle des Publikums – auf die Einnahmen an den Kinokassen konnte und will das Studio nicht verzichten.

Aber Disney rüstete auf seiner digitalen Plattform immens auf und behielt die Streaming-Rechte der Eigenproduktionen. Mit weltbekannten Blockbustern wie *The Avengers* von Marvel und den *Star Wars*-Vehikeln hatte man nun zwei der erfolgreichsten Kinoserien im Programm, die vorher auf Netflix zu sehen gewesen waren. Auch Firmen wie der zuverlässige Arthouse-Bestseller-Lieferant Fox Searchlight wurden zusammen mit dem Mutterkonzern von Disney gekauft und damit die Rechte an den älteren, international preisgekrönten und erfolgreichen Arthouse-

Produktionen, die sehr oft auch bei der Berlinale im Wettbewerbsprogramm ausgezeichnet wurden, wie *Grand Budapest Hotel* und *Isle of Dogs* von Wes Anderson oder *My Name Is Khan* mit Indiens Superstar Shah Rukh Khan. Ein riesiges Filmarchiv, das in der neuen Ära wieder fruchtbar – und zu Geld – gemacht werden kann.

Aber Kino ist mehr als nur Film. Kino ist auch Architektur.

Ausflug in ein »altes« Kino

Kinos, gerade auch ihre einzigartige Architektur, können zäh sein.
Das beweist eine der schönsten Manifestationen von Kinoarchitektur: der Berliner Zoo Palast. Bereits vor über hundert Jahren, seit 1915, wurden dort Filme gezeigt. In den Goldenen Zwanzigern war er Heimstatt glamouröser Premieren wie der von Fritz Langs *Metropolis*. Fotos von damals zeigen die endlose Schlange von Menschen, die den Film unbedingt sehen wollten und vor dem Gebäude geduldig warteten. Nach seiner Erfolgszeit folgte der lange Fall: Im Zweiten Weltkrieg wurde der Zoo Palast beinahe komplett zerstört und 1955 abgerissen, aber nur um von Neuem zu entstehen. Bereits 1957 wurde er wiedereröffnet, mit dem großartigen Film *Die Zürcher Verlobung* mit der wunderbaren Liselotte Pulver. Mit dem Bikini-Haus und dem Huthmacher-Haus bildete der Zoo Palast das neue »Zentrum am Zoo«.

Dieser Palast war nicht nur ein Geniestreich modernster Architektur, sondern auch Ausdruck des Optimismus der 1950er Jahre. Als »Schaufenster des Westens« bildete er das Gegenstück zum Kino International im Ostteil der Stadt und wusste so auch von der symbolischen Aufrüstung in Zeiten des Kalten Krieges zu erzählen.

Der große Saal mit über 1200 Plätzen wurde eigens für die Berlinale errichtet. Von 1957 bis 1999 waren die Filmfestspiele im Zoo Palast zu Hause, die zentrale Spielstätte mit internationalen Premieren im Wettbewerb. Über seinen roten Eingangsteppich schritten viele Stars: Walt Disney, Jodie Foster, James Stewart, Tom Hanks, Jack Lemmon, Dustin Hoffman, Jacques Tati und Steven Spielberg. 40 Jahre lang spiegelte sich hier das alte Westberlin für zehn Tage im Glanz des Weltkinos. Auch jenseits der Festivaltage war dieses Lichtspielhaus das wichtigste der Stadt.

Der Zoo Palast war aber nicht nur »Schaufenster des Westens«. Bei genauerem Hinsehen bietet er auch einen viel weiteren Blick, einen Blick in den Weltraum. Ein wunderschönes Foto von Christine Kisorsy, mit viel Liebe aufgenommen, zeigt die atemberaubende Decke, ein weiß umrandetes Oval, in dem Lichtpunkte auf schwarzem Grund wie Sterne am Nachthimmel zu erkennen sind. »2010 – Odyssee II im Weltraum, der Zoo Palast kommt zurück«, schrieb ich damals in Kisorsys Fotobuch *Kino-Magie. Zoo Palast Berlin.*

Doch die Geschichte und die Krisen gingen auch am Prunkstück Berliner Kinokultur nicht spurlos vorbei. 2010 wurde der Zoo Palast aufwendig saniert. Der prächtige, nach dem Umbau immer noch fast 1000 Sitze fassende Hauptkinosaal blieb erhalten, und mit ihm auch Charme und Eleganz der fünfziger Jahre. Am 27. November 2013 wurde nach dreijähriger Bauzeit der »Zoo« mit einer Gala wiedereröffnet. Der engagierte Kinomacher Hans-Joachim Flebbe hatte das Kunststück zustande gebracht: Der Palast erstrahlte im Scheinwerferlicht, denkmalgeschützte Details zierten das Kino, das nun mit neuester Technik und einem grandiosen Soundsystem ausgestattet war. Flebbe und seine

Investoren hatten an nichts gespart. An dem Abend konnte ich – 56 Jahre nach der Weltpremiere – die immer noch frische, schöne, witzige und schnippische Liselotte Pulver begrüßen. Und ein Foto gab es vor dem riesigen Originalplakat des Films *Die Zürcher Verlobung*. (Liselotte Pulver war übrigens 1959 als Esther für die Hauptrolle in *Ben Hur* vorgesehen. Sie war zu beschäftigt und konnte nicht. Deshalb besetzte William Wyler die israelische Schauspielerin Haya Harareet.)

Als im Jahr 2000 die Berlinale an den Potsdamer Platz umzog, war es im Zoo Palast mit den Wettbewerbsfilmen des Festivals zu Ende. Trotzdem blieben die Festspiele ihrem Lieblingskino treu. Seit 2014 und bis heute werden dort die Filme der Berlinale-Reihen Panorama und Generation gezeigt, immer bei vollem Haus. Das Publikum ist nach wie vor begeistert von dem opulenten, frappierten, festlich-rosafarbenen Vorhang. Neben der sternenfunkelnden Decke gibt es viele weitere Besonderheiten zu entdecken wie die Lampen und Leuchter, die Eingangstüren und das Kassenhäuschen. Das prachtvolle architektonische Bauensemble der zwei Säle machte das Kino zum Flaggschiff der Berlinale. Die Raumwirkung des Atelier-Kinos und des großen Saals schafft ein wunderbares Kinogefühl, intim, groß und großartig zugleich.

Der Gang ins Kino hat eine eigene Qualität, die das Streaming zu Hause so nicht bieten kann. Die Architektur des Kinos ermöglicht den Raum, der den Film zu einem einzigartigen Gemeinschaftserlebnis werden lässt, wenn sich der glitzernde Vorhang hebt, das Licht gedimmt wird und die

Filmkunst durch das Publikum magisch wird. Kino ist auch immer ein Schritt durch den Raum und die Zeit des Alltags. Die eigenen Gewissheiten zu verlassen und sich an einem Ort, der eben nicht das gewohnte Zuhause ist, auf Neues einzulassen, stellt einen besonderen Reiz dar. Gerade in Coronazeiten, in denen der Radius immer enger geworden ist, werden das viele Menschen nachvollziehen können.

Kino bedeutet auch Öffentlichkeit. Ein gemeinsames Erleben. Kino ist nicht nur Architektur, dunkler Raum – es ist vor allem auch ein soziales Ereignis, wie das gemeinsame Essen. Die Gefahren des Rückzugs in die heimischen Gefilde, die Personalisierung von Inhalten und das Einrichten in eigenen Echoräumen, Blasen und Algorithmen – all dies wurde durch den Aufschwung von Facebook und den damit verbundenen erschreckenden Einfluss auf das Ergebnis der US-Präsidentschaftswahlen 2016 allzu deutlich. Eine Gesellschaft braucht Orte der Begegnung und des Zusammenkommens wie das Kino. »Call me old-fashioned, but I like, you know, a bunch of strangers coming to a dark room watching light on a screen and having something happen«, erklärte der US-Schauspieler Willem Dafoe, als ich ihm im Berlinale Palast 2018 den Goldenen Ehrenbären überreichte.

Altmodisch erscheint allerdings nicht Dafoes Lust am geteilten Erleben, sondern das Bild der Zuschauerin und des Zuschauers, wie es heute nur allzu oft gezeichnet wird. Wir erleben eine apokalyptische Couch-Potato, eine angeblich träge Herde, die sich auch nach der Coronakrise nicht mehr aus ihren Wohnzimmern wegbewegen soll. So wird das Publikum heute als passiv allesguckend stigmatisiert. Dieses Publikum gibt es zwar auch, aber Willem Dafoe meint das andere, das aktive, das mit »vielen fremden Menschen in einen dunklen Raum geht, um dem Lichtspiel auf der Leinwand zu folgen«. Und wer das bisher nicht macht, kann es trotzdem noch in der Zukunft wollen. Als die Kinos im März 2020 schließen mussten, war jedenfalls die Bereitschaft, ihnen zu helfen, riesig. Gutscheine, Spenden, Millionen von Bund und Ländern. Das Publikum verzichtet noch lange nicht auf die lieb gewonnenen Orte wie Konzertsäle, Museen und Kinos, wie der Erfolg der neu gebauten komfortablen Delphi-Lux-Kinos zeigt. Mit Qualität, Komfort und Architektur kann man auch heute ein großes Publikum gewinnen. »Kinos als Bestandteil zukunftsfähiger urbaner Kultur« anzupassen, fordert Festival-Vordenker Lars Henrik Gass. »Kurz, man müsste Kino als Kulturbau ästhetisch, architektonisch, sozial, technologisch und städteplanerisch neu denken.«

Treffpunkt Filmfestivals

Dass die Liebe zum Kino und seinen Qualitäten ungebrochen ist, zeigt auch die Erfolgsgeschichte der Berlinale und anderer Filmfestivals. Sie sind der Beweis, dass das Kino weder altmodisch ist noch sich überlebt hat. Zu Hunderttausenden strömen nationale und internationale Gäste Jahr um Jahr im kalten Februar in die Berliner Kinosäle. In meinem letzten Jahr gingen die Berlinale-Fans mehr als 500 000 Mal in die Festivalkinos. Hunderte stehen Jahr für Jahr am roten Teppich, kämpfen um Selfies mit den Stars, feiern sich selbst und den Film. Die Fotos, die entstehen, sind auch notwendig für die Produktionsfirmen: Der Publicity-Wert einer Emma Stone im Jogginganzug vor dem Rechner in ihrem Wohnzimmer dürfte auf Dauer überschaubar sein.

Das Kino wird sich jedoch damit arrangieren müssen, dass die Streaming-Industrie dabei ist, sich zu einer Macht zu entwickeln. 2020 hat der Börsenwert von Netflix zeitweise den von Disney, dem bisher an den Börsen am höchsten gehandelten Medienunternehmen, überholt. Und die primären Ziele der Anbieter sind offensichtlich: »Alles, was wir tun, tun wir mit dem Ziel, die Subskriptionen von ›Amazon Prime‹ zu fördern. Unsere ganze Marketinganstrengung ist auf den globalen Start des Films auf der Prime-Plattform gerichtet«, so die Amazon-Studios-Chefin Jennifer Salke.

Das Kino hat seine Widerstands- und Anpassungsfähigkeit in seiner Geschichte immer wieder bewiesen. Was das Kino heute braucht, ist eine Strategie für das Überleben im digitalen Zeitalter. Es sollte sich auf die Dinge besinnen, die es zu einem einzigartigen Erlebnis machen. Den Fokus verschieben und nicht die Frage, wie das Kino in seiner jetzigen Form bewahrt bleiben kann, ins Zentrum stellen. Es sollte stattdessen danach fragen, wie es sich verändern muss. Welche Teile müssten unbedingt erhalten werden, welche haben sich längst überholt?

Dass Filmfestivals und ihre Auswahl von der Digitalisierung profitieren können, zeigte das DOK.fest München 2020. Es gehörte zu den ersten Filmfestivals, die von der Pandemie betroffen waren. Kurzerhand stellte das Team die bereits kuratierten 121 Filme gegen eine Gebühr online – es fand @home statt. Wer wollte, konnte pro Karte einen zusätzlichen Euro zahlen, der ging direkt an die drei Festivalkinos. Dazu waren noch Fachveranstaltungen und Preisverleihungen auf einer digitalen Plattform im Angebot. Auch eine Eröffnungsveranstaltung gab es im Live-Stream. Der Zuspruch der Zuschauer*innen war überwältigend, das Festival verzeichnete mehr »Besucher*innen« als jemals zuvor, wie das Festival in einer Pressemeldung verkündete. Auch die Reichweite veränderte sich: Mehr als die Hälfte des Publikums kam nicht aus Bayern.

Das Festival hat seine Lehren daraus gezogen und angekündigt, auch die künftigen Editionen sowohl in Kinos als auch auf der eigens ins Leben gerufenen Online-Plattform zu veranstalten. Festivalleiter Daniel Sponsel klang in seinen veröffentlichten Stellungnahmen nach der ersten digitalen Ausgabe angesichts der neuen, parallelen Auswertungsmöglichkeiten unumwunden euphorisch. Gerade für den Dokumentarfilm, der wenige Chancen als kommerzieller Verkaufsschlager an den Kinokassen hat, ergebe sich online eine viel größere Sichtbarkeit. Sponsel ist gegen ein Denken in Kategorien von Entweder-oder. Für ihn ist klar: Die Sperrfrist für die Auswertung neuer Filme im Netz sollte endgültig abgeschafft werden, denn Kino und Streaming gehen Hand in Hand in die Zukunft.

Das DOK.fest München @home war dem Beispiel Oberhausens gefolgt. 58 Jahre nach der Veröffentlichung des Oberhausener Manifests sorgte die Stadt erneut für eine tektonische Verschiebung. Denn auch die Internationalen Kurzfilmtage fanden digital statt, und das Resümee fiel positiv aus. Festivalleiter Lars Henrik Gass ließ verlauten: »Wir sind auf dem Weg zu einem Filmfestival, das nicht mehr auf Ort und Zeit beschränkt ist. Das ist neu, und es ist unumkehrbar. Und vor allem eröffnet es die Möglichkeit, durch eine neuartige Struktur ein Publikum zu erreichen, das wir vor Ort in Oberhausen niemals hätten erreichen können.«

Teilhabe und Zugänglichkeit sind die Schlüsselworte. In den Großstädten ist es meistens kein Problem, neue Filme in den Kinos zu sehen. Auf dem Land, in der Provinz sieht es da ganz anders aus. Wo es keine Programmkinos gibt, bleibt nur die Kost des Mainstreams – wenn überhaupt. Gerade für den Dokumentarfilm bilden weite Teile Deutschlands eine kommerzielle Einöde, die mit den entsprechenden Streaming-Angeboten belebt werden könnte.

Auch Filmfestivals sind oft nur einer kleinen Auswahl

von Menschen vorbehalten. Die Berlinale bietet zwar als Publikumsfestival größtmöglichen Zugang, und auch in Venedig können Interessierte Tickets kaufen. Doch in Cannes etwa muss man schon Teil der professionellen Elite sein oder jemanden kennen, um in den Filmgenuss an der Croisette zu kommen. Erst in den letzten Jahren konnten dort auch Karten gekauft werden. Streaming wäre ein Zugewinn an Demokratie, der es einer weit größeren Menge an Menschen ermöglichen würde, an der Filmkultur teilzuhaben. Denn der gegenwärtige Zustand des Kinos ließe sich auch mit einem anderen Begriff als dem der Krise beschreiben: dem der Evolution.

Evolution ist bekanntermaßen kein abgeschlossener Prozess, die Arten sind in stetigem Wandel und differenzieren sich in immer größere Vielfalt aus – auch wenn einige von ihnen aussterben. Streaming bedeutet vielleicht nichts anderes als einen evolutionären, vielleicht revolutionären Sprung in der Geschichte des Kinos, in der sich neue Formen der Filmrezeption etablieren und neben den traditionellen bestehen. Einiges wird ein Ende haben. Wir geben vor zu wissen, was das Kino sei. Aber wie jede kulturelle Praxis verändert sich auch der Ort Kino seit seinen Anfängen. Während der Coronazeit wurden von Filmfestivals und Kinomachern neue Formate ausprobiert. So präsentierte der künstlerische Leiter des Filmfestes München, Christoph Gröner, das Festival 2020 als Open-Air-Kino, mit Weltpremieren und Pop-up-Konzept. Auch der Hamburger Kinomacher Matthias Elwardt verlegte die Leinwände seiner Zeise Kinos kurzerhand auf das riesige Areal des Heiligengeistfeldes mitten in St. Pauli. Festivaldirektor Alberto

Barbera organisierte das Internationale Filmfestival in Venedig als Präsenz-Festival mit weniger Filmen als sonst, weniger Plätzen für Zuschauer*innen, dafür mehr Vorführungen und zusätzlichen Open-Air-Kinos. Wer das Festival besuchte, konnte feststellen, wie glücklich vor allem die Filmbranche war, wieder ins Kino zu gehen. Jurypräsidentin Cate Blanchett bezeichnete bei der Pressekonferenz zur Eröffnung den Umstand, dass das Festival tatsächlich stattfindet, als ein *miracolo*, also ein Wunder.

Weniger Publikum und weniger Filme, das ist hoffentlich kein Konzept für die Nach-Coronazeit. Die Forderungen, große Filmfestivals zu reduzieren und damit das normale Publikum der Chance zu berauben, viele Filme beim Festival zu sehen, wird den Filmfestivals sonst ihre Legitimation nehmen. Die Millionen an öffentlichen Mitteln, die in diese Festivals fließen, sind zuallererst für das Publikum gedacht.

In ästhetischer Hinsicht ist es interessant, dass viele Formate wie Pop-up-Festivalausgaben ebenso wie YouTube-Videos wieder sehr viel stärker an das Kino der Attraktionen erinnern, so wie es auf Jahrmärkten begann, als an gehobene Programmkinokost. Medienhistorisch ist der narrative Film, wie wir ihn heute für selbstverständlich halten, eine Spielart der Formate, die sich entwickelt haben. Auch einer der erfolgreichsten Produzenten der Hollywood-Geschichte, Jeffrey Katzenberg, entwickelt Kinokunst-Filmformate, die die Anfangszeit der Kinematographie, die Nickelodeon-Zeiten wachrufen. Bei allen Entwicklungen bleiben Nischen und Bereiche, in denen sich Vielfalt bewahrt. Das E-Book hat das gedruckte Buch nicht verdrängt, virtuelle Museumsrundgänge haben den Andrang in den Museen dieser Welt nicht abreißen lassen, Facebook hat den physischen Kontakt zu unseren Freunden nicht wettmachen können.

Unter dem Wettbewerbsdruck und der Marktmacht der Streaming-Anbieter wird sich die Tendenz zu vielen und verschiedenen Auswertungsmöglichkeiten ausweiten. Das Kino wird nicht verschwinden. Es wird ein Vertriebskanal unter anderen sein, wenn auch ein besonderer. Die Trennlinien, zumal ästhetisch, zwischen den unterschiedlichen Medien sind unschärfer geworden. Selbst die Größe der Leinwand und die Qualität des Tons spielen in Zeiten von billigen Beamern und Surroundsystemen für das Eigenheim keine überragende Rolle mehr. Im Kampf gegen das Fernsehen hatte das Kino in den 1950er Jahren vor allem auf technische Innovationen gesetzt. Cinemascope und Dolby, dieser Weg steht den Betreibern heute nicht mehr offen. Im Gegenteil, mit der immer weiter fortschreitenden Verfeinerung der digitalen Endgeräte ist kaum mehr zu rechnen. So entpuppte sich das »sensationelle« 3-D-Kinoerlebnis mit wackeliger Brille schnell als nur eine Möglichkeit unter vielen, Filme zu sehen. Ersetzt hat es 2-D, seit 125 Jahren erfolgreich, jedoch nicht.

Die Stille nach dem Schluss

Gegen die komplette Verlegung von Festivals ins Virtuelle spricht nicht nur die bereits aufgezählte Einzigartigkeit des Kinoerlebnisses, sondern vor allem, dass ein wesentlicher Bestandteil, das reale Erleben der Akteure, dann ganz verloren ginge. Festivals leben ja geradezu von der Präsenz der Stars und der kreativen Teams, von den Diskussionen mit und über die Filmemacher*innen, vom Kontakt zwischen den Künstler*innen und dem Publikum. Auch wenn – wie später noch ausgeführt werden wird – die teils absurde Vielfliegerei zu Festivals aus ökologischen Gründen überdacht werden sollte.

Die Eröffnung des DOK.fest München@home fand ohne Publikum im Deutschen Theater in München statt. Die Moderatorin interviewte Daniel Sponsel und den Kulturreferenten Anton Biebl, von der zuständigen Staatsministerin Judith Gerlach gab es eine Botschaft per Video. Der Eröffnungsfilm hieß *The Euphoria of Being*. Er dokumentiert die Proben für eine Tanzperformance, die die Regisseurin und Choreographin Réka Szabó mit Éva Fahidi und der Tänzerin Emese Cuhorka einstudiert. Éva Fahidi hat als Einzige in ihrer Familie Auschwitz überlebt. Die Proben sind für sie sowohl eine physische als auch psychische Herausforderung, denn die performative Arbeit bringt immer wieder Erinnerungen und Traumata an die Oberfläche. Ein kleines Q&A mit der Regisseurin und der Protagonistin hatte es vor dem Film im Live-Stream gegeben. Im Branchenblatt der bayerischen Filmförderung *FilmNewsBayern* beschrieb die Redakteurin Olga Havenetidis unter dem Titel »Die Stille nach dem Film« ihre Eindrücke von der virtuellen Eröffnungsfeier folgendermaßen:

> Zwar schalteten sich vor Beginn des Eröffnungsfilms die Protagonistin und die Regisseurin zu und beantworteten die Fragen der Moderatorin. Dann aber begann dieser Film, der ziemlich intensiv ist und aufgrund seiner Thematik fast schon von Minute zu Minute zu Fragen nicht nur inspiriert, sondern geradezu nach einem Austausch schreit. Während der Rezeption wurde es immer klarer, dass es hinterher ein Gespräch, viele Gespräche geben muss, um das Gesehene zu verarbeiten. Als der Film zu Ende war, als der Abspann vorbei war, blieb der Bildschirm schwarz. Kein Austausch, nirgends. Keine Bewegung die Treppenstufen hinunter ins Foyer, um währenddessen die Gedanken zu sortieren, kein Gang nach draußen in den Innenhof, um die Bilder zu vergegenwärtigen, vor allem aber: kein Sprechen mit Filmschaffenden, mit Künstlerinnen und Künstlern. Dieses Schwarz des Bildschirms hat uns daran erinnert, wo wir ursprünglich gewesen wären, und dass zum Film das Gespräch von Angesicht zu Angesicht gehört. Nicht nur die Aura des Beginns fehlt bei einer Online-Edition, sondern auch die Aura des Festivals schlechthin. Es ist dies vielleicht schlicht die Aura des Kinos. Es war das Ende des Anfangs vom DOK.fest 2020, aber der Anfang vom Ende des Glaubens, es gäbe bald reine Online-Filmfestivals, die genauso funktionierten wie die analogen.

Jetzt konnte man ihn deutlich sehen und fühlen, den Unterschied, der das Kino von anderen Arten der Medien unterscheidet. Der *Magische Moment* fehlt.

Mit Greta
ins Kino gehen

Pünktlich um 6 Uhr abends holte mich der Boss des Filmstudios Fox, Jim Gianopulos, von meinem Hotel am Hollywood Boulevard ab. Es war schon Tradition, dass wir uns bei meinen Filmrecherchen in Los Angeles zum Abendessen trafen. Jim lud mich ein; meistens gingen wir in feine amerikanische Restaurants in der Gegend vom Wilshire Boulevard, Ecke Rodeo Drive. Das waren keine vegetarischen Restaurants, aber ich fand immer etwas, das mir schmeckte.

An diesem frühen Abend 2013 wollte Jim mich mal mit etwas Neuem überraschen: »Ich hoffe, du magst vegan …«, sagte er mit leicht ironischem Unterton. Offensichtlich hatte er sich nicht mehr erinnert, dass ich seit Jahren Vegetarier bin und vegan, na ja, warum nicht. Verwundert war ich eher über ihn. Normalerweise entschied er sich immer für irgendein ordentliches amerikanisches Fleischgericht. Und jetzt also vegan?

Kurz darauf hielten wir an der 8284 Melrose Avenue, Ecke Sweetzer Avenue vor dem Crossroads, Hollywoods erstem veganen »Celebrity-Restaurant«. Kaum hatten wir Platz genommen, standen schon zwei wunderschöne Teller mit Moussaka, dem traditionellen griechischen Hackfleischgericht, vor uns. »Alles vegan«, sagte Jim, als könnte er es selbst nicht glauben. Eine großartige Speise nach der anderen folgte. Der Laden war voll. Er gehörte dem kürzlich verstorbenen Steve Bing, einem wohlhabenden Amerikaner und Produzenten; er hatte Scorseses *Shine a Light* produziert. Als er an unseren Tisch kam, bedankte ich mich abermals für diesen unvergesslichen Abend in Berlin. Auch er war glücklich und erinnerte sich gut an die Rolling Stones auf dem roten Teppich.

Im Crossroads trifft man Filmgrößen, die sich schon lange für eine bessere Umwelt engagieren, wie Leonardo DiCaprio, Cate Blanchett, George Clooney und Harrison Ford. Überhaupt ist es interessant, welche Stars sich fleischlos ernähren, sei es nun aus gesundheitlichen Gründen oder weil sie sich politisch engagieren möchten. Beim Filmfestival in Cannes fährt jedes Jahr ein Werbewagen mit riesigen Namensschildern die Croisette auf und ab, mit Fotos derjenigen, die sich vegetarisch oder vegan ernähren. Man ist verblüfft, wer zu diesem Kreis gehört: Natalie Portman, Tobey Maguire, Gwyneth Paltrow, Madonna, Charlize Theron, Anne Hathaway, Alicia Silverstone, Kate Winslet, Penélope Cruz, Brad Pitt, Casey Affleck, Christian Bale, Clint Eastwood, Joaquin Phoenix, Joseph Fiennes, Oliver Stone, Richard Gere, Richard Linklater, Rupert Everett, Willem Dafoe und Woody Harrelson etwa. Die meisten dieser Schauspielerinnen und Schauspieler präsentierten während meiner Berlinale-Zeit ihre Filme beim Festival, und alle waren erstaunt und glücklich, dass die Berlinale als einziges Festival der Welt vegetarische und vegane Köstlichkeiten servierte und kein Fleisch. Woody Harrelson suchte bei der Premiere von Oren Movermans *The Messenger* (*The Messenger – Die letzte Nachricht*) 2009 in Berlin verzweifelt ein vegetarisches Restaurant, und Joaquin Phoenix wollte bei der Weltpremiere seines Gus-van-Sants-Films *Don't Worry, He Won't Get Far on Foot* (*Don't Worry, weglaufen geht nicht*) sofort wieder abreisen, als er unsere Bärenplakate sah.

»Sind die echt?«, raunzte der aktive Tierschützer mich an.

»Aber nein, bei unserem Festival gibt es nicht mal Fleisch bei den Büfetts.«

Selbst das Zürcher Geschnetzelte bei der Premierenparty wurde aus Tofu vom Chef des besten vegetarischen Restaurants Hiltl in Zürich gekocht. Phoenix war wirklich erstaunt und lobte die Berlinale, wo er konnte. »Free Marketing« würde man in Hollywood sagen, unbezahlbar.

Inspiriert für sein Lokal wurde Steve Bing laut eines Hollywood-Insiders von James Cameron, dreifacher Oscar-Preisträger und einer der erfolgreichsten Regisseure der Welt. Mit *Titanic* und *Avatar* schaffte er es auf die Rekordliste der erfolgreichsten Filme der Filmgeschichte. Cameron ernährt sich vegan und ist ein radikaler Verfechter von »Green Shooting«, eine nachhaltige und klimaneutrale Produktionsweise, die in der Zukunft die Filmproduktion weltweit und auch die Filmförderungen in Europa entscheidend bestimmen wird. Die von den Fans sehnlichst erwarteten Sequels von *Avatar*, deren Kinostarts für 2022 bis 2028 geplant sind, werden, so Cameron, am »grünsten Set der Geschichte« gedreht. Er selbst engagiert sich seit langem für den Umweltschutz und demonstriert für eine grüne Welt. Sein Filmstudio in Kalifornien besteht aus nachhaltigen Baustoffen und wird mit Solarenergie aus der integrierten Photovoltaikanlage gespeist, auch weil es so wirtschaftlicher betrieben werden kann. Seinen Mitarbeiter*innen bietet er vegane Küche. In Deutschland würde das zu einer Catering-Revolte am Set führen, auch wenn jetzt immerhin einige der prominentesten deutschen Schauspieler*innen hier eine gegenteilige Position bezogen haben.

Als der in Los Angeles arbeitende und wohnende Schwabe Roland Emmerich 2004 seinen neuen Film in die Kinos brachte, war ein Katastrophenfilm besonderer Art zu sehen: *The Day After Tomorrow*. Mit dabei Dennis Quaid und Berlinale-Jurymitglied Jake Gyllenhaal, der in der Rolle des Paläoklimatologen fast ums Leben kommt, als sich, bedingt durch den Klimawandel, eine Eisscholle während einer Expedition in der Antarktis löst. Seine Forschungsergebnisse werden vom amerikanischen Vizepräsidenten ignoriert. Superstürme und Hurrikane lassen Tokio und Neu-Delhi in Hagel und Schnee versinken, Mexiko wird evakuiert, und der Präsident überlebt die Katastrophe nicht.

Heute klingt das alles immer noch dramatisch, aber nicht mehr nach Science-Fiction: *The Day After Tomorrow* ist *today*. Tornados, Regen, Fluten, Tsunamis und Dürrekatastrophen lassen zwar auch den 45. Präsidenten der USA, seine Epigonen in Brasilien und in einigen europäischen Ländern unbeeindruckt, doch die Klimakatastrophe ist nicht mehr aufzuhalten, wenn nicht sofort etwas dagegen unternommen wird. Greta Thunberg, Initiatorin von Fridays for Future, hat 2018 bei der Klimakonferenz in Katowice in Polen die katastrophale Erderwärmung auf den Punkt gebracht: »Dies ist die größte Krise, in der sich die Menschheit je befunden hat.« Auch wenn die Coronapandemie diese Krise kurzfristig etwas zu relativieren scheint, zweifelt heute kein vernünftiger Mensch mehr an ihrer Einschätzung.

The Day After Tomorrow spielte mehr als 500 Millionen Dollar ein, fast das Vierfache seiner Herstellungskosten, und wurde einer der zehn erfolgreichsten Filme des Jahres. Roland Emmerich, ein umweltbewusster Regisseur, verfilmte aber nicht nur die Ignoranz der Menschen und die drohende Apokalypse, sondern tat auch selbst etwas, um den erderwärmenden CO_2-Ausstoß bei seiner Produktion zu verringern: Das anfallende erderwärmende Gas, das durch die Stromgeneratoren, die zahlreichen Flug- und Autoreisen und durch die Materialtransporte entstanden war, glich er aus und ließ Bäume als Kompensation pflanzen. Eine Pioniertat bei der Filmproduktion. Hollywood ist auch beim »grünen Film« vorne.

Wie umweltschädlich ist denn aber nun die Unterhaltungsindustrie? Für den *Guardian* errechnete Phil Hoad Anfang 2020, dass eine durchschnittliche Hollywood-Produktion rund 500 Tonnen CO_2 produziert und ein Großprojekt sogar bis zu 4000 Tonnen erreichen kann. In einer im September 2020 veröffentlichten Studie des englischen Filminstituts BFI und dem BAFTA-Konsortium »Albert« wurden dramatische neue Zahlen veröffentlicht. Die Firma Arup untersuchte in den letzten fünf Jahren 19 Filmproduktionen mit Budgets von mehr als 70 Millionen Dollar aus England und Amerika. Sie fanden heraus, dass eine Produktion wie zum Beispiel der Berlinale Wettbewerbsfilm *Cold Mountain* (*Unterwegs nach Cold Mountain*) durchschnittlich 2840 Tonnen CO_2 produziert. Das sind elf Flüge von der Erde zum Mond. 50 Prozent des CO_2-Ausstoßes wird bei solchen Filmproduktionen durch Reisen und Transport verursacht. Die jährlichen Emissionen bei britischen Filmproduktionen sollen laut der British Academy of Film and Television Arts (BAFTA) mehr als 149 000 Tonnen CO_2 betragen. 2006 veröffentlichte das UCLA Institute of the Environment and Sustainability in Los Angeles die Studie »Sustainability in the Motion Picture Industry« mit dem schockierenden Ergebnis: Allein die Film- und Fernsehindustrie in Los Angeles erzeugte jährlich 8,4 Millionen Tonnen Kohlendioxid. Im Vergleich: 15 Millionen Tonnen waren es in der gesamten US-Film- und Fernsehindustrie. Arnold Schwarzenegger, der damalige Gouverneur von Kalifornien, unterstützte die Studie.

Was bedeuten diese Zahlen? Ein großer Diesel-SUV, der jährlich 10 000 Kilometer fährt, generiert etwa drei Tonnen CO_2, so das Umweltbundesamt 2020. Für die Hollywood-Produktion, die 500 Tonnen CO_2 hinterlässt, dürften umgerechnet also rund 166 SUVs ein Jahr lang zusammen 1 666 667 Kilometer fahren, um diese Menge zu erzeugen, so das Umweltbundesamt 2019. Eine Großproduktion erzeugt also unvorstellbare Mengen CO_2. Hollywood ist zwar klimapolitisch engagiert, aber als Industrie trotzdem ziemlich schmutzig.

Ein Jahr nach der Veröffentlichung der UCLA-Studie wurde im Jahr 2007 von der renommierten Producers Guild of America (PGA) die Abteilung »PGA Green« gegründet. Beraten von einem Board aus Wissenschaftler*innen, Aktivist*innen und Filmemacher*innen war somit das Thema »Nachhaltiges Produzieren« institutionell ganz oben bei den Studios angekommen. Das Team von PGA Green, bestehend aus acht Frauen und einem Mann, veröffentlichte 2010 den Leitfaden *Green Production Guide*. Heute unterstützen die großen Studios wie Disney, Amblin Partners, 20th Century Fox, NBC Universal, Paramount Pictures, Sony Pictures Entertainment, Warner Bros., Amazon Studios, HBO, CBS, Participant Media und Netflix die Ziele des Best-Practices-Guide.

Mit Hilfe von »Green Storytelling« – einer Art Geschichten zu erzählen, in denen die Inhalte und Szenen sozusagen ökologisch korrekt sind – lässt Hollywood jetzt seine Kinohelden die Welt vor der Klimakatastrophe retten. Inzwischen ist Peter Parker, verkörpert von Andrew Garfield, in *The Amazing Spider-Man 2* (*The Amazing Spider-Man 2: Rise of Electro*) ein nachdenklicher Superheld, und zugleich ist die Produktion des Kinofilms selbst so grün wie nie. Für ihre damals »nachhaltigste aller Produktionen«, so das Studio, wurde die Öko-Beraterin Emellie O'Brien, Mitbegründerin der Firma Earth Angel aus New York, engagiert. Das »führende Nachhaltigkeitsberatungsunternehmen für Film- und Fernsehproduktionen in den USA«, so die Eigenbeschreibung, bietet ausschließlich nachhaltige Dienstleistungen an. Für *The Amazing Spider-Man 2* prüfte die Öko-Managerin das Drehbuch, achtete am Set auf einen engen und motivierenden Austausch mit dem Team und den einzelnen Departments. Dabei spielten Themen wie Müllverwertung, Papiervermeidung, der Verzicht auf Plastikflaschen, die Verwendung nachhaltiger Produkte, aber auch wiederverwendbarer Sets, Requisiten und Kostüme ebenso wie Make-up oder der Einsatz umweltfreundlicher Mittel bei Effekten eine wichtige Rolle. Der Film galt am Ende als klimaneutrale Produktion, denn zusätzlich kompensierte das Studio

Sony in Partnerschaft mit dem World Wildlife Fund (WWF) den verursachten CO_2-Ausstoß. Emellie O'Briens Earth Angels kümmerten sich auch bei *Black Panther, Ghostbusters, Noah* und Serien wie *Elementary* um eine deutlich bessere Umweltbilanz.

Es ist erstaunlich, wie wenig bekannt ist, dass sich die Traumfabrik in Los Angeles weg von den Machern der Katastrophenfilme hin zu umweltbewussten Vorreitern wandelt. Schon vor 30 Jahren gründeten in Amerika umweltbewusste Medienleute die Environmental Media Association, kurz EMA, eine Art Umwelt-Presseagentur, die auch ein Schulgartenprogramm für Kinder und Jugendliche lancierte. Ihre Aufgabe und Vision ist es, Umweltinhalte in die Medien zu bringen und die Weltöffentlichkeit dafür zu sensibilisieren und zu inspirieren. Seit 1991 verleiht diese Organisation jährlich die EMA-Awards. Sie zeichnen Fernseh- und Filmprojekte aus, die Umweltthemen vorbildlich miteinbeziehen. Die Eröffnungsrede hielt bei der ersten Verleihung Robert Redford, Schauspieler, Regisseur und Gründer des Filmfestivals in Sundance in den Schneebergen Utahs. Redford ist auch ein Umweltschützer der ersten Stunde und übrigens Schwiegervater von Eric Schlosser, Bestsellerautor von *Fast Food Nation* und Koproduzent des Films *Food, Inc.* Seit 2004 vergibt EMA ein Umweltsiegel, ein »Green Seal« an Filme, Serien und Veranstaltungen, die nachhaltige Kriterien erfüllen. 2019 erhielten Filme wie *Little Women*, *Captain Marvel*, aber auch Serien wie *Better Call Saul* diesen Preis. Hauptdarsteller Bob Odenkirk stellte 2015 bei der Berlinale einige dieser ausgezeichneten Episoden persönlich vor.

Effekthascherei – der Fördertourismus

Wenn Hollywood grün produzieren kann, können das die Filmemacher*innen in Deutschland ebenso. »Green Shooting« gibt es tatsächlich im deutschen Film und Fernsehen. Es wird hierzulande auch »ökologisches Drehen«, »nachhaltiges Produzieren« oder »Green Filming« genannt. Alle diese Bezeichnungen meinen dasselbe. Erstens: Kino- und Fernsehfilme zu drehen ging bisher mit einem großen CO_2-Verbrauch einher. Zweitens: Filme müssen ab sofort und in Zukunft klimaschonend hergestellt werden.

Es gibt einige Gründe, warum das bisher noch nicht ausreichend der Fall ist. Einer davon hängt mit der Finanzierungsstruktur der deutschen Filme zusammen. Darüber verrät der Abspann eines Films einiges. Die meisten Zuschauer*innen strömen nach dem Ende des Films dem Ausgang zu, statt die gefühlt endlose Liste der Namen zu studieren. Langweilig – aber nicht für alle. Diese Rolltitel und Abspänne, auch Credits genannt, sind für in der Filmbranche arbeitende Personen ebenso spannend wie der gerade gesehene Film. Spätestens wenn die vielen Filmförderungen auftauchen, die an diesem Film beteiligt sind, wird es interessant. Die Anzahl der Finanziers sagt etwas darüber aus, unter welchen Bedingungen der Film gedreht wurde.

Früher war alles ganz einfach: Filme wurden in München, Berlin oder im Studio Hamburg gedreht, oft mit staatlicher Unterstützung oder der Filmförderungsanstalt. Als ich 1983 bei der neuen kulturellen und selbstverwalteten Filmförderung Hamburg, dem Filmbüro, gearbeitet habe, waren Aspekte wie »Regionaleffekt«, »Arbeitsplätze« und »audiovisuelle Infrastruktur« keine ausschlaggebenden Förderkriterien. Beim Hamburger Filmbüro sollte Filmkunst gefördert werden. Das Filmfördergesetz unterstützte damals schon Filmwirtschaft und Filmkultur, für die Förderung des filmkünstlerischen Nachwuchses wurde das Kuratorium junger deutscher Film in Wiesbaden gegründet.

Die Konkurrenz zwischen den Bundesländern in Sachen Film hielt sich zunächst in Grenzen. Aber im Laufe der Zeit wurden Filmförderungen zu wichtigen Institutionen, um das kulturelle Profil zu schärfen, das Image zu verbessern und die wirtschaftliche Attraktivität von Städten und Regionen zu steigern. Der Film brachte Glanz in verblasste oder sich in wirtschaftlichen Umbrüchen befindliche Regionen wie Nordrhein-Westfalen. Standortpolitik wurde zum Zauberwort für regionale Initiativen und wirtschaftliche Prosperität. Hamburg erhielt in den 1990er Jahren neben dem kulturellen Hamburger Filmbüro auch eine wirtschaftliche Filmförderung, den Film Fonds Hamburg – bezeichnenderweise angesiedelt bei der Hamburgischen Landesbank. Damals wechselte auch ich die »Seiten«: vom Filmbüro zum Geschäftsführer der wirtschaftlichen Filmförderung.

Wirtschaftlich bedeutet in diesem Zusammenhang, dass es einen finanziellen Effekt geben muss. Voraussetzung für die Förderung eines Films ist, dass die Produktionsfirmen mindestens das Eineinhalbfache der Fördersumme in der fördernden Region ausgeben. Das nennt sich Regionaleffekt.

Spätestens als 1991 in Nordrhein-Westfalen die mit fast 50 Millionen Mark ausgestattete Filmstiftung NRW gegründet wurde, begann die Förderkonkurrenz. München zog mit dem FilmFernsehFonds Bayern nach, Berlin gründete das Filmboard Berlin-Brandenburg, das heutige Medienboard Berlin-Brandenburg, und auch in weiteren Bundesländern wurden Film- und Medienförderungen eingerichtet. Heute sind es zehn an der Zahl, für die die jeweils zuständigen Ministerien und weitere Gesellschafter immer wieder auch die Mittel aufstocken. Es gibt zwar mehr und mehr Geld, aber es wird nicht einfacher, die verschiedenen Bedingungen einzuhalten. Die Produktionsprobleme multiplizieren sich, vor allem für größere Filme, durch die notwendigen Gemeinschaftsfinanzierungen. Ich erinnere mich, wie aktiv wir während meiner Zeiten als Chef der wirtschaftlichen Filmförderung in Hamburg und der Filmstiftung NRW Produktionen regelrecht akquiriert haben, damit sie ebendort Produktionsbüros eröffneten, Filme drehten und dabei halfen, aus dem jeweiligen Bundesland ein Film- und Kinoland zu machen. Die Medienbranche boomte in den 1990ern, und mit der Filmstiftung und den Sendern WDR und RTL etablierte sich der Stahl- und Kohlestandort NRW in wenigen Jahren zum interessanten Medienstandort.

Es gab zu jener Zeit auch schon Podiumsdiskussionen auf Medienforen, wo die komplizierteren Finanzierungsstrategien der deutschen Filmförderungen kritisiert und diskutiert wurden. Im Laufe der Jahre entwickelte sich die Spezies der »Förderprofis«, meist Juristinnen und Juristen, die die verschiedenen Richtlinien interpretieren konnten. Spezielle Abteilungen bei den Produktionsfirmen erstellten die

Anträge. Absurde Beispiele illustrierten den Förderalltag, und das Jonglieren von Dreh- und Schnitttagen wurde immer komplizierter. An der Münchner Filmhochschule hielt ich damals für Studierende Vorträge mit dem ironiefreien Titel »Filmfinanzierung im Dickicht der Städte«.

In einer Bundestagsanhörung 2017, bei der u. a. Green Consultants wie Korina Gutsche und Philip Gassmann sprachen, äußerte sich der ehemalige Präsident der Spitzenorganisation der deutschen Filmwirtschaft Alfred Holighaus zu diesem Mechanismus: »Das Problem des Fördertourismus ist, dass die Länder natürlich Effekte bei sich erzielen wollen, da es sich hierbei auch um eine Art Strukturfördermaßnahme handelt. Aber da beißt sich natürlich die Katze in den Schwanz. Vielleicht brauchen wir eine Art filmischen Länderfinanzausgleich.« Und der Journalist Thomas Steiger ergänzte in einem Magazin der Mediengewerkschaft Verdi: »Die Belastung aufgrund des sogenannten Fördertourismus, der dazu führt, dass Filmproduktionen reisen, weil sie die Förderung dort ausgeben müssen, wo sie sie erhalten […,] wird sich nicht so schnell lösen lassen. Aus produktionstechnischen Gründen ist das oft sinnlos.«

Betrachtet man heute dieses System unter ökologischen Gesichtspunkten und dem Gebot der Schonung von Produktions- und Finanzressourcen, wird klar, dass schleunigst ein neues System in Deutschland etabliert werden muss, um die Voraussetzungen von Green Filming zu erfüllen. Die zergliederten Bedingungen und das Ziel der Länderförderungen, immer möglichst hohe Effekte im eigenen Bundesland zu erzielen, ist kein Zukunftsmodell für die Förderinstitutionen – und schon gar kein klimafreundliches. Durch die spezielle Finanzierungsstruktur, das Angewiesensein der Produktionen auf verschiedene Länderförderungen und den Zwang zur Einhaltung der Auflagen, überall dort zu drehen und Geld wieder dort auszugeben, wo man es herbekommen hat, wird niemals Klimaneutralität, ja nicht einmal Klimafreundlichkeit erzielt. Der administrative Aufwand vervielfacht sich, das verursachte CO_2 ist so nicht reduzierbar.»Diese Förderpraxis ist alles andere als nachhaltig«, erklärte die Filmjournalistin Birgit Heidsiek.»In ökologischer Hinsicht ist dieser Fördertourismus eine Verschwendung von Ressourcen, [...] da bei Filmproduktionen die meisten CO_2-Emissionen durch Transport und Energie generiert werden.«

Es wäre eine Diplomarbeit an einer der Filmhochschulen wert, die Abspänne der deutschen Filme der letzten zehn Jahre mit denen von vor 20 oder 30 Jahren zu vergleichen, um die Finanzierungsstrukturen offenzulegen und wie sie sich in all den Jahren verändert haben. Es bedarf jedoch einer Doktorarbeit, um auch den gesellschaftlichen Mehrwert dieser Finanzierungsmethoden zu entschlüsseln, und einer Habilitationsschrift, um die europäischen Förderinstrumentarien wie Eurimages oder Creative Europe MEDIA miteinzubeziehen. Wer wie meine Kolleginnen und Kollegen in unserem Berlinale-Filmauswahlkomitee fast 20 Jahre lang Hunderte von Abspännen gelesen hat, weiß, dass sich über die Jahre immer mehr Förderinstitutionen an einem Film beteiligt haben und dass offensichtlich immer mehr Finanzierungspartner für einen Film notwendig sind, bei denen man sich zum Teil namentlich bedanken muss.

Ich erinnere mich an die erstaunliche Credit-Liste bei Paula Markovitchs Debütfilm *El Premio* (*The Prize*), der 2011 im Wettbewerb der Berlinale lief. Er spielt an einem kleinen Küstenort in Argentinien, überwiegend an einem Strandstück, in einer Holzhütte und in einer Schule. Vier Länder waren involviert: Mexiko, Frankreich, Polen und Deutschland. Acht Produktionsfirmen aus diesen Ländern wirkten mit, dazu noch vier Förderinstitutionen, darunter der World Cinema Fund. Hier spricht nicht nur der Abspann Bände, sondern auch die Titelsequenz, in der alle diese Partner aufgezählt werden und die damit demonstriert, wie viel Anstrengung es mitunter bedarf, um einen Film zu finanzieren. Das betrifft auch etablierte und renommierte Filmemacher*innen. In Budgets des Regie- und Finanzierungsgenies Lars von Trier stecken regelmäßig Gelder von mehr als 20 Finanziers. Den letzten Film von Julia von Heinz *Und morgen die ganze Welt*, der im Wettbewerb der Internationalen Filmfestspiele in Venedig 2020 lief und als deutscher Beitrag für den Oscar ausgewählt wurde, unterstützten sieben Förderungen in Deutschland und Frankreich. Drei Produktionsfirmen waren beteiligt und vier Sender.

Es wäre einfach, das jetzige System zu verändern. Zum Beispiel könnten die Filme überwiegend von einer einzigen Filmförderung finanziert werden. Nur wenn aufgrund des Drehorts oder der Postproduktion zusätzlich an anderen Orten produziert werden muss, gäbe es auch dort entsprechende Gelder. Zuweilen geschieht das nämlich bisher umgekehrt: Um von weiteren Förderungen Geld zu erhalten, so die Gerüchte, wird der Drehplan entsprechend angepasst, werden extra noch Szenen woanders gedreht, überhaupt nach Mitteln und Wegen gesucht, an weiteren Orten Geld auszugeben. »Es war ein Segen für uns, dass an *3 Tage in Quiberon* nur eine regionale Filmförderung beteiligt war und wir nur in einer Region Effekte erbringen mussten«, sagte Karsten Stöter, Produzent dieses Berlinale-Wettbewerbsfilms. Seine internationale Koproduktion *Lore* mit Cate Shortland »ist hingegen von sechs Förderinstitutionen, darunter vier regionalen Filmförderungen, unterstützt worden. [...] Unser gesamtes Team musste vom äußeren Osten in den tiefen Süden zurück in die Mitte und den Norden reisen. Allein diese drei Umzüge haben 65 000 Euro zusätzliche Benzinkosten verursacht.«

Der Filmjournalist Georg Seeßlen schreibt in seiner gnadenlosen Abrechnung mit dem deutschen Filmförderungssystem im September 2020 auf *Zeit Online*:

> Man spricht ja gern vom »Förderdschungel«, durch den sich jemand, der einen Film drehen will, hindurcharbeiten müsse: ein mehr oder weniger schönes Durcheinander, das die Geschicktesten schon durchqueren können, um an die goldenen Städte zu gelangen. Es handelt sich aber nicht um einen Dschungel, sondern um eine soziale Maschine. Um einen Film zu realisieren, muss man Fördermittel »zusammenbekommen«, ein paar große, viele kleine. [...] Jemand, der im Film zu Hause ist, kann ein Drehbuch in ein, zwei Monaten schreiben. Förderanträge, Absichtserklärungen, Fragebögen, Projektbeschreibungen verlangen ein Vielfaches an Papier, Zeit und Energie. [...] Es ist keine Seltenheit, dass ein Drehbuch sechs, sieben Jahre in der Fördermaschine des deutschen Films zubringt.

Es geht nicht darum, die regionalen Filmförderungen abzuschaffen. Deutschland ist ein föderalistisches Land, und die verschiedenen Regionen stehen auch für mehr Vielfalt. Meint man es aber mit dem Green Shooting ernst, müssen die Finanzierungsstrategien konzentriert und die Produktionen verpflichtet werden, bei der höheren Einzelfinanzierung Vorschläge zur Nachhaltigkeit zu beachten.

Klimaneutralität muss als Förderkriterium höchste Priorität bekommen. Wer seine Film- und Medienproduktion grün beziehungsweise klimaneutral dreht, sollte einen Bonus bekommen. Statt des Eineinhalbfachen sollte nur noch genau der Förderbetrag in der jeweiligen Region ausgegeben werden. Ein Fördersystem, das sich so orientiert, bringt am Ende sowohl einen betriebswirtschaftlichen wie auch volkswirtschaftlichen Nutzen. Die Umweltschäden sind im jetzigen System nicht eingerechnet. Sie sind aber, wie wir von vielen anderen Branchen wie beispielsweise der Agrarwirtschaft wissen, erheblich. Was spricht dagegen, gute Filme zu machen, die mithelfen, die Welt zu retten, und auch noch wirtschaftlich erfolgreich sind?

Die Filmförderungen haben sich in den letzten Jahren bewegt. Eine der ersten war die Filmförderung Hamburg Schleswig-Holstein, damals noch unter der Leitung meiner früheren Kollegin aus Tagen der wirtschaftlichen Filmförderung, des Film Fonds Hamburg, Eva Hubert. Sie forderte schon lange von Filmproduzent*innen ein »grünes Gewissen« und unterstützte Birgit Heidsiek, die bereits seit 2013 begonnen hat, dieses Thema mit ihrem Magazin *Green Film Shooting* in die deutsche Branche zu tragen.

Inzwischen haben einige regionale Filmförderungen grüne Förderkriterien, und auch an Filmhochschulen wie in Ludwigsburg oder in Potsdam und München ist Green

Filmmaking Bestandteil des Curriculums. »Wir tragen alle gemeinsam – im Großen und im Kleinen – die Verantwortung dafür, die Erde als vielfältigen Lebensraum für die Generationen von morgen zu bewahren. Dieser Verantwortung müssen und wollen wir uns national und international gerade auch im Bereich der Film- und Fernsehwirtschaft stellen«, heißt es in einer »gemeinsamen Erklärung zur Nachhaltigkeit in der Film- und Serienproduktion«. Sie wurde im Februar 2020 im Kanzleramt von vielen Verbänden, Filmförderungen, Festivals, dem Produzentenverband, der Deutschen Filmakademie und der Staatsministerin für Kultur und Medien (BKM) unterzeichnet. Eine große Absichtserklärung und Chance, die jetzt in der Krise mit den zusätzlichen Millionen umgesetzt werden muss.

Im Filmförderungsgesetz werden zwar seit 2017 »ökologische Belange« berücksichtigt, aber verbindliche Kriterien sind erst mal nur geplant. Von den Parteien fordern aktuell nur die Grünen Verbindlichkeit für eine klimafreundlichere Film- und Kinoförderung.

Es wird also Zeit, sie in ein neues Fördersystem zu integrieren. Laut dem Ministerium für Kultur und Medien soll dies bereits bei der Novellierung des Filmförderungsgesetzes 2022 geschehen. Schon 2013 habe ich in einem Interview im Magazin *Green Film Shooting* auf die Frage der Filmjournalistin Birgit Heidsiek, ob die Filmförderungssysteme zugunsten einer größeren Nachhaltigkeit modifiziert werden sollten, geantwortet: »Ja, selbstverständlich. Wer öffentliches Geld in Anspruch nimmt, sollte auch öffentliche Verantwortung übernehmen. Rein in die Richtlinien! Freiwillig passiert nur selten etwas.«

Auch in den Fördersystemen von anderen europäischen Ländern geht die grüne Entwicklung voran. Die wichtigste britische nationale Filmförderinstitution, das British Film Institute (BFI), und die British Academy for Film and Television Arts (BAFTA) engagieren sich mit Beratungen, Workshops und Nachhaltigkeitsmanagement-Systemen nach dem British Standard 8909, der der Filmbranche helfen soll. Frankreich bündelt seine Aktivitäten in Ecoprod, einer Initiative der TV-Sender und der nationalen Filmförderung CNC. Diese arbeitet auch mit ihren Partnern des EU Projekts Green Screen zusammen.

Fast in allen Staaten Europas gibt es grüne Produktionsinitiativen, beim Verbund CineRegio kooperieren bereits 43 regionale europäische Förderinitiativen, ähnlich wie beim EU-Projekt Green Screen für mehr Nachhaltigkeit bei Filmproduktionen. Es wäre gut und effektiv, wenn auch hier die Initiativen gebündelt würden: 2021 will die Europäische Kommission ihr neues Medienförderprogramm Creative Europe 2021–2027 am Kriterium der ökologischen Nachhaltigkeit orientieren.

Die Chefin des MEDIA Programms Lucia Recalde Langarica äußerte sich auf der Berlinale 2020 zum Green Deal der EU-Kommission: »Jedes Programm der EU, jede einzelne Richtlinie, muss etwas zu diesen Zielsetzungen beitragen. Die Frage ist nicht, in welchem Bereich MEDIA auf Nachhaltigkeit setzen wird, sondern wie und wann.«

Hoffentlich führen diese Formulierungen dazu, dass mit der geforderten Klimaneutralität sofort begonnen wird. Die größten klimaschädlichen Faktoren bei Produktionen im Medienbereich sind längst bekannt. Es ist deshalb wünschenswert, dass dieser Green Deal auch im Film- und Mediensektor viel deutlicher sichtbar und außerdem schnell verpflichtend wird. »Wie« ist bekannt und »wann« auch: sofort. Laut der Präsidentin der Europäischen Union Ursula von der Leyen verfolgt die EU-Kommission mit dem Green Deal das Ziel, die CO_2-Emmissionen bis 2030 gegenüber 1990 um 55 Prozent zu senken. Europa soll bereits bis 2050 klimaneutral sein. Da bleibt nicht mehr viel Zeit.

Tatort »Klimakiller«

2015 machte der Südwestrundfunk die Auflage, den neuen Freiburger *Tatort* umweltfreundlich zu produzieren. Eine 90-minütige Folge *Tatort* kostet für gewöhnlich 1,5 bis 1,7 Millionen Euro und erzeugt 100 bis 140 Tonnen CO_2. Die besonders umweltschädlichen Produktionsbereiche eines jeden Films sind Transport, Logistik, Energie, Technologie und Catering, so also auch beim *Tatort*.

Die Produktionsfirma Ziegler Film realisierte entsprechend der neuen Vorgabe des SWR die Folge *Fünf Minuten Himmel*. Regie führte Katrin Gebbe; Heike Makatsch spielte die Kommissarin. Tatsächlich wurde diese Folge erstmals auf nachhaltige Weise produziert. Die Nachhaltigkeitsberaterin Katja Schwarz unterstützte das *Tatort*-Team. Statt in Hotels übernachtete die Crew in Ferienwohnungen, LED-Lampen sparten 90 Prozent Strom bei gleicher Lichtleistung, Elektroautos übernahmen den Materialtransport, Fernreisende kamen mit der Bahn. Auf Flugreisen verzichtete die Produktion – die Bahn verursacht gerade mal 12 Prozent und eine Autofahrt 48 Prozent der Emissionen eines Fluges. Das Catering bestand aus regionalen und frischen Produkten. In 24 Tagen konnten bei diesem *Tatort* fast 54 Tonnen CO_2 eingespart werden – es fielen 42 Prozent weniger an als bei vergleichbaren Filmen.

Mittlerweile findet sich das Thema des umweltfreundlichen Drehens mehr und mehr auf der filmpolitischen Agenda von weiteren Sendern, so beim WDR und dem ZDF sowie den privaten Fernsehunternehmen ProSiebenSat.1 und Sky Deutschland. »Reduce, Reuse and Recycle« heißen die Schlüsselbegriffe, mit denen sämtliche Phasen einer Filmproduktion umgesetzt werden müssten – Reduzierung, Wiederverwertung und Recycling. Und zwar von der Entwicklung der Drehbücher über die Vorbereitungsphase der Dreharbeiten und die Produktion bis zur Postproduktion, das heißt bis zur Montage, Bildbearbeitung, Synchronisation und Vertonung. Dies kann heute alles mit einem sogenannten CO_2-Rechner kalkuliert werden. Ziel ist nicht, die Produktionen klimafreundlich zu machen, Ziel ist, sie klimaneutral zu organisieren. Und das sollte in Deutschland erheblich schneller gehen als bisher und vor allem verbindlich geregelt werden.

Um Filme ökologisch zu produzieren, sind verbindliche Standards nötig. Die anstehende Novellierung des mehrere Hundert Seiten starken Filmförderungsgesetzes bietet eine historische Chance. Sie könnte um eine Seite ergänzt werden, um die ökologische Wende der Kultur- und Kreativwirtschaft in unserem Land in Sachen Film gesetzlich durch eine Mittelbindung und konkrete Auflagen festzuschreiben. Die verschiedenen Filmförderungen in Deutschland haben jeweils einige gute Ansätze, die in einem einzigen Instrument mit den Regelungen des Filmförderungsgesetzes gebündelt werden könnten. Der positive Klimaeffekt wäre riesig.

Laut dem »Monitoringbericht 2019 der Bundesregierung« lag die Bruttowertschöpfung in der Kultur- und Kreativwirtschaft 2018 in Deutschland bei rund 100,5 Milliarden Euro. Damit übertrifft diese Branche andere große Wirtschaftszweige wie zum Beispiel die Chemie, Energieversorgung oder Finanzdienstleistung. Die 256 000 Unternehmen erwirtschafteten über 163 Milliarden Euro Umsatz. Der Anteil der Filmwirtschaft betrug dabei 9,8 Milliarden Euro.

Die deutsche Landwirtschaft etwa erhält fast 13 Milliarden Euro an Subventionen aus Bundes- und Europahaushalten, um die Produktionsabläufe aufrechtzuerhalten. Und gerade durch die Subvention in diesem Bereich kann man sehen, was eine nicht ökologisch orientierte Ordnungspolitik beziehungsweise eine Politik mit sehr geringen Verpflichtungen an der Umwelt anrichten kann.

Auch für den Film stehen enorme Mittel zur Verfügung, obwohl sie im Vergleich zur Landwirtschaft bescheiden aussehen. Der Kultur- und Medienhaushalt 2020 des Bundes beträgt 1,82 Milliarden Euro. Für Film und Kino stehen von Bund, Ländern und Europa mehr als 472 Millionen Euro zur Verfügung. In der Coronakrise 2020 installierte der Bund das Programm »Rettungs- und Zukunftspaket Kultur«, mit dem er eine zusätzliche Milliarde Euro für »Kino, Gedenkstätten, Museen und weitere Kultureinrichtungen« zur Verfügung stellt.

Fünf Jahre nach dem Experiment des SWR, den *Tatort* umweltfreundlich zu produzieren, sind nachhaltige Verfahren so weit erprobt, dass sie auf alle Produktionen angewendet werden können. Die Produktionsfirmen stehen auch aufgrund der enormen Mittel, mit denen ihre Projekte gerade jetzt unterstützt werden, in der Pflicht, sie klimaneutral umzusetzen.

Game Changer

Hierzulande sind Produzierende oftmals skeptisch, ob die Kreativen, vor allem die Schauspieler*innen, das klimaneutrale Drehen mitmachen würden. Zu wenig komfortabel, zu umständlich, zu ungewohnt. Diese Skepsis scheint jedoch unbegründet zu sein, wie das Beispiel von Changemakers.film zeigt. Die Schauspielerinnen Miriam Stein und Pheline Roggan sowie der Schauspieler Max Vierboom und die Regisseurin Laura Fischer gründeten diese Initiative im Jahr 2020 während der Coronakrise und möchten sich damit klimapolitisch positionieren und das grüne Drehen voranbringen. Konkret formulieren sie in Form einer Selbstverpflichtung 13 Vorschläge, um den CO_2-Ausstoß zu verringern.* Mehr als 350 Film- und Fernsehschaffende haben sich der Initiative angeschlossen, darunter Tom Tykwer, Katja Riemann, Hannes Jaenicke und Lars Eidinger.

Das ist schon erstaunlich, mokierte sich doch der Filmkritiker David Steinitz in der *Süddeutschen Zeitung* gleich nach der Veröffentlichung der Selbstverpflichtung über das »bizarre Umweltkonzept«: nur noch einmal Steak die Woche bei Dreharbeiten und dann auch noch *Bio*? Anonyme Filmschaffende wurden zitiert, die den Unterzeichnern »Ökofaschismus« vorwarfen. Unabhängig davon, dass die

---

* Mehr dazu in der Dokumentation im Anhang.

Weltgesundheitsorganisation, wenn es um den wöchentlichen Fleischverzehr geht, derselben Meinung ist wie die Initiatoren, stellt sich doch die Frage, ob die Filmschaffenden weiterhin siebenmal die Woche auf Kosten des Steuer- und Gebührenzahlers Steak von der Massenschlachterei essen sollten. Ist das wirklich besser?

Die »Changemakers« belassen es nicht bei Forderungen, sondern führen auch detailliert auf, wie sie Klimaneutralität erreichen wollen: Beschränkungen von Reisen, Nutzung von Bahn statt Flugzeug, Nachtzüge bei Auslandsreisen, Einsatz emissionsarmer Pkw; Anmieten klimafreundlicher Apartments statt Hotels und Wohnwagen mit hohen CO_2-Belastungen; Wechsel zu Naturkosmetik, Kostümfundus, Abfallvermeidung und die eben erwähnte Empfehlung, nur einmal die Woche Fleisch am Drehort und bei der Produktion anzubieten, dafür aber in Bioqualität. Diese Forderung ist wirklich sensationell, denn das tägliche Fleisch ist das täglich Brot beim Filmcatering. Dass ausgerechnet die »Fleischfrage« zum Stein des Anstoßes und »Ökofaschismus«-Vorwürfen führt, kenne ich aus meiner Zeit bei der Berlinale und den dortigen Empfängen. Der Spott der auf Entzug darbenden Fleischliebenden war nicht zu überhören. Einige holen sich einen Burger bei der Fast-Food-Kette gegenüber vom roten Teppich, um die Partyzeit zu überleben.

Offenbar sind sich am Ende aber doch die meisten einig, dass beim Film mehr »Grün« passieren muss. Absichtserklärungen gibt es schon lange und genug. Die Diskussion über klimafreundliche Kunstproduktion zieht längst noch größere Kreise. Der Kunstbetrieb – wie der Film- und Festivalbetrieb – ist ein großer CO_2-Verursacher mit der ständigen internationalen Präsenz von Kunstwerken und Künstler*innen. Will der Staat wirksam etwas für die Klimawende tun, müssen sich staatliche Hilfsprogramme und Subventionen an ökologischen Vergabekriterien orientieren. Die Changemakers-Initiative ist ein Schritt nach vorne, aber über die Selbstverpflichtung hinaus ist es zwingend, gesetzliche Regelungen zu treffen. Wie bereits gesagt: Wer seine Projekte mit Steuergeldern finanziert, muss verpflichtet werden. Das wäre eine zukunftsorientierte Filmpolitik.

DAX-Unternehmen demonstrieren, was Selbstverpflichtung heißt: Seit 2016 müssen die 105 größten börsennotierten und voll mitbestimmungspflichtigen Unternehmen frei werdende Aufsichtsratsposten mit Frauen neu besetzen. Das hat funktioniert, denn durch die gesetzliche Maßnahme wurde der vorgeschriebene Mindestanteil von 30 Prozent mit 35 Prozent übererfüllt, während bei anderen DAX-Unternehmen wie den jüngsten DAX-Aufsteigern Deutsche Wohnen oder Delivery Hero bisher gar keine Frauen Führungspositionen bekleiden und dies langfristig auch nicht vorgesehen ist. Die Organisation Frauen in Aufsichtsräten hat herausgefunden, dass es bei Vorständen nach immerhin fünf Jahren Übergangsregelung noch miserabler aussieht. Hier werden schon in Kürze bindende Vorschriften in Kraft treten.

So wie es plötzlich nach der gesetzlichen Regelung genügend Frauen für DAX-Unternehmen gibt, so ließe sich natürlich auch »grüner« produzieren, wenn die Mittel der Filmförderungen an ökologische Kriterien gebunden wären. Filme wie *Systemsprenger*, *3 Tage in Quiberon* oder *Der*

Goldene Handschuh, die alle im offiziellen Programm der Berlinale 2019 liefen, hatten einen »grünen Drehpass«. Seit 2012 wurden mit diesem Zertifikat 170 Produktionen realisiert. Seit April 2020 heißt das Zertifikat »Grüner Filmpass« und ist für mehrheitlich deutsch finanzierte Produktionen, die hier gedreht werden, bei der Filmförderung Hamburg Schleswig-Holstein verpflichtend.

Umweltfreundliche Kinos werden mittlerweile ausgezeichnet, so zum Beispiel in Hessen. Mit dem Hessischen Filmpreis in der Kategorie »Nachhaltiges Kino« werden Kinos geehrt, »die sich im besonderen Maße auf Nachhaltigkeit und Umweltfreundlichkeit bei der Entwicklung ihrer Betriebsführung und sozialen Praxis, aber auch ihrer Programmgestaltung besinnen«. In Hamburg ist Umweltfreundlichkeit ein Kriterium bei der Vergabe von Kinoprämien. *Das Grüne Kinohandbuch*, das Birgit Heidsiek für die Filmförderungsanstalt (FFA) produzierte, macht konkrete Vorschläge. Der Schwerpunkt liegt dabei auf den Handlungsfeldern Energie, Effizienz, Ökostrom und Abfallmanagement. Das Buch zeigt auf, welche gesetzlichen Anforderungen Kinobetriebe erfüllen müssen, welche Maßnahmen sie umsetzen können und welche praktischen Lösungen Kinobetreiber*innen erfolgreich anwenden. Die konkreten Vorschläge für Kino- und TV-Produktionen sowie für grüne Kinos und Filmfestivals am Beispiel der Berlinale sind in der Dokumentation im Anhang dieses Buches aufgeführt.

Ökologie war für mein Team und mich sowohl in den 18 Jahren der Organisation der Berlinale als auch bei deren Programmgestaltung unser Leitgedanke und einer der Schlüssel zum Erfolg des Festivals. In der Reihe Native zeigten wir Filme über indigene Völker, die heute nicht mehr nur am Amazonas bedroht sind. Über alle Reihen hinweg befassten wir uns mit Zensur und dem Verbot von künstlerischer Arbeit in Ländern wie China und Iran. Engagement für Menschenwürde und Menschenrechte, Protest gegen die Agrar- und Lebensmittelindustrie mit ihren monströsen Folgen für die Klimaerwärmung und Regenwaldzerstörung, Bedeutung von Vielfalt und Gerechtigkeit waren Themen unserer Berlinalen. Sie folgten den Nachhaltigkeitszielen der UN.

Bei den über 400 Filmen des jährlichen Programms kam die Kunst mit ihrer narrativen Qualität trotzdem nie zu kurz. In diesem Zusammenhang und um Missverständnisse zu vermeiden: Es geht hier nicht darum, eine ganze Branche zu zwingen, grüne Inhalte zu produzieren oder zu vermitteln. Green Storytelling bleibt den Künstler*innen überlassen. Nachhaltige Förderauflagen in der Kunst und Kultur können sich nur auf die Produktions- und Rahmenbedingungen beziehen. Inhalte unterliegen der grundgesetzlich garantierten Freiheit der Kunst. Das gilt auch für schulische und universitäre Medien- und Filmbildung. Ob Filme mit grünen Themen produziert oder grüne Themen curricular verwendet werden, obliegt den Künstler*innen, Kuratierenden und Lehrenden.

The Day After Tomorrow
___

Die Filmindustrie, das heißt die kreativen Produzent*innen, Verleih- firmen und Kinobesitzer*innen müssen sich radikal ändern. Allein für die Filmtheater schätzt der Kinobetreiber Ludolf Koch den Verlust aufgrund der Coronapandemie 2020 auf 400 Millionen Euro. Aber das ist nicht der einzige Grund. Der gesamte Medienbereich ändert sich gerade grundlegend und mit hoher Geschwindigkeit.

Jährlich sind in Deutschland allein aus Staatshaushalten und den Steuern, die auf die Kinokarte erhoben werden, fast eine halbe Milliarde Euro nötig, um den Kreislauf der audiovisuellen Produktionen, des Verleihs und der Kinos aufrechtzuerhalten. Zusätzlich fließen jährlich Millionen Euro aus den europäischen Haushalten, die einen grenzüberschreitenden europäischen Filmmarkt gewährleisten. Wenn Film und Kino, notwendig für unsere Demokratie, für unser soziales Leben, für unsere kulturelle Freude und Bildung, auch in Zukunft existieren sollen, dann sind umgehend neue Konzepte erforderlich. Der Produktionskreislauf darf sich nicht auf die bisherigen Säulen Film, Kino, Verleih und auf die audiovisuellen Institutionen beschränken. Online und Streaming, ökologische und soziale Nachhaltigkeit sollten dringend in ein Gesamtkonzept integriert werden, genauso wie die Schulen, Universitäten und Filmhochschulen mit ihren Curricula und der Bereitschaft zu übergreifender Kooperation. Ein solches Gesamtkonzept, das alle öffentlichen Unterstützungsprogramme in ein neues Programm einbindet, sollte erarbeitet werden. Wir brauchen ein nachhaltiges Investitionsprogramm für Kino, Film und Klima.

Zudem könnten Kinos in spielfreien Zeiten ihre Leinwände und Säle zum Beispiel vormittags den Kindergärten, Schulen und Universitäten für Medienerziehung und ökologische Bildungsprogramme zur Verfügung stellen. Filme dafür gibt es genug. Aber auch Filmgeschichte ließe sich dort anschaulich lehren. Die Initiative »Vision Kino« veranstaltet bereits entsprechende Schulkinowochen. Kinder und Jugendliche können so die architektonischen und sozialen Räume der Kinoerfahrung physisch erleben; ihr Horizont bliebe nicht nur auf die Erfahrung mit digitalen Endgeräten beschränkt. Die exzellenten Kurator*innen von Filmretrospektiven, die unzähligen Programme und Reihen von Filmfestivals und Kinematheken sind großartige Bestandteile einer flächendeckenden neuen Medien- und Filmerziehung. Wer die Begeisterung von Tausenden Kindern und Jugendlichen der Programmreihe Generation im Zoo Palast miterlebt hat, weiß, dass dort lebenslange Kinoliebhaberinnen und Kinoliebhaber geboren werden.

Streaming – eine saubere Alternative?

Natürlich verursacht der Mensch CO₂. Aber in unterschiedlicher Menge: Mit 11,6 Tonnen pro Jahr, so das Umweltbundesamt 2019, emittieren die Menschen in Deutschland etwa doppelt so viel wie der internationale Durchschnitt. Auch mehr als in China, dem Land mit den meisten Treibhausgasen (11 Milliarden Tonnen), wo pro Kopf 7 Tonnen anfallen. Jeden Tag wird in Deutschland 3,45 Milliarden Mal gegoogelt, und jede Suche verursacht 0,2 Gramm CO_2 – das ist eine gewaltige Menge. In Deutschland werden täglich rund eine Milliarde E-Mails geschrieben. Dabei fallen 1000 Tonnen Kohlenstoffdioxid an, ein Gramm pro E-Mail. Der Energiebedarf in den entsprechenden Rechenzentren ist seit 2010 um rund 40 Prozent gestiegen. Eine Stunde Video-Streaming produziert so viel CO_2 wie eine Autofahrt von einem Kilometer Länge. Natürlich ist das wenig im Vergleich zum Fliegen. Einmal Malediven und zurück (16 000 Kilometer) verursacht pro Person eine Klimawirkung von über 5 Tonnen CO_2. Damit könnte man, so das Umweltbundesamt, mit dem Auto auch 25 000 Kilometer fahren.

Mit dem Siegeszug des Internets als globaler Kommunikationsmaschine in den letzten 20 Jahren schoss auch der Energieverbrauch in die Höhe – und damit einhergehend der Emissionsausstoß. Und somit steigt der globale Datendurchsatz ebenso. »Während 2002 der globale Datendurchschnitt ›noch‹ bei 100 Gigabyte pro Sekunde lag, geht die Prognose für das Jahr 2021 von 106 000 Gigabyte pro Sekunde aus«, so Felix Sühlmann-Faul in seinem Beitrag »Streaming heizt unserem Planeten ein« in dem Buch *Was Bits und Bäume verbindet.* Und Reinhard Ploss, Vorsitzender des Vorstands von Infineon Technologies AG, stellte bereits 2013 in einer Rede bei der Hauptversammlung der Aktionäre fest: »Der CO_2-Ausstoß aller Serverfarmen und Rechenzentren ist höher als der aller weltweiten Fluggesellschaften.« Nach den Berechnungen des Institute for Future Energy Consumer Needs and Behavior sind die Datencenter für 3,7 Prozent aller Treibhausgasemissionen verantwortlich und haben damit einen höheren CO_2-Fußabdruck als der gesamte Flugverkehr. Der Löwenanteil von rund 80 Prozent entfällt auf das Video-Streaming. Durch Video-on-demand-Dienste werden jährlich mehr als 100 Megatonnen CO_2 erzeugt, was dem ökologischen Fußabdruck von ganz Chile in einem Jahr entspricht. Laut dem Bericht »Global Internet Phenomena Report« von Sandvine, einer Firma für intelligente Netzwerklösungen, aus dem Jahr 2019 zum globalen Download-Volumen im Internet verursachen die Netflix-Abonnenten allein 15 Prozent aller Downloads, gefolgt von YouTube mit 11,4 Prozent und Amazon Prime Video mit 7,7 Prozent. Kann Streaming also eine ökologische Alternative zum Kinobesuch und Konsum des linearen Fernsehprogramms sein? Das ist angesichts dieser Zahlen schwer vorstellbar.

Während ich an diesem Kapitel schrieb, wurden die Tage der Wiedereröffnung und neuerlichen Schließung der Kinos in Deutschland in vielen Medien als Thema aufgegriffen. Die Diskussion, ob und wie es mit der Filmwirtschaft und vor allem mit dem Kino weitergeht, wurde und wird auch in diesem Zusammenhang kontrovers diskutiert. Es mangelt nicht an Vorschlägen, wie das Kino zu retten ist, aber sehr oft enden die Argumente im »großen abgedunkelten Raum«, in der »konzentrierten Wahrnehmung«, im »sozialen Erlebnis«, ohne das man nicht leben könne. Im Berliner *Tagesspiegel* vom 1. Juli 2020 werden die Emotionen mit Kafkas Tagebucheintrag von 1921 zusammengefasst: »Im Kino gewesen. Geweint.«

Ob es Kino wirklich nur im Kino gibt, wird allerdings in letzter Zeit immer öfter infrage gestellt. Denn Filme starten, wie bereits beschrieben, längst nicht mehr ausschließlich an einem Tag X, in Deutschland an einem Donnerstag, im Kino. Ende 2019 gab es weltweit 642 Millionen Abonnenten für Streaming-on-demand, das sind 130 Millionen mehr Abonnenten als 2018. »Im Durchschnitt besitzen Kunden bereits 1,5 Abonnements«, so der Branchendienst Digital TV Research 2020. Jeder Dritte, der älter ist als 14 Jahre, nutzt kostenpflichtige Online-Angebote. 53 Prozent aller User leisten sich kostenpflichtige Video-Streaming-Dienste für durchschnittlich 17 Euro monatlich, hat eine repräsentative Studie des Digitalverbandes Bitkom ermittelt. 17 Euro – fast so viel wie der Rundfunkbeitrag (aktuell 17,50 Euro). Im Jahr zuvor leisteten sich noch 42 Prozent die Streaming-Dienste. Vor allem jüngere Leute greifen darauf zu: Laut Bitkom-Erhebungen sind es von den 16- bis 29-Jährigen bereits 63 Prozent, von den 50- bis 64-Jährigen 51 Prozent. Allein Netflix, so sein Chef Reed Hastings in einem Interview mit der *Zeit* vom September 2020, hat »193 Millionen bezahlte Abos in 190 Ländern«. Nur in China, Nordkorea, Syrien und auf der Insel Krim ist Netflix nicht verfügbar, aufgrund der Auflagen der US-Regierung für amerikanische Unternehmen.

Ein Trend, dem die Pandemie noch einen ordentlichen Schub gegeben hat. »Wie ein Brandbeschleuniger« wirke die Coronapandemie, wenn man auf die Krise des Kinos blicke, so Kulturjournalist Tobi Müller im Deutschlandfunk Kultur im Juli 2020. Er glaubt, »dass sich eine Debatte über die deutsche Subventionskultur nicht mehr aufschieben lässt«. Deshalb müsse über die Ressourcenverteilung neu nachgedacht werden. Deutschland habe eine sehr hohe Subventionskultur, von daher sei die Unsicherheit groß. Der Kampf um die Subventionen ließe sich aber nicht mehr viel länger verschieben.

Mir scheint es, dass die Kämpfe bereits begonnen haben. Nicht unbedingt um die regulären Subventionen, sondern als Verteilungskampf um die Mittel der Hilfsprogramme während der Coronapandemie. Die Legitimation für die Verteilung sämtlicher Subventionen im Kinogeschäft und der Filmproduktion wird in Zukunft angesichts der Nutzungszahlen schwieriger werden. Sie wird vermutlich nur mit neuen gesellschaftspolitischen Argumenten zu erreichen sein. Öffentliches Geld, nicht nur für Film und Kino, sondern von allen Subventionsnehmern, wird mit mehr Bedingungen versehen werden als nur die ordnungsgemäße Verwendung des Geldes und die dadurch stimulierte Schaffung von Arbeitsplätzen. Das wird nicht ewig so weitergehen. Innerhalb von 15 Jahren hat der Staat mit Milliardenkrediten und -zuschüssen die Wirtschaft, die Kultur und vor allem die Banken und die traditionelle Autoindustrie gerettet.

Wer soll das bezahlen, wer hat das bestellt, wer hat so viel Pinkepinke, wer hat so viel Geld? Dieser uralte Gassenhauer kommt einem in den Sinn bei der Lektüre der täglichen Nachrichten, in denen von immer wieder weiteren und neuen Unterstützungsprogrammen zu lesen ist. Angela Merkel hat die Frage dieses Liedes trocken beantwortet: »Die nächsten Generationen«.

Eines weiß man durch die Fridays-for-Future-Demonstrationen und durch Diskussionen mit jungen Leuten, für deren Zukunftsvisionen und für deren Leben bei den jetzigen Hilfspaketen verschwindend geringe finanzielle Mittel aufgebracht worden sind: Die alte Welt mit ihren überkommenen Systemen und politischen Zielen werden sie nicht wollen. Der Ruf wird lauter nach einer Politik, die sich für eine nachhaltigere, ökologischere Welt engagiert und in sie investiert. »Jedes dritte in Deutschland geborene Mädchen wird vermutlich seinen 100. Geburtstag feiern, dann bereits im 22. Jahrhundert. Für diese Generation ist es relevant, wie heiß es Mitte des 22. Jahrhunderts auf der Erde sein wird – und wenn nicht für sich selbst, dann für ihre Enkel«, schreibt der Autor Christoph von Eichhorn in der *Süddeutschen Zeitung*. Er hält ein Plädoyer dafür, den Zeithorizont schleunigst zu verändern. Die Coronakrise sieht er als Chance, obwohl

> sich die Anzeichen für einen Rückfall mehren: Die deutsche Autoindustrie beispielsweise verlangte nach Tausenden Euro Kaufprämien für Motoren, die mit fossilen Brennstoffen lau-

fen – und stieß damit sogar auf offene Ohren bei manchen Politikern. Angesichts der Wirtschaftskrise verweisen viele darauf, den Klimaschutz eben mal hintenanstehen zu lassen. Doch wieso sollte man nicht beides retten können? Gerade jetzt wäre die Zeit, Staatshilfen mit einem klimaneutralen Umbau der Wirtschaft zu verknüpfen. Man stelle sich nur vor, wie die Welt heute aussähe, hätten die Athener damals ihre Idee zur Demokratie doch nicht weiterverfolgt – einfach, weil es für den Moment unbequem war.

Das Kino und der Film stehen in diesem Buch als öffentlich geförderter Kulturbereich im Mittelpunkt. Dieser Bereich könnte noch viel mehr dazu beitragen, eine bessere Zukunft zu gestalten. Beide sind Kultur, sind ein soziales, kulturelles Ereignis. Gleichzeitig kann der Film für das Kino ohne Förderungen nicht existieren, kann der öffentliche Rundfunk ohne Gebühren nicht finanziert werden. Die Kinos selbst müssten nachhaltiger gebaut und betrieben und das ungesunde Fast-Food- und Süßwarengeschäft der Kinos könnte durch ein intelligentes Food-Konzept ersetzt werden. Das Popcorn kann ja bleiben.

Ein solches Konzept könnte auch die Müllmengen unter den Kinositzen vermeiden, und die Kinosäle bräuchten dann nach einer Vorführung nicht erst mal gereinigt werden. Dieser Müll wird zwar von den Zuschauer*innen hinterlassen, aber die Verursacher sind die Süßwarenproduzenten, die diesen Verpackungsmüll herstellen, und die Kinos, die diesen Fast-Food-Müll verkaufen. Vielleicht gewinnen gewisse Kinos mit einem solchen Konzept ja neue Zuschauer*innen. Sicher ist, dass sie viele dadurch verlieren. Abfallmanagement ist für Kinos Pflicht. Aber trotz aller gesetzlichen Regelungen: Abfallvermeidung ist das beste Abfallmanagement. Und die Kinos könnten dadurch auch an Glaubwürdigkeit gewinnen: Wenn sie ihren Zuschauer*innen Filme zum Thema Artenvielfalt, Natur und Ökologie zeigen, wäre ein verändertes Sortiment an der sogenannten Süßwarentheke ein geeignetes Mittel.

Der jetzt so oft beschworene Mythos Kino leidet schon genügend unter Streaming und Virus. Das Gemeinschaftserlebnis Kino, sein Gesamtkonzept und seine soziale Funktion stehen insgesamt auf dem Prüfstand. Daniel Sponsel vom DOK.fest München hat in einer Replik auf seinen kontrovers diskutierten Beitrag »Die Zukunft des Kinos ist digital« auch das Warenangebot im Kino und seine Folgen beschrieben: »Obwohl der soziale Aspekt auch das Momentum sein kann, das einem das Kinoerlebnis auch mal verleiden kann. Wer schon einmal neben jemandem mit einer Riesentüte Popcorn oder, noch besser, Nachos mit stark riechendem Käse-Dip saß, wer dem Tippen ins leuchtende Display des Smartphones zuschauen musste oder dem fortwährenden Gespräch nebenan nicht entkommen konnte, weiß, dass es sich beim emphatischen Kinobegriff um eine Idealisierung und Romantisierung eines Ortes handelt, der auch durch die Artefakte des Lebens geprägt ist ...«

Die riesige Kultur- und Kreativwirtschaft hat die Möglichkeit, entscheidend zum ökologischen Umbau der Gesellschaft beizutragen. Sie könnte aufgrund ihrer öffentlichen Wirkung und Bedeutung sogar die treibende Kraft bei diesem Jahrhundertthema werden, würden die notwendigen Maßnahmen schnell und koordiniert umgesetzt. Und: Die vor allem fürs Kino notwendigen höheren Subventionen und Förderungen für den Film lassen sich so gesamtgesellschaftlich besser begründen. Bei einer weiteren Krise besteht die Gefahr, dass auf absehbare Zeit öffentliche Mittel in diesem Umfang nicht mehr zur Verfügung gestellt werden.

Film und das Kino haben die Kraft, Krisen durchzustehen, ja, sogar erneuert daraus hervorzugehen. Das hat die Filmgeschichte gezeigt. So abwegig es möglicherweise klingen mag: Die Coronakrise kann das Kino retten. Ausgelöst durch sie, könnte ein Raum für Veränderungen geöffnet werden – Veränderungen, durch die man das Publikum, vor allem das junge, das keine andere Welt als die digitalisierte kennt, zu erreichen vermag. Das Publikum, das für ökologische und soziale Nachhaltigkeit steht und das immer größer wird.

Auf dem grünen Teppich
—

Es war ein gutes Gefühl, als ich am Donnerstag, den 7. Februar 2019 mit dem neuen elektrischen Audi e-tron am roten Teppich des Berlinale Palastes vorfuhr, um die Gäste und Stars meiner letzten Berlinale-Eröffnung zu begrüßen. Das Garn des Teppichs, obwohl rot, war eigentlich grün. Zum ersten Mal war es zu 100 Prozent aus alten Fischernetzen und Nylonabfall gewonnen und recycelt. Meine letzte Berlinale-Eröffnung, mein erster grüner Teppich. Auch vor den anderen großen Festivalkinos, dem Zoo Palast, im Pressezentrum und im Friedrichstadt-Palast waren die roten Teppiche grün. Lone Scherfig sollte an dem Abend die Weltpremiere ihres Dramas *The Kindness of Strangers* (*The Kindness of Strangers – Kleine Wunder unter Fremden*) präsentieren. Mit den Stars des Films, Zoe Kazan, Bill Nighy und Andrea Riseborough, lief die Regisseurin über den ersten vollständig recycelten roten Teppich.

Lange hat es gedauert, bis wir so weit waren. Mit dem gigantischen Kinovorhang am Brandenburger Tor 2010, den die Künstlerin Christina Kim und die Berlinale-Protokollchefin Jolanda Darbyshire aus recycelten Berlinale-Plakaten für die Premiere von Fritz Langs *Metropolis* anlässlich des 60. Geburtstag der Berlinale produzierten, begann unser Nachhaltigkeitskonzept. Ab 2015 haben wir in einer Klima-Arbeitsgruppe dieses riesige Festival auf klimaschädliche Emissionen untersucht, um sie erstens zu verringern und zweitens diese Themen bei den Mitarbeiterinnen und Mitarbeitern zu kommunizieren. Aber nicht nur bei ihnen, auch die Öffentlichkeit sollte davon erfahren.

Um grüner zu werden, half uns als roter Faden die Agenda 2030 der Vereinten Nationen mit ihren 17 Zielen für nachhaltige Entwicklung: Sustainable Development Goals. Bei der Lektüre fanden wir heraus, dass einige unserer Initiativen bereits mit diesen Zielen übereinstimmten. So deckten sich die Ziele Bildung, Stadtentwicklung und Klimawandel, Infrastruktur oder globale Partnerschaften mit unseren Programmen Berlinale Talents, World Cinema Fund und einigen Reihen wie Generation, Panorama und Berlinale Goes Kiez. Der Verzicht auf Fleisch bei den Empfängen, die Verwendung von biologischen Lebensmitteln auch im Kulinarischen Kino reduzierten den CO_2-Ausstoß.

Das Berlinale-Team versuchte seit geraumer Zeit, die negativen Begleiterscheinungen des Festivals einzuschränken. Mit Hilfe unseres langjährigen Sponsors, dem Energieversorger Entega, konnten wir CO_2-frei produzierten Strom ohne Kernkraft nutzen. Für die Büroorganisation und ökologischen Arbeitsprozesse hatten wir das EMAS-Umweltmanagement-Gütesiegel der Europäischen Union erhalten. Auch unseren eigenen CO_2-Fußabdruck ließen wir vom Öko-Institut in Freiburg ermitteln. Reisen kompensierten wir durch Baumpflanzungen. Als wir die Installation *Holy Wood* des Fotografen Ralf Schmerberg gegenüber der amerikanischen Botschaft im Tiergarten aufstellten, gab es interessante Reaktionen. Die Skulptur hatte die Originalgröße des Hollywood-Schriftzugs in den Bergen von Los Angeles und sollte auf den Schutz des Waldes, vor allem des Regenwaldes aufmerksam machen. War aber wohl zu kompliziert: Selbst der damalige amerikanische Botschafter rief mich an, um mich auf den Schreibfehler hinzuweisen …

Wir wurden aber nicht nur ökologischer in unserer Verwaltung, sondern auch in den zehn Tagen des Festivals: Die Pressefächer mit ihren Tausenden Werbezetteln wurden abgeschafft, die Druckerzeugnisse reduziert. Unseren Autosponsor baten wir, entweder Wagen mit Hybridtechnologie oder Elektroautos bereitzustellen. Durch eine Kooperation mit der Deutschen Bahn gab es günstigere Bahntickets, um das Festival zu besuchen. Das kostenlose Mineralwasser für die akkreditierten Fachbesucher*innen kam von der Firma Viva con Agua, die 60 Prozent der Erlöse an Trinkwasserprojekte der Welthungerhilfe weiterleitet; seit 2017 kann man es während des Festivals auch nicht mehr aus Einwegbechern konsumieren.

Ich bin überzeugt, dass Nachhaltigkeit in der Kunstproduktion, bei Film, Kinos und Festivals, das große Thema unserer Gegenwart ist. »Thursdays for Future« – der Premieren-Donnerstag könnte eine neue Bedeutung bekommen, um die Millionen von Fördergeldern für die audiovisuelle und künstlerische Produktion auch in Zukunft durch nachhaltiges und klimaneutrales Engagement zu rechtfertigen.

NACHWORT
Der Vorhang schließt sich

Am 15. Februar 2019 zog sich für mich der Berlinale-Vorhang langsam zu. Der Nachthimmel war klar, als wir zum vorletzten rot-grünen Teppich am Friedrichstadt-Palast vorfuhren. Mit der Weltpremiere des Backstage-Films der Düsseldorfer Kultband Die Toten Hosen wollten wir es noch mal richtig krachen lassen. Die Fans kreischten, als Campino und seine Buddies aus dem Elektro-Audi stiegen, die Scheinwerfer ließen den roten Teppich strahlen. Die Stimmung für »meinen« letzten Berlinale-Film konnte nicht besser sein. Während der dreijährigen Umbauzeit des Zoo Palasts verwandelten wir Europas größtes Varietétheater, den Friedrichstadt-Palast, in ein Kino mit 1895 Plätzen. Von der ersten Kinovorführung bis zu diesem Abend war das Popup-Kino ausverkauft, die Atmosphäre herzlich und begeistert. Echte Kinofans, die ihre Gefühle ähnlich ausdrucksstark wie in einem Fußballspiel zwischen 1860 München und Dynamo Dresden zeigen. Wir mussten noch vor den bereits geschlossenen Türen des Kinos warten, bevor ich die Hosen ins olympische Halbrund des Saales auf ihre Plätze in Reihe 10 bringen konnte. Dann endlich erhielten wir die Freigabe, einzutreten und die steilen Treppen hinunter zu den Sitzplätzen zu gehen. Ein Ritual, das wir jahrelang erprobt hatten, um die Stars ihren Fans möglichst nahe zu bringen. Frenetischer Beifall, Johlen und plötzlich Totenstille. Die fast 2000 Besucher*innen begannen zu singen: »For he's a jolly good fellow, for he's a jolly good fellow ...« Erst jetzt bemerkte ich die Künstlerin, Sängerin und Artistin Loretta Stern auf der Bühne. Sie dirigierte den Kanon in drei Gruppen.

Die Hosen waren offensichtlich eingeweiht, sie sangen kräftig mit. Und das Lied galt mir. Ich unterdrückte die aufkommenden Tränen, und nachdem Campino und seine Band auf ihren Plätzen saßen, ging ich langsam rückwärts wieder die Treppen zum Ausgang hoch, winkend, gerührt von diesem Abschied. An diesem Abend trug ich einen roten Hut, ein Geschenk meines italienischen Kochfreundes Moreno Carusi. Ich warf ihn ins tosende Halbrund. *Weil Du nur einmal lebst* heißt der Tourfilm der Band, den wir an diesem Abend zeigten.

Was für ein Abschluss. Bei meiner ersten Berlinale hatten wir Wim Wenders' Film *Viel passiert* über die Kölner Band BAP gezeigt. »Viel passiert«, das kann man wohl sagen. Wer in Düsseldorf und Köln lebt oder gelebt hat, kann die tiefere rheinische Bedeutung des Zyklus verstehen. Auf der obersten Treppenstufe angekommen, sah ich noch, wie die Bärenkugel des Berlinale-Trailers zerplatzte und im goldenen Sternenregen übers Publikum herabfiel. So schön kann Kino sein, dachte ich, dann peitschten schon die harten Riffs der Hosen. Campino übernahm. *The Show must go on.*

Bevor am nächsten Abend die Bärenverleihung und mein offizieller Abschied über die Bühne gingen, schauten meine langjährigen engen Kolleg*innen Thomas Hailer und Lorna

Bösel mit mir noch mal beim letzten Wettbewerbsfilm im Berlinale Palast am Marlene-Dietrich-Platz vorbei. Dort sah es traurig aus. Keine Fans am roten Teppich, bizarre Ruhe, die Zuschauer*innen waren überwiegend im Saal und frustriert. Der in den Wettbewerb eingeladene Film des chinesischen Meisterregisseurs Zhang Yimou *One Second* fiel kurzfristig der chinesischen Zensur zum Opfer. Wir kannten schon viele Arten der Zensur von Filmen unliebsamer Regisseur*innen, aber dass ein so renommierter und international ausgezeichneter Filmkünstler während des laufenden Festivals aus dem Programm genommen werden musste, hatten wir noch nicht erlebt. Yimous Produzent und langjähriger Freund Bill Kong aus Hongkong hatte mich ein paar Tage zuvor angerufen und den Film wegen »technischer Probleme« aus dem Wettbewerb zurückgezogen. Diese Art von »technischen Problemen« kannten wir schon. Aber dieses Verbot war neu und der Beginn einer verschärften Zensur. Zu der seit 2017 in China eingeführten gesetzlichen Kontrolle gäbe es jetzt noch eine zweite Sondergenehmigungspflicht für die Auswertung von Filmen auf Festivals hieß es, und wie immer drohten viele Jahre Berufsverbot und hohe Geldstrafen.

Die Formen von Zensur waren auch Thema bei einem früheren Besuch in Peking beim stellvertretenden Kulturminister, der für Zensur zuständig ist. Ich wusste die Ehre eines solchen Empfangs bei einem so mächtigen Minister zu schätzen. Arrangiert hatte das Treffen mein langjähriger Freund und ehemaliger Berlinale-Jurypräsident Wong Kar-Wai. Die anwesende Staatsmacht wollte von mir lernen, wie sie sagten, warum wir verbotene Filme zeigten, und die

Kriterien erfahren, nach denen wir diese Filme auswählen. Diese Lehrstunde war wie eine Szene aus einem Stück von Shakespeare. Höflich, absurd und dabei höchst komisch. Wir saßen in einer riesigen Halle des Volkes in unseren hölzernen Sesseln nebeneinander, ein meterhohes Blumengebinde zwischen uns. Hinter uns je ein Übersetzer, beim Minister war es der perfekt Deutsch sprechende Pressesprecher, ein sehr freundlicher Mann. Beim Synchronisieren des Gesprochenen beugten wir uns immer nach vorne, damit wir einander sehen konnten, und lehnten uns nach der jeweiligen Frage oder Antwort wieder hinter das Blumengebinde zurück. So ging das eine Stunde lang. Es war klar, worum es sich handelte: In Zukunft sollte die Berlinale solche Filme gar nicht aussuchen, und sie würden uns schon helfen, die richtigen zu finden. Am Ende antwortete ich auf seine Frage nach dem Warum frei nach Shakespeare: »Everybody plays his role ...« – »Gute Antwort«, meinte der Minister. Erst später wurde mir klar, warum er diesen Satz gemocht hatte.

Nicht immer dauerte es so lange mit dem Verbot von Filmen wie bei *One Second*. Einmal lagen zwischen der Zu- und Absage nur Stunden. Während einer Filmauswahlreise in Peking erhielt ich mittags die Zusage für den grandiosen Animationsfilm *Monster Hunt* von Raman Hui. Die Weltpremiere sollte in Berlin stattfinden. Alles war geregelt. Am selben Tag, eine Stunde vor dem Abendessen folgte die Absage. Der Film stünde nicht zur Verfügung, hieß es. Zwei Jahre später kam Teil 2 des Films in die internationalen Kinos und wurde zu einem der erfolgreichsten Filme Chinas. Warum dieser Film der Zensur nicht gefiel, konnten wir nie herausfinden.

Bei Zensur und Freigabe von Filmen ähneln sich die chinesischen und iranischen Entscheidungen. Einerseits will man unliebsame Inhalte wie Kritik an den gesellschaftlichen Zuständen zensieren, andererseits ist man aber auch stolz auf die vielen internationalen Preise und Erfolge bei Filmfestivals. Doch dass diesmal ein Regisseur wie Zhang Yimou betroffen war, der für das künstlerische Eröffnungsprogramm und die Abschlusszeremonie der Olympischen Spiele in Peking verantwortlich war, stellte eine neue Dimension von Zensur dar. Und: Yimou hatte 1988 mit seinem Film *Hóng Gāoliang* (*Rotes Kornfeld*) den ersten Goldenen Bären für einen chinesischen Film bekommen. Dies war der Beginn des damals aufsteigenden Filmlandes China. Mit *Rotes Kornfeld*, einem Film der sogenannten 5. Generation, wurde auch Gong Li, der große Star des chinesischen Kinos, entdeckt und mit Filmen wie die *Dà hóng dēnglóng gāogāo guà* (*Rote Laterne*) weltbekannt.

Doch worum ging es in dem zensierten *One Second?* Er spielt zur Zeit von Mao Zedongs Kulturrevolution, der grausamen Umerziehungslager und der zahllosen politischen Morde. Obwohl diese Periode inzwischen als »Fehler« bezeichnet wird, möchte man Geschichten dieser Zeit nicht auf der Leinwand sehen, schon gar nicht auf den Leinwänden ausländischer Filmfestivals. *One Second* war übrigens nicht der einzige zensierte Film dieses Festivaljahrgangs. Einige Tage vor Festivalbeginn wurde auch die Liebesgeschichte *Shàonián de nǐ* (*Better Days*) von Derek Tsang zurückgezogen. Hierzu gab es eine andere Erklärung: Der Film sei nicht fertig geworden.

Bei der fieberhaften Suche nach einem Ersatzfilm für

One Second entschieden wir uns, den älteren Martial-Arts-Film *Yīngxióng* (*Hero*) von Yimou zu zeigen, er war 2002 mit einem Silbernen Bären ausgezeichnet worden. Dieser Film ist dann beinahe einer ganz anderen Art von Zensur zum Opfer gefallen: Es war sehr schwierig, auf die Schnelle eine 35-Millimeter-Kopie des Films zu organisieren. Und als wir eine hatten, fehlten uns die Projektoren. Die Berlinale war längst auf digitale Projektion umgestellt worden. Es gelang uns aber dann doch noch, rechtzeitig einen Projektor zu organisieren.

Einen Abend später fand mein offizieller Abschied im Rahmen der Bärenpreisverleihung statt. Die Stimmung im Berlinale Palast war anders als im Friedrichstadt-Palast, wenn auch nicht weniger herzlich. »Meine Jury« mit ihrer Präsidentin Juliette Binoche, MoMA-Film-Chef Rajendra Roy, Schauspielerin und Produzentin Trudie Styler, mit dem chilenischen Regisseur Sebastián Lelio, der wunderbaren Schauspielerin Sandra Hüller und dem amerikanischen Filmkritiker Justin Chang überraschten mit einem Goldenen Bären für *Synonymes* (*Synonyme*) des israelischen Regisseurs Nadav Lapid. »*Synonyme*«, so die *Zeit*-Journalistin Katja Nicodemus, »ist einer jener verstörenden, aufrüttelnden, man könnte auch sagen: produktiv neurotischen Filme, denen die Berlinale in den letzten Jahren immer wieder eine Heimat gab.« Und der Debütfilm *Systemsprenger* erhielt einen Bären in Silber für Autorin und Regisseurin Nora Fingscheidt, die eng mit der Berlinale verbunden war, seitdem sie am Talent Campus teilgenommen und den Berlinale Kompagnon-Preis für ihr Drehbuch bekommen hatte.

Diese Berlinale war auch eine Berlinale der Frauen. Sieben der 17 Wettbewerbsbeiträge stammten von Regisseurinnen. Juror Rajendra Roy trug ein T-Shirt mit der Aufschrift »The Future of Film is Female«. Ich bekam einen überlebensgroßen Teddybären von der Jury geschenkt. In dieser Nacht endeten für mich nicht nur fast zwei Jahrzehnte Berlinale, sondern auch 35 Jahre Arbeit beim Film. Es war ein gutes Gefühl zu wissen, dass in dieser Zeit mit den großartigen Filmen der Künstlerinnen und Künstler, den jährlich neuen Initiativen und den begeisterten Fans die Internationalen Filmfestspiele Berlin zum größten Publikumsfestival und zweitgrößten Filmmarkt der Welt gewachsen waren.

Als ich so gegen 3 Uhr morgens vom Abschieds-Bärendinner mit den Preisträger*innen im Spiegelzelt des Kulinarischen Kinos zurück ins stille Hyatt am Marlene-Dietrich-Platz kam, ging ich in meinem Zimmer noch mal ans Fenster und schaute auf den fahl beleuchteten, menschenleeren roten Teppich. Jetzt wirkte der Platz wie eine überdimensionale Kunstinstallation. Über den gläsernen Eingangstüren hing der riesige, etwas müde aussehende Berlinale-Bär, Fotomotiv für Tausende Selfies und Pressefotos. Hier hatte ich all die Jahre als direktoraler Türsteher mit rotem Schal die Gäste und Filmfans aus aller Welt begrüßt. Eine weltoffene Tür, die für mich den toleranten und engagierten Geist der Berlinale widerspiegelte.

Die Klinke des Bali-Kinos in meinem kleinen Dorf kam mir in den Sinn, die Kinotür, die so viele andere Türen für mich geöffnet hatte. Zur Backstube in der Bäckerei und der

Welt der Kulinarik und des Geschmacks, zur Welt der Werbung und Politik, die Türen der Hollywood-Studios mit ihren großartigen Filmen und Stars, die uns verzauberten, und zu den Freundschaften mit vielen Filmemacher*innen, die uns ihre Geschichten aus unbekannten Welten nach Berlin brachten. Filme, die uns schockierten und beschämten, Filme, die uns aufweckten und glücklich machten. Fast 8000 Filme haben wir während meiner Direktorenzeit gezeigt. Kunstwerke, die das Festival ins Kino brachte, um sie dort gemeinsam zu erleben. Konnten sie die Welt verändern? Jasmila Žbanić' *Esmas Geheimnis – Grbavica* kam mir in den Sinn: Wie die Regisseurin 2007 im Berlinale Palast triumphierend den Goldenen Bären mit der Bemerkung über ihren Kopf streckte, dieser Goldene Bär werde die serbischen Kriegsverbrecher finden. Sie wurden gefunden. Und dieser Film hat die Welt der geschundenen bosnischen Frauen verändert.

Langsam wich die Erinnerung der Erschöpfung. Traumlos schlief ich bis in den Morgen. Der Sonntag der 69. Berlinale gehörte dem Publikum. Die Schlangen der Filmfans, die vor dem Berlinale Palast schon auf den Einlass warteten, waren lang, die 1754 Plätze des Kinos ausverkauft. Am »Publikumstag« besuchten noch mal mehrere Zehntausend Menschen die Festivalfilme in allen Berlinale-Kinos.

Taxifahrer und Berlinale-Fan Christian holte mich an diesem Sonntagmorgen am Hoteleingang ab, und wir fuhren im Schritttempo an den Kinobegeisterten vorbei. Plötzlich sah ich Erika in der Schlange stehen. Ich kannte sie vom roten Teppich, seit Jahren verpasste sie kaum eine Vorstellung. Ich bat Christian, kurz anzuhalten, und umarmte sie wie die Ehrengäste am Abend zuvor. Mit einem »Bären-Hug«, wie wir dieses Zeremoniell nannten. Großer Applaus schallte über den stillen Marlene-Dietrich-Platz. Ich band Erika meinen roten Schal um. Sie strahlte. Die Wintersonne blitzte am Himmel über der Berlinale. Zeit, nach Hause zu gehen.

Mein Dank gilt ...
—

... den vielen Menschen, die mich in über 50 Berufsjahren begleitet haben, möchte ich dafür danken, dass sie meinen Enthusiasmus teilten. Nur mit ihrer Kreativität und ihrem Engagement konnten wir die vielen neuen Projekte realisieren. Dies war nur möglich mit einem kompetenten Team, mit viel Humor, einem internationalen Freundeskreis und einem begeisterten Publikum, das die Liebe zum Kino teilte.

New York: Karen Arikian, Nancy Buirski, Kim Dong, Susi Korda, Frances McDormand, Oren Moverman, Marc Ohrem-Leclef, Sandra Schulberg, Trudie Styler, Raj Radjendra, Celine Rattray, Isabella Rossellini.

Los Angeles: Jim Gianopulos, Rebecca O'Kearey, Sal Ladestro, Gabriella Tagliavini, Whitney Green, Nick Meyer, Pamela Pickering, Martha De Laurentiis, Sue Kroll, Maxine Leonard, Michèle Ohayon.

Berkeley: Alice Waters, Tom Luddy, Davia Nelson, Julie Huntsinger, Michael Pollan, Eric Schlosser, Christina Kim.

Mexiko: Daniela Michel und Jim, Eva Lopez, Horche Sanchez und dem INCIME Team. Gael Garcia Bernal, Diego Luna, Matyas und Vladimira Klumperova, Miranda Romero.

Israel: Lia van Leer, Noa Regev, Katriel Schori, Renen Schorr.

Italien: Carla Cattani, Luca de Meo, Carlo Petrini, Roberto Cicutto, Griselda Guerrasio, Rossella Rinaldi, Serena Mazzi, Monique Catalino, Raffaela Paladino.

Dänemark: Vinca Wiedemann, Luise West, Vibeke Windelov, Per Neumann, Ole Sondberg, Peter Aalbeck.

Ispringen/Pforzheim: Holger Steinle, Irml Johannson, Weber Kurtle, Jürgen Schneider, Michael Lindner.

München: Bernward Wember, Wolfgang Langenbucher, Gisela Hundertmark, Eckart Witzigmann, Silvia Wolff, Wolfram und Barbara Siebeck, Steffen Kuchenreuther, Innegrit Volkhardt, Uli Höcherl, Sigrid Narjes, Kirsten Hager und Eric Moss, Gabriele Pfennigsdorf, Johannes Kreile, Doris Viertel, Karin von Carnap, Margrit und Peter Sickert, Philip Gassmann.

Hamburg: Manfred Bissinger mit Anja und Claudia, Hark Bohm, Peter Wiesner, Claudia Schröder, Hermine Hundgeburth, Ute Schneider, Renate Rose, Reinhardt Hinrichs, Nina, Paula und Uli Lenze, Jobst und Ines Plog, Eva Hubert, Uli Gröttrup, Hans-Ulrich Klose, Martin Willich, Christoph und Beate Schöndienst, Helga Bähr, Christine Berg, Madeleine Jakits, Pia Frankenberg.

Nordrhein-Westfalen: Sonja Heinen, Frank Hübner, Dagmar und Jürgen Rosenbauer, Wolfgang Clement, Hans Gerd Prodoehl, Manuela Stehr, Josef Wutz, Christina Bentlage, Martin Schneider, Michael und Anneli Schmid-Ospach, Norbert Schneider, Hans Jahnke, Anna Köhler, Mike Wiedemann, Georg Feil, Irma Schreiber und David Wittenberg, Herbert Strate und Margarethe Papenhoff, Petra Müller.

Berlin/Berlinale: Joachim Sartorius, Peter Raue, Ulf Meyer zu Kueingdorf, Hans von Trotha, Heike Seidler und Thomas Diercks, André Schmitz, Steffen Kampeter, Gerti Hoffmann, Christian Bräuer, Christoph Ott, Hans-Joachim Flebbe, Georg Kloster, Klaus und Uschi Keil, Katrin Wans, Harald Olkus und Martina Döcker, Dieter Wiedemann, Jolanda Darbyshire, Dagmar Forelle, Alexander Thies, Andreas Görgen, Katja Nicodemus, Eva Hiller, Eva von Malotky, Pati Keilwerth, Stephan Erfurt, Mike Naumann, Bernd Neumann, Christoph Terhechte, Winfried Weiss, Manfred Salzgeber, Wieland Speck, Maryanne Redpath, Páz Lazaro, Ralf Schenk, Florian Weghorn, Christine Tröstrum, Linda Söffker, Rainer Rother, Hans Helmut Prinzler, Gerhard Kassner, Marga Boehle, Winnie Lau, Anne Marburger, Julia Rohrbeck, Frauke Greiner und Vincenzo Bugno, Niki Nikitin, Karin Hoffinger und Team, Gabriele Heidecker, Anke Engelke, Daniel Fiedler, Moreno Carusi, Heike Kramer, Herr Hürst, Frau Falkenberg vom Hyatt Berlin, Mareille Büscher, Kirsten Niehuus, Adrienne Boros, Johannes Wachs, Angelika Margull, Uli M. Schueppel, Matthias

Elwardt, Paul Steinschulte, Doris Wolf, Strawalde, Klaus Zylla, Christoph Palmer, Wilhelm Faber.

Brüssel: Holde L'Hoest, Franz Froschmaier, Henri Roanne Rosenbladt, Rieclef Rienstra, Tivi Magnussen, Jose Galvariatto, Ben Gibson, Nikos Perakis, Claude-Eric Poiroux, Maria Juao Seixas.

Überall: Alexis Grivas, Luciano Monteagudo, Eduardo Valente, Jose Carlos Avelar, Meenakshi Shedde, Norman Wang, Jacob Wong, Dominique Green, Elisabeth Lequeret, Stephen Locke und Viola Shafik, Vincent de La Tour, Wim Wenders, Marion Döring, Matthijs Wouter Knol, Heiner Finkbeiner, Paul, Lea, Jakob und Patricia Trijbits, Mahmoud Sabbagh.

Mein spezieller Dank an: Beki Probst, Thomas Hailer, Lorna Bösel, Sabine Gebauer, Johanna Glaser, Solmaz Azizi, an die Berlinale-Fotografen und mein engstes Berlinale-Team.

Erik Riemenschneider für die kritische Durchsicht und die guten Vorschläge, Amelie Soyka für ihr detailgenaues Lektorat, Nikola Mirza, Birgit Heidsiek, Anke Leweke, Andre Grzeszyk, Dorothee Wenner und Anja Metzger für ihre Hilfe. Besonderer Dank an Olga Havenetidis für ihre fachkundigen Vorschläge und ihr fabelhaftes Gedächtnis. Karin Graf und Birgit Schmitz hatten die Idee zu diesem Buch. Danke auch meinem Freund Hubert Seipel, der mir gute Ratschläge gab.

Daniel Bachmann, der mit mir Gespräche führte, die in dieses Buch eingeflossen sind. Herzlichen Dank.

Zu guter Letzt gilt mein besonderer Dank meinem Sohn Fridolin und meiner Frau Wilma, die die Dominanz des Manuskripts in unserer Wohnung lange mit verständnisvollem Wohlwollen und humorvoller Kritik begleiteten.

ANHANG
Anmerkungen

TEIL 1

- **S. 23** Dieter Kosslick, »Mfg – mit freundlichen Grüßen«, in: MFG-Filmförderung Baden-Württemberg (Hg.), *100 Jahre Filmland Baden-Württemberg*, Stuttgart 2008.
- **S. 24** Vgl. Udo Bayer, *Carl Laemmle, von Laupheim nach Hollywood*, Laupheim 2018.
- **S. 28** Interview im *Tagesspiegel* vom 12. Februar 2000.
- **S. 45** Vgl. Dieter Kosslick, »Marshall Arts«, in: Rainer Rother (Hg.), *Selling Democracy, Welcome Mr. Marshall, Films of the Marshall Plan 1947–1955*, 54. Berlinale 2004, und in: Rainer Rother (Hg.), *Selling Democray, Winning the Peace*, 55. Berlinale 2005. Beide erschienen in der Reihe »Broschüren zur Filmreihe der Internationalen Filmfestspiele Berlin, des Bundesfilmarchivs und des Deutschen Historischen Museums«.
- **S. 63** Vgl. Studie von Dr. Tobias Hof über Berlinale-Direktor Alfred Bauer und seine Tätigkeit während der Nazizeit, Institut für Zeitgeschichte Berlin/München 2020. Vgl. dazu auch in *Zeit* 6/20 und *Zeit* 10/20.
- **S. 71** Christine Wunnicke, *Selig & Boggs, Die Erfindung von Hollywood*, Berlin 2013.
- **S. 88** Hans Christoph Blumenberg in »Land der Lemminge«, *Die Zeit*, 28. September 1979, 40/1979.
- **S. 101** Lorenz Engell, *Sinn und Demokratie. Einführung in die Filmgeschichte*, Frankfurt am Main/New York 1992, S. 291.
- **S. 101** Stephen Locke, »The British Are Coming«, in: *Fischer Film-Almanach*, Frankfurt am Main 1989, S. 474. Zitiert nach Engell, S. 292.

S. 104 Vgl. Babettes Fest, Förderungen des Europäischen Film Distribution Office, EFDO 1987–1989, EFDO Pressespiegel, Hamburg 1990.

S. 108 Rede Ministerpräsident Johannes Rau beim Medienforum Köln 1990. Siehe auch: Christof Boy, »Die Rolle des Bettelnden«, in: *taz* vom 30. Juni 1990.

S. 110 Vgl. »Schauen Sie mal Rhein«, Filmstiftung Nordrhein-Westfalen GmbH, Redaktion: Dieter Kosslick, Iris Wolfinger, Düsseldorf 1993.

S. 111 Vgl. Dieter Kosslick, »Das Kino an der Ecke – urbanes Entertainment«, in: Ministerium für Arbeit und Soziales und Sport des Landes NRW (Hg.), *Städtebau. Kultur im öffentlichen Raum Teil 2: Kinos*, 1999.

TEIL 2

S. 121 Brief von Jafar Panahi, siehe Archiv der Berlinale: https://www.berlinale.de/de/archiv/jahresarchive/2011/06b_berlinale_themen_2011/open-letter-panahi.html

S. 148 Vgl. Dieter Kosslick, »Unser Essen ist ein Kulturgut«, in: PRO Futura und WWF (Hg.), *Erlebnis Welterbe*, Redaktion Peter Würth, 2013, S. 95 ff.

S. 162 Vgl. Dieter Kosslick, »Wunderbare Freundschaften«, in: Maximilian Meisse, *Tempelhof*, Tübingen/Berlin 2008.

TEIL 3

S. 211 Bundespräsident Frank-Walter Steinmeier im Juni 2020 im Berliner Kino International.

S. 214 Vgl. Erich Schwarzel, »Trolls on World Tour, Breaks Digital Records and Charts a New Path for Hollywood«, in: *Wall Street Journal* vom 28. April 2020.

S. 215 Vgl. Roland Eisenbrand, »Amazon erwägt strategische Übernahmen. Können Prime-Mitglieder bald gratis ins Kino?«, in: *OMR* vom 27. Mai 2020, https://omr.com/de/omr-podcast-pip-kloeckner-amazon-amc-jc-penney/

S. 216 Vgl auch: Wendy Ide, »The Future of Film: Can Cinema survive Covid-19?«, in: *The Guardian* vom 12. Juli 2020, und Ben Smith: »The Week Old Hollywood Finally, Actually Died«, in: *New York Times* vom 16. August 2020.

S. 217 Christian Bräuer im Interview mit David Steinitz, »Was uns nichts nutzt, ist ein Fleckenteppich«, in: *Süddeutsche Zeitung* vom 13. Mai 2020.

S. 221 Vgl. Hans Helmut Prinzler, Gabriele Jatho (Hg.): *New Hollywood 1967–1976. Trouble in Wonderland*, Filmmuseum Berlin – Deutsche Kinemathek, Berlin 2004.

S. 222 Vgl. Lorenz Engell, a.a.O., S. 191 ff.

S. 222 Statista.com, Abonnenten von Netflix weltweit bis zum III. Quartal 2020, 21. Oktober 2020.

S. 222 t3n.de, Abonnenten von Disney+, 28. August 2020.

S. 223 Vgl. Lorenz Engell, a.a.O., S. 193 ff.

S. 224 Vgl. ebd., S. 196 f.

S. 232 Vgl. Björn Becker, »Filmstarts«, Webedia, 29. Juli 2020.

S. 237 Vgl. Dieter Kosslick, »Der Zoo Palast – Berlinales schönster Freund«, in: Christine Kisorsy, *Kino-Magie. Zoo Palast Berlin*, Berlin 2010.

S. 240 Lars Henrik Gass, »Die Kinokultur der Zukunft«, filmdienst.de, 22. Oktober 2020.

S. 241 Zitiert nach Hanns-Georg Rodek, »Die Rettung des Kinos – durch seinen ärgsten Feind«, Welt.de, 15. Mai 2020. Vgl. auch: *Variety* vom 14. Januar 2020.

S. 243 Daniel Sponsel, https://www.critic.de/special/die-zukunft-passiert-nicht-sie-muesste-gedacht-werden-4403/

S. 243 Lars Henrik Gass, »Über 350 Filme – Kurzfilmtage starten online«, in: *Süddeutsche Zeitung* vom 12. Juni 2020.

S. 248 Vgl. Olga Havenetidis, »Die Stille nach dem Film«,

in: FilmFernsehFonds Bayern GmbH (Hg.), *Film News* vom 2. Juni 2020, S. 28.

S. 251 Vgl. James Cameron, Interview mit Christiane Amanpour, CNN, 24. Oktober 2018, und architecturaldigest.com, 19. Dezember 2017.

S. 253 Phil Hoad, »Vegan food, recycled tuxedos – and billions of tonnes of CO_2: can Hollywood ever go green?«, in: *The Guardian* vom 9. Januar 2020.

S. 253 »Global Green Media Production Network«, Symposium, Warwick Universität, Stanley Building London, 17.–19. Oktober 2019.

S. 253 Dr. Charles J. Corbett, Dr. Reinhard P. Turco, »Sustainability in the Motion Picture Industry«, Studie des UCLA Institute of the Environment in Los Angeles, Kalifornien, 2006.

S. 258 Dieter Kosslick, »Seitensprung: Der Film Fonds Hamburg«, in: Kurt Hentschel, Karl Friedrich Reimers (Hg.), *Filmförderung*, München 1992, S. 144–145.

S. 260 Alfred Holighaus, Öffentliche Anhörung im Deutschen Bundestag zum Thema »Nachhaltigkeit in der Film-/Medienproduktion« mit Vertretern der Zivilgesellschaft, 15. Februar 2017, Protokoll-Nr. 18/57.

S. 260 Thomas Steiger, »Green Film Festival: Best Practice für nachhaltiges Produzieren«, in: *M Menschen – Machen – Medien,* Magazin der Mediengewerkschaft VERDI vom 3. Februar 2016.

S. 261 Birgit Heidsiek, »Environmental Issues in European Filmproduction«, Lübecker Filmstudien Kolloquium, Lübeck, November 2016.

S. 263 Karsten Stöter, Produzent, beim »Green Film Shooting-Panel« auf der Berlinale 2018 und beim »Green Film Shooting-Panel Sustainability in Motion«, Berlin, 9. Februar 2019.

S. 263 Georg Seeßlen, »Filmförderung: Genug vom Cineastischen Magerquark!«, *Zeit Online*, 10. September 2020.

S. 264 Birgit Heidsiek und Eva Hubert, in: *Green Film Shooting*, Berlinale Spezial, 2013.

S. 265 Dieter Kosslick, »Rein in die Richtlinien«, in: *Green Film Shooting*, Berlin 2013, S. 8 ff.

S. 266 Lucia Recalde Langarica, »Beyond reusable coffee cups«, auf dem »Green Film Shooting-Panel Green Production 2.0«, im Bundesumweltministerium Berlin am 21. Februar 2020.

S. 268 Ziegler Film Baden-Baden GmbH (Hg.), *Tatort: Fünf Minuten Himmel, Green Shooting Ergebnisbericht*, 2016.

S. 270 Vgl. Pressemitteilung zum Kultur- und Medienhaushalt 2020 vom 26. Juni 2019 des Presse- und Informationsamtes der Bundesregierung.

S. 270 Budgetzahlen aus: FFA Info 1/2020 »Das Kinojahr 2019«, Februar 2020 und »Überblick Creative Europe MEDIA Förderbereiche 2019«, Juni 2020.

S. 270 Vgl. Rettungs- und Zukunftspaket Kultur, Pressemitteilung des Hauptverbands Deutscher Filmtheater, www.hdf-kino.de, 5. Juni 2020.

S. 271 David Steinitz, »Jeder nur ein Steak pro Woche«, in: *Süddeutsche Zeitung* vom 16. Juli 2020.

S. 273 Vgl. »Frauen in Aufsichtsräten«, Haufe Online Redaktion, 13. Februar 2020.

S. 274 Vgl. Birgit Heidsiek, *Das grüne Kinohandbuch*, im Auftrag der Filmförderungsanstalt, Berlin 2018.

S. 276 Vgl. Kim Ludolf Koch, »Wie im Horrorfilm«, *Die Zeit*, Nr. 44/2020, 22. Oktober 2020.

S. 278 Vgl. EU-Kommission 2018, Datenbank EDGAR, vgl. auch »Deutschland stößt zu viel CO_2 aus«, ndr.de, 28. Mai 2019.

S. 278 Vgl. Ralph Hintemann in Elisabeth Schmidt, »Klickscham statt Flugscham? – Internet produziert so viel CO_2 wie Flugverkehr«, zdf.de, 28. November 2019.

S. 279 Felix Sühlmann-Faul, »Streaming heizt unserem Planeten ein«, in: *Was Bits und Bäume verbindet*, München 2019, S. 32.

S. 279 Reinhard Ploss, »Hättest du es gewusst? Die erstaunlichsten CO_2-Vergleiche«, ecowoman.de.

S. 279 Vgl. Todd Spangler, »Netflix Eats Up 15 % of All Internet Downstream Traffic Worldwide (Study)«, in: *Variety* vom 2. Oktober 2018.

S. 280 Andreas Busche, »Kinos öffnen wieder: Neue Regeln und nervöse Hollywood-Studios«, *Der Tagesspiegel*, 1. Juli 2020.

S. 281 Reed Hastings in: »Wir führen Netflix am Rande der Anarchie«, *Die Zeit*, 10. September 2020, 38/2020.

S. 281 Tobi Müller in »Ein Sommer ohne Blockbuster«, Deutschlandfunk Kultur, 22. Juli 2020.

S. 282 Christoph von Eichhorn, »Weit über 2100 hinaus«, in: *Süddeutsche Zeitung* vom 20/21. Juni 2020, S. 31.

S. 284 Daniel Sponsel, critic.de, a.a.O.

Dokumentation

1. Übersicht über Vorschläge für klimaschonende und nachhaltige Maßnahmen und die Reduzierung des CO_2-Fußabdrucks für die Film- und Fernsehproduktion und Grünes Kinos

GRÜNE FILM- UND FERNSEHPRODUKTION

PRODUKTIONSPLANUNG

- Anmietung eines Produktionsbüros mit Anbindung an öffentlichen Nahverkehr
- Überprüfung der Anzahl und Orte der Motive
- Vermeidung von nicht erforderlichen Motivwechseln
- bei Akquisition der Produktionsmittel Überprüfung der Auswahl nach Kosten- und Umweltaspekten
- Bündelung von Materialtransporten
- Unterbringung von Cast + Crew in Set-Nähe
- Vertragsverhandlungen mit Schauspielern über umweltfreundliche Maßnahmen (Verzicht auf Flugreisen, Privatchauffeur, etc.)
- Vermeidung von Live Action-Drehs umweltschädlicher Stunts (Explosionen, Feuer, Verschrottung von Autos, umweltschädlicher Löschschäume)
- Erhebung von CO_2-Emissionen

ENERGIE

- im Studio/im Produktionsbüro: Nutzung von Strom vom Festnetz, Verwendung von zertifiziertem Ökostrom
- am Set: Nutzung von Baustrom, Verzicht auf Dieselgeneratoren, Einsatz von umweltverträglichen Generatoren wie Hybrid-Lösungen mit Stromspeichern, Solarbetrieb, Gasgeneratoren sowie Generatoren, die auf Brennstoffzellen basieren

LICHT + TECHNIK

- Einsatz energieeffizienter Leuchtmittel
- Arbeit mit Tageslicht
- Einsatz von Reflektoren
- Wiederverwendung von Folien
- Einsatz umweltfreundlicher Styros
- Verwendung wieder aufladbarer Batterien
- Ausschaltung von Scheinwerfern in längeren Pausen

MOBILITÄT UND TRANSPORT

- Vermeidung von Flügen, ggf. CO_2-Kompensation
- Buchung von Zugreisen
- Bildung von Fahrgemeinschaften in Sammelbussen
- Nutzung von öffentlichen Verkehrsmitteln
- Nutzung von Fahrrädern oder E-Bikes, Pedelecs, etc.
- Zurücklegung von Kurzstrecken zu Fuß
- Einsatz von Fahrzeugen mit Hybrid-, Elektro-, CNG- oder Wasserstoff-Antrieb

PRODUKTIONSBÜRO

- Einsatz energieeffizienter Computer
- Vermeidung von Geräten im Standby-Modus
- Einsatz von zertifiziertem Recyclingpapier
- Digitale Kommunikation /
  Vermeidung unnötiger Ausdrucke
- Einsatz von umweltfreundlichen Büromaterialien
- Verwendung energieeffizienter Leuchtmittel (LED)
- Anmietung statt Kauf von Büromobiliar
- Vermeidung von Plastikflaschen
- Vermeidung von Kaffeekapseln

KOSTÜM

- Beschaffung von Garderobe aus dem Fundus
- Verwendung umweltschonender Waschmittel
- Ankauf von Second-Hand-Kleidung
- Besprechung mit Besetzung bezüglich
  Nutzung privater Kleidung
- Verzicht auf Imprägniersprays
- Vermeidung von PFAS-beschichteter Outdoor-Kleidung

MASKE

- Einsatz von umweltfreundlichen Kosmetikprodukten
- Vermeidung von Mikroplastik
- Verwendung von Produkten ohne Tierversuche
- Verzicht auf PFAS-haltige Produkte

SZENENBILD UND AUSSTATTUNG

- Verwendung von umweltfreundlichen Baumaterialien
- Einsatz von Holz aus zertifizierter Forstwirtschaft wie PEFC, Blauer Engel
- Nutzung von Schrauben statt Nägeln
- Vermeidung umweltschädlicher Farben, Lacke und Klebstoffe (z. B. mit Formaldehyd)
- Lokale Beschaffung von Produktionsmitteln
- Verwendung von Dekorationsgegenständen aus einem Fundus
- Ankauf gebrauchter Gegenstände
- Abgabe der Gegenstände nach Drehschluss an Projekte wie Hanseatische Materialverwaltung, Theater, Schulen, soziale Projekte

CATERING

- Auswahl eines umweltbewussten Cateringunternehmens
- Verzicht auf (Billig-)Fleisch
- Angebot vegetarischer und veganer Gerichte
- Einsatz von kompostierbaren Materialien (Bambus, Palmblätter, Zuckerrohr)
- Einsatz von Mehrweggeschirr
- Verzicht auf Plastikflaschen, Pappbecher, Einweggeschirr
- Kooperation mit Service-Firmen, die Mehrweggeschirr ausleihen und liefern
- Verzicht auf palmölhaltige Produkte
- Verwendung von Obst und Gemüse aus der Region
- Vermeidung von Lebensmittelverschwendung

POSTPRODUKTION

- Anmietung von Studios in der Region
- Auswahl von Unternehmen, die umweltfreundlich aufgestellt sind, z. B. Abwärmenutzung
- CO_2-Kompensation von Computeranimation

KOMMUNIKATION UND TRAINING

- Beratung durch interne oder externe Green Consultants
- Planung und Besprechung grüner Maßnahmen mit Leitern der verschiedenen Gewerke
- Kommunikation umweltfreundlicher Maßnahmen am Set
- Kommunikation erzielter CO_2-Einsparung pro Woche

Quelle: Green Film Shooting/Europäisches Zentrum für Nachhaltigkeit im Medienbereich, teilweise gekürzt.

GRÜNES KINO

ENERGIEEFFIZIENZ

- Erstellung eines Energieausweises für das Gebäude
- Inanspruchnahme einer Energieberatung zwecks Optimierung der Dämmung, Abwärmenutzung
- Nutzung eines emissionsarmen Heizsystems, Vermeidung fossiler Brennstoffe
- Einsatz einer energieeffizienten Klima- und Lüftungsanlage
- Einsatz energieeffizienter Elektrogeräte mit hoher Effizienzklasse

- Verwendung von LED-Leuchtmitteln für Foyer-, Saal- und Notausgangsbeleuchtung
- Einsatz von Lichtschranken und Sensoren im Sanitärbereich
- Zeitsteuerung zum Betrieb von Leuchtmitteln, Kühlschränken, Schaukästen, etc.
- Abschaltung nicht benötigter Elektrogeräte in Betriebspausen, z. B. Kaffeemaschine
- Einsatz wassersparender Armaturen im Sanitärbereich
- Einrichtung von Fahrradständern für Kinobesucher
- Kombi-Tickets für ÖPNV
- Angebote von Leihrädern, E-Tankstelle

ERNEUERBARE ENERGIEN

- Vertragsabschluss mit zertifizierten Ökostromanbietern
- Bezug von zertifiziertem Ökogas
- Erzeugung von Photovoltaikstrom mit Solarmodulen
- Einbau eines Batteriespeichers für zeitversetzte Solarstromnutzung
- Einbau/Nutzung von Solarthermie
- Installation einer Kleinwindturbine
- Bei Neubau: Einbau von Wärmpumpen zur Beheizung, Eisspeicher

CONCESSION

- Angebot nachhaltig produzierter Knabberartikel
- Einkauf von nicht genmanipuliertem Mais für Popcorn-Herstellung

- Verzicht auf Produkte mit überhöhtem Zucker- und Fettanteil
- Angebot von Speiseeis aus nachhaltiger Produktion
- Angebot von Fair-Trade-Produkten aus ökologischem Anbau wie Kaffee, Tee, Schokolade
- Verzicht auf Softdrinks mit künstlichen Aromen
- Vermeidung von Produkten, die Palmöl enthalten
- Verzicht auf Strohhalme bzw. Einsatz umweltschonender, wiederverwendbarer Alternativprodukte
- Angebot von kostenlosem Trinkwasser
- Überprüfung/Anpassung der Konditionen in Abnahme-Verträgen
- Verwendung umweltfreundlicher Reinigungsmittel
- Nutzung von wiederverwendbaren Handtüchern

ABFALLMANAGEMENT

- Vermeidung von Einwegprodukten und Plastikflaschen
- Einsatz von Mehrwegbechersystemen
- Verwendung von Gläsern und Mehrweggeschirr
- Umsetzung der Trennung in Abfallströme (Papier, Wertstoffe, Glas, Bio, Restmüll, Sondermüll) nach der aktuellen Gewerbeabfallverordnung
- Reduzierung von Werbematerial
- Einsatz von Recyclingpapier im Bürobetrieb
- Recycling von Batterien, Druckerkartuschen, etc.
- Umweltgerechte Entsorgung von Elektroschrott

Quelle: Birgit Heidsiek, FFA-Beauftragte Grünes Kino und Das grüne Kinohandbuch, FFA. Dieses Buch wurde als »Projekt Nachhaltigkeit 2020« vom Rat für nachhaltige Entwicklung und der RENN.nord ausgezeichnet.

2. Die Nachhaltigkeitsinitiativen der Berlinale seit 2010

- 2010 ließ die Berlinale ihren CO_2-Fußabdruck durch das Öko-Institut e.V. ermitteln. Ermöglicht wurde dies dank der Unterstützung des damaligen Partners Entega.
- 2010 richten die Prinzessinnengärten das Foyer des Arsenal Kinos mit Hochbeeten ein und machen somit auf ihre Arbeit als eine soziale und ökologische urbane Landwirtschaft am Moritzplatz in Berlin-Kreuzberg aufmerksam.
- Seit 2013 trägt die Berlinale für den ganzjährigen Bürobetrieb das EMAS-Umweltmanagement-Gütesiegel der Europäischen Union und setzt sich unter anderem für eine Reduktion der CO_2-Emission durch Nutzung von hundertprozentig grünem Strom an allen Standorten ein.
- Seit 2015 existiert bei der Berlinale die Klima AG. Ziele sind die Reduktion klimaschädlicher Emissionen und die bessere interne (und perspektivisch externe) Kommunikation klimarelevanter Themen.
- Um Abfallmengen zu reduzieren, verzichtet das Festival seit 2017 auf die Bereitstellung von Einwegbechern an seinen Getränkeausgabestellen. Auch bei der 70. Berlinale sind die Fachbesucher*innen aufgerufen, ihre eigenen Becher mitzubringen.
- 2019 wurden die roten Teppiche am Berlinale Palast, Zoo Palast, Friedrichstadt-Palast und im Berlinale-Pressezentrum erstmals aus nachhaltig gewonnenem Kunststoff hergestellt. Das verwendete Garn wird zu

100 Prozent aus alten Fischernetzen und anderem Nylon-Abfall gewonnen und nach Gebrauch erneut recycelt. 2020 werden die »grünen« Teppiche wieder ausgerollt.
- Zum 70. Jubiläum hat die Berlinale einen Filmwettbewerb für Schüler*innen zu den Themen Abfallvermeidung und Stadtsauberkeit unterstützt, der von der BSR (Berliner Stadtreinigung) initiiert wurde.
- 2020 hat der EFM ein Nachhaltigkeitsmanifest verfasst und setzt sich somit zum Ziel, unnötigen Abfällen entgegenzuwirken, sorgsam mit Energie und Ressourcen umzugehen und Strategien zur Schonung, Wiederverwendung und Weiterverwertung von Ressourcen zu entwickeln.

Quelle: Pressemeldung der Berlinale, 28. Januar 2020.

3. Die Freiwillige Selbstverpflichtung zum »Grünen Drehen« der Changemakers.film-Initiative

»Wir möchten mit dieser freiwilligen Selbstverpflichtung Eigenverantwortung übernehmen, denn wir sind davon überzeugt, dass Veränderung immer bei einem selbst beginnt. Es geht darum, nach neuen Wegen und Lösungen zu suchen, um aktiv daran mitzuwirken, dass die Produktion von Filmen verantwortungsvoller und nachhaltiger wird.

Alle Gewerke tragen ihren Anteil zur CO_2-Bilanz eines Filmes bei, deswegen haben wir uns dazu entschieden, auch die Gewerke mit einzubeziehen, auf die wir keinen direkten Einfluss haben.

Es geht uns darum, den gemeinsamen Dialog zu eröffnen und unsere Anregungen zu teilen, die wir bei der Recherche und in Gesprächen mit den jeweiligen Departements erörtert haben. So können wir alle vorhandenen Potentiale ausschöpfen und damit die Emissionen einer Filmproduktion verringern.

Wir freuen uns sehr, wenn auch Kolleginnen aus anderen Departements sich von unserer Freiwilligen Selbstverpflichtung angesprochen fühlen und diese mitunterzeichnen, oder eigene Selbstverpflichtungen aufsetzen.

Mit 13 Punkten formulieren wir unsere Idealvorstellung vom ›Grünen Drehen‹, auf die wir mit euch allen gemeinsam hinarbeiten wollen.«

Quelle: Changemakers.film, 2020.

4. Nachhaltige Initiativen für den audiovisuellen Bereich

Es gibt in Deutschland bereits eine Vielzahl von Initiativen und Programmen, um den audiovisuellen Bereich von Film, Fernsehen, Kino und Festivals »grüner« und nachhaltiger zu machen. Die Initiative wurde 2013 von der Geschäftsführerin der Filmförderung Hamburg Schleswig-Holstein (FFHSH) Eva Hubert gestartet. Sie beauftragte ihre Mitarbeiterin Christiane Dopp, die einen grünen Drehpass etablierte. Die Journalistin Birgit Heidsiek produzierte mit Unterstützung der Filmförderung das Green-Film-Shooting-Magazin, das erstmals zur Berlinale 2013 erschien.

Bereits zu dieser Zeit waren die Münchner Bavaria Studios das erste klimaneutrale Studio.

Die Film-Commissions der Filmförderungen forcieren bundesweit die Ausbildung für Green Consultants mit Seminarangeboten und der Webinarreihe »Keen to be green«, beides unter der Leitung von Philip Gassmann, der mit Unterstützung des FFF das Curriculum für die erste IHK-zertifizierte Ausbildung für »Green Consultants Film und TV« erarbeitet (an der IHK für München und Oberbayern). Außerdem hat er im Auftrag des Arbeitskreises Green Shooting die Grundlagen des Konzepts »Grüner Drehpass National« entwickelt. Am 24. Februar 2020 ist ein Initiativprogramm entstanden, bei dem sich die Mitglieder verpflichten, hundert ökologisch nachhaltige Produktionen nach einheitlichen Regeln herzustellen. Beteiligt sind auch das BKM und die FFA. Das BKM veröffentlicht ökologische Ziele für die nächsten Jahre in ihrem Programm Nachhaltiger Film für Film- und Fernsehproduktionen.

Das Thema »Grüner Drehpass National«, ein einheitliches Zertifikat für nachhaltige Produktionen, liegt jetzt beim BKM. Die Förderung der Nachhaltigkeit soll laut Referentenentwurf des BKM bei der Novellierung des Filmfördergesetzes 2022 verpflichtend sein.

Die Kriterien für einen umweltfreundlichen Kinobetrieb hat Birgit Heidsiek als FFA-Beauftragte Grünes Kino entwickelt. Im Auftrag der FFA hat sie den Best-Practice-Guide »Das grüne Kinohandbuch« produziert.

Bildnachweis

Römische Ziffern beziehen sich auf den Bildteil
I: © Alexander Janetzko
II u.: © Universal History Archive/UIG via Getty Images
III o.: © Felix Borkenau
IV u., VI o.: © picture alliance/SCHROEWIG/Norbert Kesten
V o., VI u.: © Tobias Schwarz/AFP via Getty Images
V u., VIII u., XIII o.: © Michael Deckbar
VII o.: © Gerhard Kassner
VIII o., XIII u.: © Sean Gallup/Getty Images
IX: © Piero Chiussi
X o.: © Michael Kappeler/dpa
X u., XII o.: © Richard Hübner
XI o.: © Maurice Weiss/OSTKREUZ
XI u.: © Christine Kisorsy
XII u.: © Ali Ghandtschi
XIV o.: © Brigitte Lacombe
XIV u.: © Dieter Kosslick
XV o.: © picture alliance/dpa/dpaweb/DB v
XV u.: © picture alliance/dpa/Maurizio Gambarini
XVI o.: © picture alliance/dpa/Ralf Hirschberger
XVI u.: © Sandra Weller

Trotz intensiver Bemühungen ist es nicht gelungen, die Rechteinhaber sämtlicher Bilder ausfindig zu machen. Nachweisbar berechtigte Ansprüche bitten wir an den Verlag zu richten.